テレビゲーム教育論

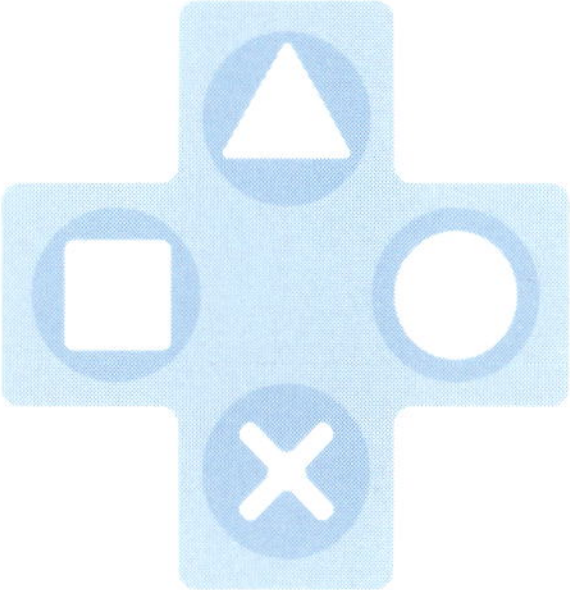

Don't Bother Me Mom — I'm Learning!

How Computer and Video Games Are Preparing Your Kids For 21st Century Success — and How You Can Help!

ママ！
ジャマしないでよ
勉強してるんだから

Marc Prensky
マーク・プレンスキー
藤本 徹 訳

東京電機大学出版局

日本語版読者の皆さんへのメッセージ

日本の読者の皆さま

このたび、『Don't Bother Me Mom——I'm Learning!（ママ、ジャマしないでよ——勉強してるんだから）』が日本語に翻訳されて、日本の皆さんのお目にかかる機会に恵まれたことを大変光栄に思います。本書が読者の皆さんにとって価値あるものとなり、皆さんのお役に立てばと願っています。

私の妻は日本人（神戸出身）で、息子は日米二つの世界に育っていますが（おそらくそのせいでなおさら）、私は日本の複雑な文化について知ったかぶりをするつもりはありません。ただ、日本の優れたゲーム業界のリーダーやゲームクリエイターたちの手によって、世界的に評価の高い数々のテレビゲーム機やゲームタイトル、ゲーム史に残るキャラクターたちが世に送り出されたことはよく知っています。日本は常にゲームの最先端にあり続けてきたため、おそらく日本の若者たちは世界のどの地域の若者たちよりも、ずっと長くて深いゲーム体験をしてきたのではないかと思います。そのため日本の若者たちは、テレビゲームの良いところにも悪いところにもたくさん触れて、とても大きな影響を受けているのではないかと推測しています。

私は日本の家族や家庭でのテレビゲームの利用のされ方について、とても関心があります。たとえば日本の親や教師たちは、アメリカの親や教師たちと同じように、あまりに長時間ゲームで遊ぶ子どもたちに対して不安を感じているのでしょうか。日本のマスメディアは、アメリカのマスメディアがやっているのと同じように、ゲームに関して誤った情報を親たちに送っているのでしょうか。日本の子どもたちは、アメリカの子どもたちと同じように、ゲーム世界での成功を認めてくれないといった経験をしているのでしょうか。

まだ私はこれらのことをよく理解していませんが、おそらく日本でもアメリカと同じようなレベルで、多くの家庭でゲームに関する誤解が存在するのではないかと思います。そしてゲームについての価値観の違いからくる世代間コミュニケーションの問題は、むしろアメリカよりも日本の方が深刻なのかもしれないと感じています。

もしこのような私の推測が当たっているなら、本書はきっと役に立つでしょう。たとえ何かささやかなことであっても、たとえわずかひと家族だけでも、本書に記したことが日本の親子の理解を導くことに貢献できるなら、私にとってこれ以上うれしいことはありません。

ヨロシクオネガイイタシマス！

マーク・プレンスキー

二〇〇七年二月

はじめに

「今の子どもたちは、ADD（attention deficiency disorder—多動症候群）なんかではない。彼らはEOE（Engage Me or Enrage Me—つまんないと暴れるよ症候群）だ」

——キップ・レランド、LA統合学区ロサンゼルスバーチャルスクール（LAVA）

まずは警告から始めさせていただきたい——あなたはこれから、ゲームについてのまったくの真実で、主流になりつつある考え方に触れようとしている。本書の要点を一行で述べればこんな具合だ——「テレビゲームは、あなたがおそらく信じているような悪いものではなく、実はとてもよい価値をたくさん持っている」

私が本書で伝えるメッセージに対して、世の中がいかに反対しているかを示す例がある。パラゴンハウス（本原書の出版社）と出版契約を結ぶまでに、私は三〇社以上の出版社から断られた。編集者たちの多くは、「親たちはまず信じないだろう」と言って断ってきた。マーケティング部門や広報部門の反対にあったためにボツになった出版社もある。本書のメッセージを世に問うのは困難で、特に著者の私が有名な心理学者や大学教授でないなら無理だ、という反対を受けたそうだ。

断ってきた出版社にも一理ある。世の多くの親たち、それにおそらく読者のあなたも、テレビゲームが悪者ではないという主張の本を買うのは、やや躊躇する気持ちがあるかもしれない。その理由は、世の中のゲームに対する否定的な論調、自分ではゲームに触れたこともないようなライターや政治家や心理学者や法律家たちのような人々が書きたてたもののせいだ（なかにはニューヨークタイムズの書評者、チャールズ・ヘロルドのようにゲームにとても好意的なライターもいる）。大学教授もゲームをしない人がほとんどだ（本書の序文を書いてくれた大学教授は、そのなかでも自らゲームをしている数少ない存在だ）。

今日のテレビゲームは、人々のイライラや不安の原因となっている。親たちは子どもたちがとても長時間をゲームに費やしていることを心配し、ゲームのせいでわが子の学校の成績が悪化し、社会生活は崩壊するのではないかと恐れている。教師たちは、興奮度の高いゲームや他のデジタルメディアがライバルでは、生徒たちの注意を引きつけることができず、彼らの学校での活動への関心が下がってしまうのではないかと懸念している。その一方で子どもたちも、刺激的なゲーム体験とペースの遅い学校の授業のギャップの大きさにイライラさせられている。

世に出回っているゲームの影響に関する情報は、いずれも憶測や思惑に基づいたひどく誇張された否定的な表現に満ちているため、そんなものを親や教師たちが目にしてパニックに陥るのは無理もない。また、ゲームを自分でプレイする大人たちや開発に携わる人たちが、ゲームに関するポジティブな意見を表明するのが困難な状況も驚くべきことではない。おそらくゲームを楽しむ子どもたちも同様の状況にある。親や教師たちの否定的に決めつけた態度にうんざりさせられていて、ゲームが自分たちの生活においてどれくらい重要で、なぜ長い時間プレイしているか説明できるなら喜んでしたいと思っているだろう。

しかし子どもたちの声は社会には届かない。子どもたちは人生のいろいろな場面で発言する機会を与えられているにしても、まだ自分たちのゲームに対する想いを語る機会は多くない。

ゆえに、私は本書で子どもたちのメッセージを代弁したい。心理学者や大学教授としてのトレーニングは受けていないが、私にはアカデミック、プロフェッショナル両方の経験を通して、この本を書く準備ができている。私はオバリン大、ハーバード大、イェール大で、計三つの修士号を取得した。うちひとつは教育学修士で、もうひとつはハーバードで取得したＭＢＡだ。また、私は小学校から大学まですべてのレベルで教職経験があり、米国の一流企業での職務経験があり、一〇年間の会社経営の経験もある。ゲームと学習についての初の著作で『Digital Game-Based Learning』という本を二〇〇一年に書いており、同書が「シリアスゲーム」という新たな分野の確立に大きな役割を果たした。また、五〇本以上の記事や論文を書いており、世界中の学術誌や機関紙に掲載されている（私の個人ウェブサイト http://www.marcprensky.com/writing/に執筆文献リストを掲載している）。そして、世界中のあちこちから招かれて教育者向けの講演をしている。

私が講演して回る先で出会う親や教師たちの多くは、ゲームに関しては子どもたちをまるで理解できず、コミュニケーション不全に陥っている。これは誰にとってもまったく救い難く、不健康な状況だ。

本書の重要性

他のことを差し置いてでも、子どもたちのゲームを認めるべきだということを、私のように本気で主張する人はいない。私たちには大人として、子どもたちが健やかで、バランスよく成長できるように導く責任がある。本書を読み終わる頃には、あなたも子どもたちのバランスの取れた成長のために、なぜゲームが不可欠なのかを理解するだろう。たとえば、ゲームをプレイすることが子どもたちの成長において、読書と同じくらいに有益だという考え方を理解できるようになる。

本書で学べること

私が本書を書いた目的は、ある二つの重要な領域について新たな見方を提示することだ。ひとつは、子どもたちがゲームをプレイしている時に入り込んでいる、大人たちには隠された世界をあなたにも覗いてもらうこと。もうひとつは、特に子どもたちを心配する親や教師たちに、子どもたちがゲームをプレイしている時に、多くの良いことが起きているということを理解し、価値を認めてもらうということだ。いったんゲームの持つ巨大な教育力に気づけば、あなたもゲームを通した学習に敬意を持ち始めることと思う。さらには、子どもたちをさらなる学びへと導きながら（また子どもたちに導かれながら）、子どもたちの学習や成功に役に立つツールや場面を一緒になって作り始めるかもしれない。

あなたが本書を読み終えるまでの時間で、私は次のことをお伝えしたい――

●ゲームの世界とはどんなものなのか
●ゲームをプレイすることで得られるポジティブな側面は、なぜネガティブな側面を上回る意味を持つのか
●ゲームの世界の広がりや深みに触れ、最近のゲームが子どもたちの学習を促す要因を理解する方法
●子どもたちがゲームをプレイして身に付けている有益なスキルを理解する方法
●ゲームを軸にして子どもたちをよく理解し、よりよい関係を築いていく方法

おそらくあなたが本書で学べる最も重要なことは、子どもたちが話したがっている話題、つまりゲームについての会話をしながら、子どもたちがより良く学ぶための手助けをする方法だろう。どんな立場の人であれ、子どもたちがこれほどまでに夢中になっている現実を理解することで得るものは、とても大きいと私は確信している。

訳注――原著書でビデオゲーム、コンピュータゲームと表記してあるところは、テレビゲーム、もしくは単にゲームと表記しています。また本書で参照している文献やウェブサイトは、一部訳書が出ているものを除いて、すべて英語で書かれています。

謝辞

まず、わが愛妻、リエの果てしない愛に感謝します（もちろん私への、ですが、わが家に眠るたくさんの名も知れぬゲームへの厚情にも）。

ジム・ジー（ジェームズ・ポール・ジー）の先進的な取り組み、寛容で度重なる励ましに感謝します。

私の出版エージェント、ジム・レビンのいつも変わらぬサポートに感謝します。

編集者のアン・グラハムとアーミン・ブロット、そしてデザイナーのオーブレイ・アラゴ・ボウサーに、本書を見事な仕上がりにしてくれたことを感謝します。

原稿を試読して、数々の参考になるコメントをくれた多くの読者たちに感謝します。

最後に、ゲームをプレイするすべての子どもたち、特に私にとって最高のゲームガイドでテスターのラッセルとタイラーに、私の感謝の気持ちを送ります。


素晴らしいわが一歳児、スカイへ。

君が素敵な二一世紀を生きていきますように！

序文

ジェームズ・ポール・ジー
ウィスコンシン大学マディソン校教授

テレビゲームはあなたにとって良いものだろうか悪いものだろうか？　あなたの子どもたちには？　それはまったく状況次第だ。本はどうだろう？　良いものだろうか悪いものだろうか？　これも状況次第だ。これまでに本、特に聖書のような本が人々にそうしなさいと言ったがために、数えきれないほどのひどいことが起こっている。しかしほとんどの人々は、本の持つ善なる力が邪悪な力をはるかに凌駕していると反論するだろう。つまり、本は生来的に善でも悪でもなく、どのように使われるかで善にも悪にもなるということだ。ゆえに一部の人間が本を悪用しているからといって、すべての本を悪だと糾弾するのは明らかにおかしい。

同じ論理がテレビゲームにも（それにテレビやコンピュータにも）適用できる。素晴らしいことを起こすこともできれば、悪用することもできる。正しく使えば、ゲームは、本やコンピュータが持っているような大いなる可能性を持っている。またゲームは、社会関係を再構築する。それは地球規模でも展開される。マルチプレイヤーオンラインゲームの世界で、一七歳から五〇歳の年齢層のルーマニア人とロシア人とアメリカ人とスペイン人と中国人がチームを組んで活動しているのを、私は今まさに目の当たりにしている。

本とゲームの違いは、本に比べてゲームが良い形で作用する範囲が、ほとんどの人から軽視されていることだ。

そればかりか、私たちの目は否定的な面にばかり向いていて、ゲームにまつわる最も重要な話題や、その技術的に優れた面が見過ごされている。

そんな状況において、マーク・プレンスキーが本書を書いてくれた。マークは優れたゲームの力を理解しており、その技術の裏側にある力を見通している。社会に革命を起こすほどのゲームの持つ潜在能力と、それを良い方向に向かわせるために何が必要かを知っている。深みがあって強力な学習、特に問題解決や意思決定、仮説設定に戦略思考といった学習を、楽しく心地よくて、フロー状態になるくらいに夢中になる方法を、ゲームデザイナーたちは駆使している。マークはそのことを熟知している。

マーク・プレンスキーは、ハーフ・ライフ2やドゥーム3のような「ファーストパーソン・シューティングゲーム」を、良くも悪くも暴力的でないゲームにする方法を知っている。果たしてプレイヤーたちは、見た目に華やかなキャラクターやコンテンツの表面的な部分を通して、その根底にあるルールや戦略性、問題解決の可能性を見ているだろうか？　もしそうだとすれば、そこにはとても強力な学習や思考が生じている。そうでなければ、学習が起きているとは言い難いが、幸いなことに、ゲームのルールや戦略性が見えていないプレイヤーは、何分もしないうちにやられてしまい、ゲームオーバーになって始めからやり直すことになる。

またマークは、世の中には暴力の要素がなくても優れたゲームが数多く存在することを理解している。たとえば、「ザ・シムズ（シム・ピープル）」、「アニマル・クロッシング（どうぶつの森）」、「ハーベスト・ムーン」、「ズー・タイクーン」などだ。残念なことに、これらのゲームは非常によく売れているにもかかわらず、暴力を含むゲームに比べて注目度が低い。たとえば、ザ・シムズは、これまでに発売されたどんな暴力を含むゲームよりもはるかによく売れている。

しかし、マークはそれ以上に重要なことを理解している。もし、親たちが家庭学習のなかに優れたテレビゲームを取り入れたら、子どもたちにそこから与えられる恩恵は飛躍的に高まる。ゲームを取り入れることで、子どもたちの言語能力や認知能力の成長は加速し、さらには将来生きていくことになるハイテクなグローバル社会に向けた準備にもつながる。現代社会は、私たちに新しいこと、特に技術的なことをすばやく学びながら、自分とは異質な人々と協調し、論理的なだけでなく戦略的で多面的に思考することを要求する。これらは優れたゲームをプレイする時に求められ、教えられるスキルだ。

さらに、親や教師たちが子どもたちのゲームを理解できるようになれば、マークの言うところの「デジタル移民（親や教師たち）」と「デジタルネイティブ（子どもたち）」の文化的な溝を超えながら、子どもたちを賢くし、コミュニケーションを促進し、お互いが敬意を持って理解し合えるようになることを、マークは知っている。これは、子どもの思春期の心理的な移行を穏やかなものにし、時に、はるか未来からタイムトラベルしてきたような異質な文化のなかで生活するティーンエイジャーたちとの交流をうまく行いたいと考える親たちには特に重要な問題だ。

教師たちが優れたゲームやゲーム的な学習原理を授業で利用すれば、遠い一九五〇年代の産業社会に合わせて作られた学校モデルにとらわれることなく、現代社会の要請に応え、現代の子どもたちに合った形で教育システムを再デザインできることもマークは知っている。たしかに、学校はゲームの脅威に直面しているが、それは多くの人々が感じているようなものではない。今日の多くの若者たちにとって、ゲームは、今日のほとんどの学校よりも優れた学習機会を提供している。学校での学習よりもポップカルチャーから得られる学習の方が理論的に優れたものだという現実のなかで、若者たち、特にティーンエイジャーたちは、はたしていつまで耐えられるだろうか?

残念なことに、このような問題について親たちが必要とするガイドは、これまで世の中に存在しなかった。そして今、本書によってマーク・プレンスキーは、長い間待ち望まれていた、新時代のテクノロジーに関するガイドを世に送り出そうとしている。そして、優れたゲームとダメなゲームの違いを理解し、優れたゲームを利用して優れた学習を起こすにはどうすればよいかを親や教師たちに伝えようとしている。

推薦の辞

「マーク・プレンスキーは、ゲームの役に立つ性質を理解するための、とても説得力があってとても楽しいガイドを提供してくれた。本書を読めば、子どもたちが「シムズ」のようなゲームで遊んでいるのをとても安心して見ていられるようになるし、自分でコントローラーを手にとって試してみたくなるだろう！」

——スティーブン・ジョンソン、ベストセラー『ダメなものは、タメになる』、『マインド・ワイド・オープン』の著者

「この楽しい一冊は、最近の子どもたちの生活や学習、創造の仕方や社会との関わり方を見ていくうえで適切な視点を提供してくれる。とても目を見開かされる思いだ」

——ジョン・シーリー・ブラウン、『なぜＩＴは社会を変えないのか』、『The Only Sustainable Edge』共著者、ゼロックス社パロアルト研究所主任研究員

「ゲームを叩く人はほんとうに多い。ありがたいことにマーク・プレンスキーは、そんな人々とはまったく逆の立場で、ゲームがいかに人々を賢くし、有益なものなのかを理解するためのガイドを提供してくれた」

――トム・スタンデージ、エコノミスト誌科学部編集者

「マーク・プレンスキーは、二一世紀に生きるために不可欠な戦略的思考、問題解決、協調、意思決定、などのスキルを現代のビジネスの速度に対応して磨き、才能を伸ばし、関心を高めるために、学習ゲームを利用したユニークなアプローチが有効だということを示してくれた」

――ニック・バンダム、Ph.D. デロイト・トウシュ・トーマツ、グローバルチーフラーニングオフィサー、eラーニング・フォー・キッズ財団創立者、会長

「すべての親と教師に向けた、大胆なメッセージだ」

――キップ・レランド、LA統合学区、ロサンゼルスバーチャルスクール（LAVA）、二児の母

「この本のレビューをして学ぶ機会をいただいたことを感謝しています。もう以前のような視野の狭いものの見方はできない、とマークの講演を聴いた私の同僚は圧倒されていました」

――サンディ・オニール、教師、母

「これはデジタルゲームの影響に対する社会のヒステリーな論調への、歓迎すべき対抗手段となる」

——ロバート・ブラムッチ博士、リバーサイドコミュニティカレッジ学区オープンキャンパス学長

「気の毒な現代の親たち。自分が子どもの頃にまったく経験したことのないような、難解なメディアの変化に直面しながら、子どもたちのためになるかどうかを即時に判断することを迫られている。メディアとの建設的な関係をどのように築いていくべきか、という子どもたちにとって最も重要な問題に対し、いわゆる子育て専門家たちのアドバイスはまるで役に立たないし、政治家やマスメディアは害悪とも言うべき恐怖感ばかりをあおっているにすぎない。何の助けもない状況に身を置いている。このマーク・プレンスキーの新作は、そんな親たちの大いなる救援となるだろう。健全で思慮深いアドバイスと、ゲームやゲーム文化についての情報が満載されている。簡潔なわかりやすい表現で、ゲームとどう向き合うかについての事例が示されている。この分野の専門家としての経験に根ざした実用的な提言と、最先端のゲーム研究の成果を見事に組み合わせている。ゲームを米国社会の脅威に仕立てようとしてネガティブな記事を書き立てている多くのマスメディアに対抗するために、米国のすべての親たちに読んでほしい一冊だ。ほんとうにこの本は、健全で思慮深いアドバイスと情報に満ちている」

——ヘンリー・ジェンキンス、マサチューセッツ工科大学比較メディア学教授

テレビゲームは、
子どもたちの手助けをしているのであって、害を与えているのではない。
子どもたちがテレビゲームに夢中になる本当の理由は、
二一世紀によりよく生きるためのレッスンを与えてくれるからだ。

「自分の言葉に気をつけて。
子どもたちは聞いてるよ。
魔法をかけるときは気をつけて。
その魔法の効き目は、
あなたの目の届かないところまで
続くこともあるから」

——ステファン・ソンダイム『森の中へ』より

第1部

ゲームは敵ではない

本書への導入として、まず親たちのゲームに対する恐れについて議論しよう。そして、その恐れの多くはまったくの無根拠だということを、論拠を示しながら説明したい。子どもたちがゲームをプレイする（まだ語られていない）本当の理由は、学べるからだ。子どもたちは、無意識のうちに、将来二一世紀で生きていくための準備をしているのだ。

第1章

もちろん心配でしょう——何が起こっているか知らないからです！

「（私の両親から）ゲームは無意味で、まったくの時間とお金と脳みその無駄遣いだと言われた」

——ある一四歳

「親たちへのインタビュー調査をしたら、子どもたちが何をしているかを把握している親は誰もいなかった」

——ある研究者

もしあなたが親なら、子どもたちが遊んでいるテレビゲームについて心配するのも、無理はない！　テレビやコンピュータの前で、子どもたちは座るか寝そべるかして、独りで、または友だちと一緒に、何時間も何時間も遊んでいる。あなたにはまるで理解できないし、コンセントを引っこ抜くくらいしか彼らを止める手立てがない（そんなことをしても、子どもたちにはモバイルゲーム端末もある！）。

それに、「ゲームは暴力的」、「ゲームは子どもたちの心を破壊する」、「ゲームはろくでもないことを子どもたちに教えている」、「ゲームは子どもたちをモンスターにする」……など、「ゲームは害悪だ」という誤ったメッセージを見かけない日はないくらいだ。

あなたはいつしか、子どもたちのゲーム時間をどうやって減らすかで毎日格闘している。無理やりスイッチを消させて宿題をさせ、天気のよい日に外で遊ばせようと躍起になっていることだろう。なのに、子どもたちはいつも新しいゲームやオンラインゲーム、ゲーム機、ケータイなどを買ってくれとせがんでくる。いつ終わるとも知らない。まさに泣きっ面に蜂だ。

しかし子どもたちは、まったく正しいのであって、あなたはそうしたゲームが悪いものだと信じ込まされているだけだ。子どもたちはゲームをプレイすべきだし、あなたもそれを奨励すべきだ（もちろん節度を持って）。

なぜかって？　子どもたちは学んでいるから！

それだけではない。その学んでいることのほとんどは、良いことなのだ。実際、子どもたちはほぼ間違いなく、学校で学んでいることよりも、よりポジティブで、役に立つことをゲームから学んでいる！

> 子どもたちは、学校で学ぶよりも、よりポジティブで、将来の役に立つことをゲームから学んでいる！

「そんなバカな」とあなたは言うかもしれない。「テレビゲームが害だという話を聞いている。もし子どもたちが何かを学んでいるのなら、それは悪いものに違いない」。

悲しいことに、あなたが耳にしているゲームに関する情報のほとんどは、まるで誤りか、せいぜい的外れだ。子どもたちは何かに夢中になりたいのであって、ゲームはそれを与えてくれるだけでなく、プレイの過程で彼らが学びたいことを教えてくれているのだ。実際、ゲームは、子どもたちが二一世紀をよりよく生きる準備をするための、最も重要な手段となる。

バカバカしい？　そうかもしれないが、これが真実だ。子どもたちは何度も何度もあなたに伝えようとしたのに、あなたが聞こうとしなかったことだ。そしてこれは、ゲーム業界の外にいる学者やMBAホルダーや医師、その他多くの知性豊かな大人たちがようやく語り始めたことでもある。彼らはいずれも、ゲーム開発者たちが約三〇年間、特に最近の一〇年間に成し遂げてきた偉業に敬意を払っている。そしてあなたにとっても、ゲームに対する評価を見直す時がきたと言っていいだろう。

たしかに、初期のテレビゲームはとても原始的で、ただ撃ち合うだけのようなものが多かった。ところが最近のゲームは、深みがあって豊かで、三〇時間から五〇時間、なかには一〇〇時間も、性別や年齢などの属性を問わず、あらゆる人々が楽しめるようなものになっている。だが今でも特に男の子たちの心をつかんでいる。若いアメリカ人のなかで、ゲームをまったくプレイしたことがないという人を探す方が困難なくらいだ。みんな自分のうちで遊べない場合は、友達のうちに行って遊ぶか、ゲームショップの店頭のデモ機で遊ぶかして、何らかの形でゲームに触れようとしている。

おそらく、あなたが子どもたちのゲームについて理解すべき最も重要なことは、次のことだろう。

「子どもたちがゲームに夢中になる要因は、ゲームのなかでの暴力や建物を建てること、レース、撃ち合いなどの表面的な事象によるものではない。子どもたちがゲームにこれほどまでに長時間夢中になるのは、学んでいるからであり、彼らは将来のために重要なことを学んでいるのだ」。

私たち大人が、みんなゴルフや釣りやさまざまな趣味のスキルを磨くために多大な時間を費やしているのと同じく、子どもたちだって無理強いせずとも楽しく学べる。実際、子どもたちの頭脳は発達を続けているので、発達の止まった私たちよりも、強制されない学習を楽しんでいることだろう。これはゲームデザイナーのラフ・コスターが言うところのゲームの持つ「楽しさ」であり、子どもたちは「強制されない学習」ができるものをいつも探しているのだ。

現代のテレビゲームは、どこをとっても強制されない学習に満ちている。マスコミの喧伝するゲームへのネガティブなことをあなたがどんなに信じたとしても、ゲームのなかで起きている学びの大半はよいものだ（どんなによい学びが起きているかは後の章で詳しく述べる）。

残念なことに、学校は「学習」を、子どもたちが嫌う退屈なものにしてしまった。「優秀な」生徒は、単に学校システムのなかで賢く生きる方法を学んでいるだけという場合も多い。

そして子どもたちは、ますます学校から（それに親たちから）遠ざかろうとしている。だが、ゲームのスイッチは切ろうとしない。

> 子どもたちがゲームにこれほど長い時間を費やす本当の理由は、二一世紀を生きていくために必要なことを学べるからだ。

ちょっと周りを見回してみると、最近の子どもたちのゲームに対する態度は、学校に対する態度とほとんど正反対だということに気づくだろう。ゲームは、子どもたちが望む活動なのだ。二一歳になるまでに、平均的な子は累計五〇〇〇～一万時間もゲームで遊んでいることになるし、それ以上になる子も多い（もちろん、他の遊びが好きな子も多い。そんな子たちの存在が、毎日一～三時間遊んでいる熱心な子たちが上げている全体平均のバランスをとっている）。

多くの学校とは違って、テレビゲームが提供する学習世界に、子どもたちはとても夢中になり、他の多くのことを差しおいてでもそこにいたいと感じ、そこから引き剥がそうとするものに対しては必死で抵抗する（心当たりがあるでしょう？）。

もちろん、これは多くの親や教育者たちが批判的に言いふらしている「注意持続時間の短さ」がインチキだということを示している。ある教授の言うように「彼らが注意時間を保てないのは、古い学習方法に対して」なのだ！

It's not attention deficit -
I'm just not listening!
（オレは注意力欠陥なんかではない－聞いてないだけだ！）

ゲームのせいで宿題ができないのではなくて、後の章で見ていくように、あえてやらないことを選んでいるのだから、問題はさらに厄介だ。

実際、私はニューヨーク市で、右図のようなTシャツを着た子どもがいるのを見かけた。私たちが子どもたちの言うことに耳を傾け、余暇の過ごし方やスキルの磨き方を尊重すれば、彼らは再び私たちの言うことに聞く耳を持つようになってくれると私は確信している。

私は本書で、なぜ、何を、どのようにして、子どもたちがゲームから学んでいるか、そしてそれがあなたと子どもたちにとって何を意味しているかを示す。また、どうすればゲームを使って子どもたちとよい関係を築いていけるか、子どもたちの学びを最大限に活かすことができるか、ということについても述べる。

思い出してほしい。私たちが子どもの頃、ひどいロック音楽が子どもたちの心を破壊すると親たちは言っていたのに、私たちはそんなことはありえないとわかっていただろう。同じことを今の子どもたちも思っているのだ。

第2章

子どもとゲームについてのとてもいいニュース

「私は、ゲームで鍛えた視覚と手の協調スキルを手術に使っている」
——ジェームズ・ロッサー博士、ベス・イスラエル病院

将来、わが子を医者にしたい？　ではゲームをさせるとよい。ジェームズ・ロッサー博士は、ニューヨーク市にあるベス・イスラエル病院の腹腔鏡手術トレーニングの責任者で、若い頃にゲームをプレイしていた医師は、ゲームをプレイしない医師よりも手術ミスが四〇％近くも少ないことを発見した。そう、四〇％だ。ロッサーは、手術前の医師たちに三〇分ほどテレビゲームをプレイさせてウォーミングアップさせている。それもそうだろう。腹腔鏡を操作するコントローラーは、テレビゲームのコントローラーによく似ていて、手術中の作業はすべてモニターを見ながら行うのだ（ゲームをプレイすることで、子どもたちの将来の成功のためにどのように役立つかは、第八章「子どもたちがゲームで遊んで学んでいるポジティブなこと」、第一五章「優秀な人間になるための七つのゲー

ム」を参照のこと）。

ロッサー博士の発見は、他のゲーム研究者の報告によく見られる性質のものだ（そう、世の中にはゲームについて真面目に研究している研究者もいるのだ！）。第一章で一日一〜三時間ゲームをする子どもたちがいると述べたのを思い出してほしい。新しいテクノロジーに触れる時間を通して、子どもたちの脳は適応していくということを、さまざまなデータが示しているのだ。ベビーブーマー世代が子どもの頃にテレビを見て過ごしていた時間や、読書をして、楽器演奏を練習していた時に、その脳がその経験に適応していったことと同じことだ。脳の経験への適応については、第五章で詳しく述べる。

では、子どもたちがゲームをプレイしながら学んでいることとは、どんなことなのだろうか？　そしてその恩恵は何であろうか？　子どもたちがゲームを通して学ぶことは表面的には、飛行機の操縦や車の高速運転、テーマパーク経営、戦闘、文明構築、獣医の診療など（正直言って、それほどよいことでもないものもある）だが、これらはほんの表面的なことだ。本書で見ていくように、最近のゲームはそんなことよりもはるかに深いものを持っている。

二〇〇四年、ロチェスター大学の脳神経学者、C・ショーン・グリーンとダファン・バベリアは、アクションゲームをプレイすることで「視覚的な選択的注意力」が高まることを発表し、そのニュースは全米で大きく取り上げられた。わかりやすく言うと、子どもたちはゲームをプレイしながら、多くのものが同時に動いているなかで、重要なものとそうでないものを見分ける方法を学び、そのために必要な集中力を磨いているということだ。

このようなスキルは、現代の（そして未来の）社会で必要な気がするだろう。子どもたちがゲームをするとき、事前にやり方やルールを教えてくれる人はいない。彼らは自分で学ばなければならないのだ。これは研究者たちが指摘しているように、子どもたちはゲームをプレイしながら、自分で観察した事実からゲームのルールを見出す方法を学んでいるのだ。

最近の「複雑な」テレビゲームをプレイする子どもたちは、思考の仕方を学んでいる（私の言う「複雑な」ゲームが、皆さんの知っている昔のゲームとずいぶん違っていることは第七章で説明する）。複雑なゲームは、研究者たちの言うところの「豊かな試行錯誤」ができる実験的環境を提供しており、そのなかで子どもたちは非常に複雑なシステムを理解し、作り出すことを学んでいる。複雑なゲームで勝つために、彼らは複雑な論理的思考を学ぶ必要があり、障壁を乗り越えて成功するための戦略を考え出す必要がある。それらはただちに一般化できるスキルだ。たとえば、研究者たちは、ゲーマーがノンゲーマーよりもビジネスにおける慎重なリスク判断に長けていることを発見している。今二〇代の起業家たちの多くは、ゲームをプレイした経験がとても役に立っているということを認めている。ある起業家は「私の両親が、私に向かってゲームをやりすぎだと怒鳴っていたのを思い出すよ。二人とも、僕がオンラインゲームのギルドで二〇〇人のプレイヤーを率いていたことを知らなかったんだ」と話している。

「私の両親が、私に向かってゲームをやりすぎだと怒鳴っていたのを思い出すよ。二人とも、僕がオンラインギルドで二〇〇人のプレイヤーたちを率いていたことを知らなかったんだ」

——ステファン・ジレット、起業家

さらに、誰もが目にしているように、ゲームプレイヤーたちは、複数のことを同時並行で処理することがうまくなる。ネットワークを介した他者との協調作業も上達していく。

早期のスタート

すべてのゲームプレイヤーがそうだというわけではないが、思考スキル、協調スキルやその他のスキルについて、彼らがとても早い時期から学び始めているのは確かだ。カナダのバンクーバーで幼稚園教師をしているレオナ・ヒギンズは、次のように語った。「息子のショーンが五歳の時、「ザ・シムズ（生活シミュレーションゲーム）」を一緒にプレイしはじめました。まだ学校に入る前です。ある日、二人で散歩の途中に学校の遊び場の前を通りかかった時、ショーンが突然「ママ、この遊び場はすごく高いよ」と言いました。「どうして？」と聞くと、「シムズでぼくがおうちに遊び場を作ったら、すごく小さいやつで一二五〇ドルもかかったんだよ。だからこの遊び場は二万ドルくらいすると思うんだ。たくさんの人が何日もかけて働いて作ったんだと思うよ」と答えたんです（就学前の幼児が建設コストについて語っている！）。

私が、「ローラーコースター・タイクーン（遊園地経営シミュレーションゲーム）」で遊んでいる六歳児を見ていた時、その子は立派な遊園地を作っていたのだけど、適当に並べて作っただけだろうと思っていた。しかし、彼はこう叫んだ。「お客さんがうれしそうじゃない！　もっとトイレをたくさん作らないと！」（小学一年生が顧客満足について考えている！）。スティーブン・ジョンソンは、著書『Everything bad is good for you（ダメなものは、タメになる）』で、七歳の甥っ子に「シムシティ

（都市開発シミュレーションゲーム）」のやり方を教えようとした時のこと、少し一緒にプレイしただけなのに、「荒廃した工業地域を立て直すには、工業税率を下げるといいよ」とその子からアドバイスされたというエピソードを紹介している（小学校二年生が都市計画を論じている！）。

そして私が一番気に入っている話は、これだ。先ほどのレオナの息子のショーンが幼稚園にあがって、ある日、売り出し中の家の前を通った時、彼はその家の前にある不動産屋の案内を手にして、その家の売値を見ていた。そして母親の方を振り返って聞いた「ママ、うちの総資産はいくら?」（お宅の坊やはそんなこと知ってますか?）。

子どもたちはずいぶん早くから、このような複雑な概念をゲームから学んでいる。そしてこの後また詳しく述べるが、子どもたちは他者と効果的に協調する方法もゲームから学んでいる。多くの大人たちは、コンピュータネットワークのない頃に作られたシングルプレイヤーゲームの世界しか知らないので、まるで想像できないかもしれないが、ゲームは急速に世界規模の社会的メディアとなっているのだ。マルチプレイヤーオンラインゲーム、たとえば、ルーンスケープ、トゥーンタウン、エバー・クエスト、リネージュ、シティ・オブ・ヒーローズ、スターウォーズ・ギャラクシー、それにワールド・オブ・ウォークラフトなどのゲームは、何十万人ものプレイヤーが同時に、昼も夜も、クランやギルド（プレイヤーグループ）で一緒に活動しているのだ。

学校とテレビゲーム——失われた機会

「学校にいくたびに「パワーダウン」しなくちゃいけない」
——ある生徒

最近のゲームをプレイする子どもたちは、建築、飛行、論理思考などをゲームで経験しているので、小学校に入る頃にはすでにかなりの複雑なことを理解できるようになっている。そのため、学校のカリキュラムは彼らにとっては、心に拘束衣を着せられたような不自由さを与えるか、ミルクの中に鎮静剤を混ぜられているような気持ちにさせるものでしかない。彼らは学校にいくたびに、ある生徒が吐露しているように「パワーダウン」しないといけないのだ。

学年が上がるにつれて、状況は悪くなる。今日の教師のほとんどは、オンラインゲームのように、交換したり、共有したり、人に会ったり、評価したり、調整したり、プログラムを書いたり、検索したり、カスタマイズしたり、社交したりしながら生徒たちが生活しているデジタル世界についてほとんど何も知らない。そのため、教師たちがどんなに努力をしても、生徒たちが必要とし、好んで受けたくなるような学習の仕方を提供することは非常に困難なのだ。（著名な科学者で）ある苛立った親の一人は次のように嘆いている。「学校の教師たちよりも、娘のコンピュータの Cookie の方が、娘の関心についてよく理解しているよ」。

「学校の教師たちよりも、娘のコンピュータの Cookie の方が、娘の関心についてよく理解しているよ」
――ヘンリー・ケリー、全米科学者協会会長

ありがたいことに、まだ希望はある。ここで示したような状況は、子どもたちの教育を改善しようと考える人々にまったく気づかれていないわけではない。また、学者やライター、ゲームデザイナー、非営利財団、企業、政府や軍の関係者たちが集まって、親や教師たちに向けて、ゲームやゲームを利用した学習の可能性を示そうとする動きもある。

そう聞いて、あなたはこう思うかもしれない。「ん？ 何が新しいんだ？ うちの子たちはもうたくさん学習用ゲームを持っているよ」。おそらく、あなたは自宅の本棚に眠っている、動物キャラクターと一緒に読み方や計算を一緒に学ぶタイプの、いわゆる「エデュテインメント」ゲームのことを言っているのだろう。

しかし、ここで話題にしているのは、そうした製品のことではない。たしかにそれらのエデュテインメントゲームも、就学前の子どもたちであれば使えるだろう。だが、五歳児であっても、「本物の」ゲームで遊んだ子は、ちょっと比べればそうしたエデュテインメントゲームはひどく稚拙なものだと気がつくだろう。ほとんどのエデュテインメント製品は、単にきれいなグラフィックをつけただけのドリル学習（学習嫌いになるためのドリル）ソフトで、ゲームが本来持つ興奮や、表面的には見えていない深さを持ったゲームとはまったく違う。

第二三章でさらに述べるように、クリエイティブな（そして勇気のある）教師たちのなかには、す

でに教室で市販のゲームを利用する試みを行っている人たちもいる。英国の教育者グループ「Teachers Evaluating Educational Multimedia（TEEM）」は、シムシティやズー・タイクーン（動物園経営シミュレーションゲーム）などのような市販のゲームは、子どもたちに必要な論理思考やコンピュータリテラシーを学ばせるのに適していると評価している。

長い目で見て私たちが必要としているのは、すでに子どもたちが遊んでいるゲームを、学校の外でも中でも使える「カリキュラム対応型」の学習ゲームで補完することだ。そうしたゲームも少しずつ登場してきている。たとえば、マサチューセッツ工科大学（MIT）はこの分野のパイオニアであり、複雑な物理の科学的概念を学ぶ「スーパーチャージド！（Supercharged!）」というゲームを開発している。その開発グループは、アメリカ史を学ぶ「レボリューション（Revolution）」というゲームのプロトタイプも開発している。ジョージ・ルーカスのゲーム会社、ルーカスゲームズは、科学や数学、論理思考などの授業で、既存の市販ゲームをカリキュラムのなかで利用するためのオンライン授業計画を提供して、教師たちを支援している。私の経営するGames 2 trainをはじめとする多くの会社も、歴史や科学、数学のような、苦手意識を持つ生徒の多い科目のカリキュラム向けのゲームを開発している。この辺りの話は第二三章「過去の「エデュテインメント」からの脱却――カリキュラム対応型ゲームの到来」で詳しく議論する。

アンクル・サム（米軍の募集ポスターのキャラクター）もこの動きに関係している。少し前のこと、米軍の新兵募集担当官や研修担当官たちは、若いゲーマー層と新兵募集の対象層にかなりの共通点があることに気づいた。その結果、今では軍の訓練にゲーム的なものを取り入れる動きが増え続け

アメリカズ・アーミーの「営倉」

ている。すでに五〇種類以上ものゲーム、そのうちいくつかは市販のゲームとして、その他は訓練専用にデザインされたゲームが、軍事知識や作戦行動などあらゆることを教えるために利用されている。

そのようなミリタリーゲームの最大の例は、「アメリカズ・アーミー」というゲームだ。このゲームは、二〇〇二年に新兵募集用のマーケティングツールとして無料配布が開始された。そしてその後もアップデートを繰り返しており、今では六〇〇〇万ユーザーを数えるほどになった。そのうち三〇〇万人はゲーム内のバーチャル基礎訓練を終えている。アメリカズ・アーミーをプレイした子どもたちは、軍の訓練や戦場での戦闘がどのようなものか、多くのことを学んでいる（実際に人を殺すのがどんな感じなのかは、もちろん学んでいない）。それにこのゲームは、応急処置や救急のようなスキルや、望ましい行動を教えることもできる。米陸軍は、このゲームに導入されている倫理規定を評価している。味方の誤射やさまざまな軍規を違反したプレイヤーは、ただちにレブンワース基地にある営倉へ入れられるのだ（写真）。

実際のところどんな分野でも、テレビゲームは子どもたちと交流するための言語となった。キリスト教の教義から、肥満防止まであらゆることがゲームを通して子どもたちに伝えられる（クリスチャンゲームカンファレンスは今年で四年目になる）。ゲームの学習効果に関する学術研究の数も急速に増えており、ゲーム研究はいまやひとつの学問領域として認識されるようになった。以前に書かれて読まれずに本棚に眠っていたゲーム研究の論文は、再版されて全国的なメディアで紹介されるようになった。ウィスコンシン大学マディソン校の教授、ジェームズ・ポール・ジーの書いた『What Video Games Have To Teach Us About Learning And Literacy』や、ジョン・C・ベックとミッチェル・ウェイドの『Got Game：How The Gamer Generation Is Reshaping Business Forever』、スティーブン・ジョンソンの『Everything Bad Is Good For You（ダメなものは、タメになる）』、そして私の書いた『Digital Game-Based Learning』など、理論的で実践的なガイドは広く読まれて何度も増刷を重ねていて、アマゾンでも入手できる（関連書籍のリストは巻末に掲載している）。

多くの分野の著名な専門家たち、たとえばスタンフォード大学のCFOだったウィリアム・マジー（大学経営シミュレーション「バーチャルU」を構想した）、医師のミオ・サント（外科手術ゲーム「ライフ・アンド・デス」を構想した）などの専門家は、ゲームデザイナーたちと協力して、専門分野の知識や経験を高め、プロフェッショナルを養成するためのゲームを開発している。スローン財団、マークル財団、ロバート・ウッド・ジョンソン財団をはじめとする主要な非営利財団も、それらのゲーム開発プロジェクトに資金協力するようになった。二〇〇三年、公共政策分野の非営利組織、ウッドロー・ウィルソンセンターは、「シリアスゲーム」イニシアティブを設立し、クリントン政権のころに始まった「シムヘルス（病院経営シミュレーションゲーム）」を利用したプロジェクトのような取り組みを継続できるように、公共政策分野でシミュレーションやゲームの利用を活発にするための活動を行っている。医療分野、政策、教育、軍事などの各分野でのゲーム利用を推進するカンファレンスは、何百人という教師、トレーナー、スポンサー、ユーザーたちの関心を集めている。

長い道のり

しかし、多くの大人たちがゲームが持つ学習への可能性を理解できるようになるまでには、まだ長い道のりがある。

どんなに学術的な研究がゲームの有益さを示しても、どんなに子どもたちが学校の勉強をもっと夢中になれるものにしてほしいと悲痛な叫びをあげていても、多くの親や教育者たちは、ゲームというものは他愛のないものか、有害なものだという考えを捨てようとはしない。トップ二〇のベストセラーゲームのうち、一五タイトルは「E（すべての人対象）」や「T（一三歳以上対象）」指定のレーティングのゲームなのに、マスメディアは「殺人ゲーム」のような見出しで、親たちの感情の火に油を注いでいる。子どもの成長を助けたい大人たちは、すべてのゲームを否定する元となっている「すべてのゲームが暴力的だ」という考えを捨てることが、まず必要だ。

多くの大人たちが「テレビゲーム」という言葉に対して抱いている反射神経的な偏見は、今日の新しい教育的なゲームのスポンサーや売り手、買い手たちにも影響を与えており、ゲームを表現するために、「デスクトップシミュレーター」、「仮想的世界」、「交流経験への没入」などの婉曲的な言い回しをすることを余儀なくされている。

　しかし、どんな表現を使っても、エンドユーザーである子どもたちは、その新しいツールが本当はどんなものなのかをすぐに見透かしてしまう。つまり、ゲームの持つ非常に強力なインタラクティブな要素を組み合わせて、効果的に学ぶために作られたものだということを、子どもたちは理解してしまう。難しいのは、子どもたちの興味や注意を失わずに、いかにうまく教育内容に引きつけるかだ。だが、数学のような難しい科目を学ぶためのゲームも作られるようになってきて、以前よりもやりやすくなっている。

　私たち大人が、ゲームが学習によい効果があることをより詳しく理解すれば、子どもたちの教育への大きな助けになる。私たちの支援によって子どもたちは、今まで単に楽しんで遊んでいたつもりのゲームから、より多くの有益なことが学ぶべると理解でき、より多くの恩恵を得るようになる。さらに特定の科目を学ぶためにデザインされた新しいゲームに夢中になって楽しんで、より多くのことを学べるようになるだろう。

　子どもたちは、そんなことが実際に起きてほしいと心の叫びを上げていて、それが実現できるかどうかは私たち大人の力にかかっている。本書の後半では、実際にゲームを学習に利用する方法と、それが子どもたちはもちろん、私たちすべての大人にとっても有益なものになることを説明する。

　ゲームの有益さの話に入る前に、ゲームに対する批判の一番厳しいところを取りあげて、それらの批判が一体どんなことを言っているのかを詳しく見ておこう。

第3章

でも、マスメディアで騒いでいるゲームの悪影響についての話はどうなの？

「これまでの研究結果からは、暴力的なゲームの子どもたちへの影響は、短期的か一時的にはあっても、長期的な影響を示す根拠はほとんど出ていない」

――アナハッド・オコーナー、ニューヨークタイムズ科学担当編集者

さて、皆さんがよく耳にしていることについて話していこう。右記の引用で述べられているように、すべてのマスメディアがゲームに否定的というわけではない。ところが、ジョセフ・リーバーマン上院議員や、クレイグ・アンダーソン教授、デビッド・ウォルシュ博士、ジャック・トンプソン弁護士をはじめとする多くの人々は、ゲームに反対する立場を取ることでそのキャリアを築いている。そして何度も言及しているように、多くのマスメディアが、ゲームについてさまざまなことを否定的に喧伝している。たとえば、最近もこんな見出しが出ている。

- ゲームはますます野蛮に

●テレビゲームがティーンエイジャーの脳をダメにする
●児童たちにポルノとゲーム、どうしたものか

どれも警告的に聞こえる気がするだろう。しかし真実はこうだ――暴力的なゲームの影響でどんな子どもも、たとえば、あなたの子どもたちも暴力的になるのかという疑問は、実はとても複雑すぎて、どんな研究者にとっても容易には結論の出せない疑問なのだ。これまでに行われた研究の結果は、その現状を示している。

そう、暴力的メディアに触れることと、攻撃的な振る舞いの相関関係を示す研究結果は簡単に見つかる。平均値が高まるという結果もある。だが、その相関関係は因果関係ではない。デジタルでない粗っぽいゲーム、たとえば、アメフトやラグビーなどのスポーツであっても同じような効果がある可能性は高いだろう。

ひとつ確実に言えることがある。もし仮に子どもの成長過程におけるすべての複雑な要因を考慮できたとして、どんな子でもゲームからネガティブな影響を受けるのか、ほとんどの子どもがそうなのか、それともゲームは子どもの成長過程で影響を受けるいかなるよい影響をも打ち消すほどの存在なのか、そんなことを断定できる者はいない、ということだ。

ゲームをプレイすることは、喫煙のような行為とは違って、誰にでもどんな条件においても発ガン率や生命への危険を高めるような悪影響を与えるものではない。ゲームをプレイすることはむしろ、軍隊に従軍するようなもので、戦闘時の攻撃性は軍規による統制でバランスが保たれる。時に軍人が

粗暴になるという話を聞くが、戦時以外でほとんどの軍人は（ゲームをプレイする子どもたちと同様に）普通に日常生活を送ることができるのだ。異常な人たちはゲームがあろうとなかろうと異常というだけのことだ。

ゆえに、マスメディアで言われていることはすべて忘れて、子どもたちにゲームがどのように影響しているかは、自分自身で判断しなければならない。

私がここであなたに理解してもらいたいことは「子どもたちは自分自身で生活のバランスをとれるようになる必要がある」ということだ。ゲームをする時間だけでなく、学校の活動、宿題やスポーツ、趣味、野外活動、読書など、すべてにおいてそうだ。ひとりの親として、自分の子にそれを学ばせるのがあなたの仕事だ。もし何らかの理由であなたがそう思わないとしても、単にゲームがすべて悪いと決めつけるような安易な考えは持たないでほしい。そんなことをしても、子どもたちにとって良いことは何ひとつない。

では、何らかの制限は必要か？　もちろんだ。ゲーム禁止？　そんな必要はないばかりか、それは逆効果だ。

反対者たち

明らかにニュースレポーターや記者たちは、親たちにゲームを恐れさせて楽しんでいるように見える。悲しいことに、多くの反対者は、安易に支持率を高めようとする政治家だ。そのほとんどはまったくゲームに触れたこともない。最近私はある政治家が主催した招待制パーティに出席した。その時、ある聡明で将来有望な有名政治家が次のようなことを皮肉を込めて指摘していた――「（テレビゲームは）わかりやすい攻撃対象です。（ゲーム業界を）攻撃するのはたやすい。どんな政治家でもできる陳腐な小細工でしかない」。当然ながら彼はこの発言を公にしていない。

金のためにゲームを攻撃する立場をとる人々もいる。オプラや、60ミニッツ、ナイトラインなどのテレビ番組に出演しているジャック・トンプソン弁護士は、「グランド・セフト・オート」で遊んでいたティーンエイジャーに殺されたアラバマ州の警官らの家族の弁護士となって訴訟を起こしている。トンプソンは「人命を救うため」と言っているが、インタビュー記事のなかで彼は「ゲームソフトメーカー、ゲームコンソールメーカー、それにウォルマートやサーキットシティ、アマゾンのような販売会社を訴えるつもりだ」と述べている。これでは金を持った人々ばかりを訴えているように聞こえる。

トンプソンは、ゲーム業界の「サダム・フセイン」的な存在となって、さまざまな事実を歪めたという理由で、エンターテインメントソフトウェア協会会長のダグ・ローウェンスタインのような人まで訴えようとしている。ローウェンスタインは私も個人的に知っていて、論理的で思慮深い人物だ。トンプソンはミリタリーゲームのことを「殺人シミュレーター」などと刺激的な表現をすることで、無遠慮に世の親たちの恐怖心をかきたてている。実際には、ミリタリーゲームは子どもたちに、作戦行動下で人命を守り、リーダーとしての戦略的な思考と行動の仕方を教えているのだ。トンプソンは「何時間もゲームをプレイして、影響がないと考えるのはナンセンスだ」と主張している。この主張が理屈に合わないことは、後ほど述べる。

次に登場するのは、自らの主張を正当化して名を売ろうとプロパガンダに励む人々だ。その代表格は「全米メディアと家族研究所」のデビッド・ウォルシュ博士だ。この研究所というのは、本当に正式の学術的な研究機関なのだろうか？　実はこの組織は、ウォルシュが自分の名前と主張を広めるために設立した非営利組織だ。そのこと自体は法的には何も問題ない。だがウォルシュは、はっきりとした意図を持ってこのようなやり方をしている。有害な影響が出るほどまでゲームをプレイしている人々の存在を示して、世の親たちが自分の子どもも、そういう中毒に陥ってしまうのではないかと恐怖心を抱かせようとしている。彼は取材に対し、ほとんどの人たちはそんなことにはならないと言及しているにも関わらず、ウォルシュは「中毒」という言葉を頻繁に使い、中毒になりやすい性格などのゲーム以外の要因の存在については一切触れていない。そのような他の要因が多くの人々の抱える問題であるにもかかわらず、こうした事実の歪曲を行うのは、とても危険なことだと思う。

ウォルシュはテレビに何度か出演して、彼の言うところの「科学的な」データ、たとえば、心拍数や血中反応など、とても疑わしい方法で集めたデータを用いて主張の強化を図っている。ウォルシュの提示する測定方法では、たしかにある種のゲームをプレイすることで示されたような変化が生じる。だが彼は、他の多くの余暇活動、たとえば、競争的なスポーツをすることでも同じ変化が生じるということについては一切言及していない。

さらに悲しいことに、彼が世の親の恐怖心をかきたてる行為は、子どもたちのためにもなっていない。彼らのウェブサイト（www.mediafamily.org）に出てくる子どもたちのビデオを見て、本書の第一六章を読んでほしい。ウォルシュのアプローチは、多くの政治家たちが「証拠」として用いているが、単なるプロパガンダでしかない。つまり、何かについて警告するために、事実の一面だけを切り取って見せているだけだ。もし、公平な情報をオンラインで探す場合は、カナダに本拠を置くメディア啓蒙ネットワークの www.mediaawareness.ca などをあたってみるとよいだろう。

「安易な攻撃対象を探している」政治家や、ウォルシュのような「プロパガンダ活動家」、トンプソンのような「訴訟マニア」弁護士が渦巻くなかにも、ゲームの有害性を真面目に研究している人たちは存在する。おそらく「ゲームはとにかく子どもたちに悪い」という立場で最もよく知られた研究者はクレイグ・A・アンダーソン博士だろう。私は個人的に彼と面会したが、とても好感の持てる論理的な人だった。彼は、暴力的なメディアが人々の暴力性に影響しているという研究結果を熱心に主張している。ほとんどの彼の論拠はテレビ番組の影響だが、そのなかにゲームの影響も含まれている。アンダーソンは多くの研究結果を集めてメタ分析することで、彼の意見への批判に対して丁寧に反論している。オンラインで入手できる彼の論文については、巻末の文献リストに掲載した。

しかし、アンダーソンがどんなに熱心であれ、彼の反対側に立つ研究者たちも同じくらいに熱心だということを忘れてはいけない。たとえば、ユトレヒト大学のジェフリー・ゴールドステイン教授は、暴力的なゲームの影響に関する研究には、いずれも曖昧な定義、研究方法の拙さ、因果関係と相関関係の混同が見られ、その有効性は疑わしいと指摘している。ゴールドステイン教授の論文も巻末の文献リストに収録しているので、読者の皆さんには、これらの両方の立場の論文にあたってみることをお勧めしたい。

では、誰が言っていることが真実なのか？

両方の立場の誰もが、ある面において、少なくとも部分的には真実を語っていると言える。本物の答えを見つけるためには、各自の主張の中身をよく吟味しなければならない。

ゲームも含め、メディアが人に影響を与えるということは所与の事実だ。つまり、クレイグ・アンダーソンの研究で、暴力的なゲームと暴力的な思考や行動、心理的な影響に、短期的には「何らかの関連がある」という結果が示されているとしても、ひどく驚く人はいないだろう。普通に納得のいく話であり、ジャック・トンプソンの主張が、表面的には納得がいくように見えるのもそのためだ。

しかしながら、アンダーソンらの主張にある「暴力的なゲームが直接的に暴力的な振る舞いを引き起こし、協調的な振る舞いを減らす」という点には、大いに疑問の余地がある。前に述べたように、アンダーソンの根拠とする結果は、アメフトなど、他の攻撃的な活動においても言えるということを私たちは見落としている。アンダーソンの主張を支持するゲーム反対者たちには、この視点がまったく欠落している。事実、長期間にわたるゲームの影響を調査したある研究では、まったく逆の結果が出ている（この論文も巻末の文献リストに掲載した）。

バランスを取るための反対の影響

だが、ここで鍵となるのは、長期的に私たちの日常の行動に影響を与えるためには、そのメディア（であれ何であれ）の効果は強力で純度の高いものでなければならないということだ。

もし、ある子どもの成長過程で、ある地方のアクセントだけを聞いて、カントリー音楽だけを聞き、ロマンス小説だけ読んで、「風とともに去りぬ」を毎日三回見て育っていたとすれば、それらの要因がその子の成長過程に重要な影響を与えていると想像できるだろう。私たちは、その子がその地域のアクセントで話し、カントリー音楽好きで、ロマンス好きで、スカーレット・オハラやレット・バトラーのような振る舞いをすることを予期できる。同様に、もしある子が暴力的な映画や、暴力的なゲームだけに一日中接していて、暴力にあふれた家庭で育っていれば、その子が暴力的な振る舞いをすることは誰もが予期できるだろう。

もちろん、これは何かバランスをとるような影響がない限りにおいての話だ。

そして、バランスを与えるのは、親や教師、それに社会における私たち大人の役割だ。子どもたちは、大人と同様、日々多様なメッセージや思惑に囲まれて生活している。メディアを通して、また、家族、友だち、学校、職場、読書、クラブ活動やスポーツ、宗教など、さまざまな形で伝えられる。そのなかには暴力的なものが含まれることも確かにあるが、大半のものはそうではない。それに、米国のほとんどの子どもたちは、暴力は問題の解決にはつながらない、「汝、いじめるなかれ、殺すなかれ」というメッセージに日常的に触れながら生活している。

ゆえに、子どもたちが何らかの形で暴力を見たり経験したりすることはあるだろう。それによって暴力が想像や感情に入り込むこともある。しかし子どもたちは、他の多くの暴力的でないメッセージでバランスをとっているのだ。

（おそらくあなたの子どもたちも含めて）ほとんどの子どもたちは、ゲームに出てくる暴力は現実の生活のなかではやってはいけないし、自分はやらないだろうということを理解している。「え〜そんなわけないよ」というのが普通の反応だ。ある子は私が尋ねた時「これはゲームだよ！」と答えた。これはおそらく、私たちの親の世代が、私たちの世代に「ロックンロールは頭に悪い」と言われた時の反応と同じものだと思う。

ゲームデザイナーのラフ・コスターは、著書『A Theory of Fun for Game Design（「おもしろい」のゲームデザイン）』のなかで、大人たちが暴力的だと考えるような描写であっても、子どもたちは暴力的とは考えていないと主張している。子どもたちはそうした描写は、むしろゴール到達やゲームで勝とうとする過程の、単なる装飾のひとつとしかみていない。また、ジェラルド・ジョーンズは、著書『キリング・モンスター』のなかで、「カタルシス（恍惚感、快感）」についての議論で、子どもたちが常にゲームや他のメディアを通して暴力的な衝動を発散させているということを指摘している。ニューヨークタイムズ紙書評者のチャールズ・ヘロルドも同様に、ゲームは他人を傷つけることなく攻撃性を発散する手段を提供していると主張している。

アンダーソンは、こうした主張を否定しているが、事実だということは変わらない。米国における暴力犯罪の件数は、ちょうどゲームの利用が劇的に伸びた時期に激減している。さらに重要なのは、大多数の普通の子どもたちは、暴力的な映画やゲームに触れながらも、反暴力の社会的メッセージも受け取っており、公共の場でも家庭でも暴力を振るうことなく普通に生活しているということだ。

たしかに、なかにはとてもひどい暴力や虐待に満ちた環境で育ち、反暴力的なメッセージでバランスをとることができない人たちも存在する。それに戦場にいる兵士たちは、「殺人はよくない」といった反暴力的なメッセージに反して、暴力的な行為を取ることを余儀なくされていて、その後の後遺症に苦しむことも起こりえる。それでも、政治的亡命者や戦争犯罪者、幼児虐待の被害者や退役軍人といった過酷な状況を経験した人々でも、そのほとんどの人たちは暴力的になることなく生活している。しかし、連続殺人者やテロリストなど、バランスを取るメッセージが効かない人たちが常に存在することもまた事実だ。

でも、あなたの子どもたちは？

現実的に考えて、ゲームに含まれる暴力的なメッセージのバランスを取るための反暴力的なメッセージを十分に受け取ることができないという可能性は、ほとんどないと言ってよいくらいにごくわずかだろう。アンダーソンでさえ「今後の研究によって、暴力的なゲームの影響に（彼の言うところの）対抗する影響をもたらす重要な要素が見つかるだろう」と述べている。

それに、店で売られているほとんどのゲームは、暴力的ではない。

だから安心していい。ゲームをしている子どもたちは、みんな大丈夫だと断言できるだろう。

それでもなお、親の務めとして、また平和な社会の一員として、子どもたちに暴力はよくないということを理解させるために、反暴力的な対抗メッセージを可能な限り送り続ける努力を維持する責任は私たちにある。事実、子どもたちとゲームについて話しながら、そうした対抗メッセージを送ることも本書の重要なメッセージだ。

もうひとつ、気をつけてほしい重要な点は、単に「たくさんゲームをする」ことは「たくさん本を読む」ことと同じで「中毒症状」ではない、ということだ。ただ、詳細に診察してみると、本当に中毒症状だったり、害のある形でゲームにのめり込んだりする子どもも、ごく少数ではあるが存在する。第一〇章では、そのような場合のアドバイスを提供する。

本章の最後に、ここまでの議論が単なる私の憶測にすぎないと誤解してほしくないので、実際に否定的なマスコミの論調に惑わされずに、自らの観察と判断で考えるようになった親たちのコメントを紹介したい。読者のあなたも、本書を読み終える頃には同じような考えを共有できるようになると願っている。

「うちの息子がゲームをしているのを観察してみて、そのゲームのゴールが殺し合いに勝つことではなくて、力を貯めてパートナーシップを構築することだと知って驚きました。うちの子は、そのゲームでランキング上位に入るくらいのいい成績を残すには、命令を下して戦闘を指揮することが一番だと理解していました。ちょうど息子のヘッドセットが故障中だったため、テレビのスピーカーから聞こえてくるゲーム中のチームの会話を聞いて驚きました。そのオンラインゲームでいい成績を残すために、うちの子が世界各地の男性、女性、子どもたちに指示を出しながらプレイしていたんですよ」

「うちの子がオンラインゲームに熱心になっていることを理解して受け入れると、彼はよくそのゲームでチームを組んでいる仲間たちのことを話してくれるようになりました。一緒にゲームをしているのは、陸軍基地で働いている人や、主婦、それに無職で仕事を探していて、奥さんには仕事を探していると告げながら、実はバーチャルなチームメイトたちと一緒に過ごしている人や、仮病を使って学校を休んでその日の攻撃に参加しているティーンエイジャー、週末に奥さんが働きに出ている間、九か月になる息子の面倒を見ながら参加していて、時々その子がゲームに関心を示してキーボードを触るのに邪魔されているお父さん、といった人たちだと話してくれます。うちの子とバーチャル世界の仲間たちは、世界中からアクセスしていて、個人的な成功談や失敗談、病気になった時の話などをよくしているみたいです」

「この夏でうちの息子が一六歳になったので、オンラインで過ごす時間を制限させるつもりもあって、何か外で仕事を見つけなさいと伝えました。オンラインで多くの大人やいろいろな人たちと会話することに慣れたおかげで、彼はもはやシャイな一五歳の男の子という感じではなくなっていました。オンラインで一緒に話している大人たちは、彼に就職のアドバイスもしてくれていたようです。ティーンエイジャーの子の親であれば、親が言うと効き目のないアドバイスでも、他の大人からであれば聞く耳を持つということをみんな知っているでしょう。同じアドバイスを何人もの大人から聞けば、子どもたちも聞き入れるものです。幸運なことに、彼のオンラインの知り合いはよい大人の人たちで、彼に多くのよいアドバイスをしてくれました」

さて、皆さんもそろそろ、ゲーム批判者たちの主張のおかしなところが見えてきたのではないだろうか。政治家や心ない人々が繰り返すゲームへの批判に対する反論が耳に入るようになったところで、あなたの子どもたちも含め最近の子どもたちの本当の姿を見ていくことにしよう。それによって、子どもたちにとってのゲームを理解して、なぜ子どもたちはゲームに夢中なのか、そしてゲームから何を学んでいるのかを知ることにつながるだろう。もしかしたら驚くようなことがわかるかもしれない！

第2部

「デジタルネイティブ」の出現

第二部では、読者の皆さんへ、子どもたちを見る目を変えることを提案する。子どもたちは新たなデジタル世界のネイティブで、私たち大人は移民だ。このような見方をすることで、まったく新しい捉え方で子どもたちの行動が見えてくるだろう。

第4章

子どもたちは私たちとは違う——彼らはネイティブで私たちは移民だ

「わぁーーーーーーー」——「糸電話」を初めて手にした三歳児

ゲームのポジティブな効果を真の意味で理解するためには、ゲームへの強い欲求を持っている人々、つまり最近の子どもたちに起きている大きく重要な変化をよく理解する必要がある。

私たち大人が子どもたちについて語るとき、「私が子どもの頃は……」と「今どきの子どもたちは……」というフレーズをしばしば使う。通常それらは、今の世代の子どもと前の世代の子どもがいかに違うかを表現するために使われる。少し前までは、そこで語られる違いとは、服の着方や、言葉遣い、アクセサリーや音楽の嗜好、ライフスタイルなど、形式的なスタイルのことがほとんどだった。

ところが、今の二五歳以下の若者について言えば、この違いはより深くて巨大なものになっており、その多くは、二〇世紀末頃に起きたデジタルテクノロジーの急速な普及によってもたらされたものだと考えられる。この時期に起きた変化は、根本的で不可逆な変化で、私はこれを「デジタル社会の特異点」と呼んでいる。

幼稚園生から大学生まで、最近の生徒、学生たちは、新しいデジタルテクノロジーと共に育ってきた最初の世代だ。彼らは、パソコン、ゲーム機、DVDプレイヤー、ビデオカメラ、ネットオークション、ケータイ、PDA、その他たくさんのデジタル時代のおもちゃやツール類に囲まれて育ってきた。今日の平均的な若者は、幼稚園から大学卒業までの間に、読書に五〇〇〇時間を費やし、ゲームを一万時間プレイし、もう一万時間をケータイ、二万時間はテレビを見て過ごしている。全体で見れば、年間二〇〇〇億件の着メロ、二〇〇〇億曲の音楽ファイルをダウンロードし、毎日六〇〇〇億件のテキストメッセージを交換している。それに二五万通のeメールとインスタントメッセージを送信し、二一歳になるまでに五〇万本のコマーシャルを視聴する。これが若者たちのデジタル生活プロフィールだ。

デジタルテクノロジーは、子どもたちにすれば生まれた時から生活に根付いている。その結果、子どもたちの思考や情報処理の方法は、アナログ世界に育った私たちや、それ以前の世代とは根本的に異なっている。これらの違いは、世の親や教師たちが気づいていることよりもはるかに広くて深く、脳の形成に違いをもたらすほどのものだ。ベイラー・カレッジ・オブ・メディシンのブルース・D・ベリー博士の言う「異なる経験は、異なる脳の構造形成を起こす」ということが起きているのだ。

次章で見ていくように、デジタルな生活環境と経験によって、子どもたちの脳の構造は物理的に異なっていることを示す有力な事例がある。だが、物理的な脳の変化が本当に起きているかどうかに関わらず、少なくとも思考パターンが変化していることは間違いないと言ってよいだろう。このことは後ほど議論する。

このような若い世代を私たちはなんと呼ぶべきだろうか？　人によっては、Nジェネレーション（ネット世代）やDジェネレーション（デジタル世代）、新世紀世代などと呼んでいる。なかでも、コンピュータやテレビゲーム、インターネットなどのデジタル言語を操る「ネイティブスピーカー」という意味を込めて、「デジタルネイティブ」という呼び方がよく使われている。もし彼らがネイティブであれば、歳を取ってからデジタルテクノロジーの世界に渡ってきた私たちは「デジタル移民」だと捉えるのがわかりやすいだろう。

どんな移民でもそうだが、新しいデジタル環境にいち早く適応できる人たちもいる。しかしどんなに流暢にその言語が使えるようになっても、移民にはいくらかの「アクセント」、あるいは「過去の習慣のクセ」が残る。

デジタル移民が持つアクセントがどんなものか、少し例を示しておこう。

- eメールをプリントアウトして読む（プリントアウトしてくれる部下がいる人は、このアクセントがさらに強い）
- インターネットを第一ではなく、第二の情報源として扱う
- ソフトウェアにチュートリアルが組み込まれていることを想定せず、まずマニュアルを読もうとする

●文書データを校正する時は、コンピュータの画面上でそのままやらずに、いったんプリントアウトする
●オフラインでしか現実生活は起こらないものだと考えている！

この他にもいろんな例が思い浮かぶだろう。「eメールを受け取ったか？」とわざわざ電話するのは、このアクセントの最たる例だ。私も妻や一緒に働く若者たちから、自分の持つアクセントをよく指摘される。デジタル移民の私たちは、そんなアクセントも笑って受け入れればよいのだ。

移民がネイティブを教えることに問題がある

自分たちのアクセントを面白がるのは構わないのだが、デジタル移民とデジタルネイティブの断絶、特に子どもたちの教育における断絶は、笑いごとでは済まされない。今日の教育が直面する最大の問題は、前デジタル時代から移民してきた親や教師たちが、まったく新しい時代の言語を操るネイティブ世代を教えようと苦心している状況にある。

学校ではどの学年でも、デジタル移民の教師が持つアクセントが、デジタルネイティブたちの学習の妨げとなっている。ネイティブたちには、移民の教師たちが発する言葉が理解できないことがしばしばある。「ダイヤルを回す」など、彼らにすれば何のことだかさっぱりわからない。移民がどうやって情報を集めようか考えているうちに、ネイティブはさっさと情報を手に入れることができる。移民は一度にひとつのことしかできないが、ネイティブは一度にいくつものことを同時にできる。移

民には文字情報が主体でグラフィックは副次的な情報源だったのが、ネイティブにはグラフィックが文字よりも先に来る。移民は第一章、二章、三章と、情報が順序良く並んでいるのを好むが、ネイティブは自分の必要に応じてランダムに情報を集める方を好む。

デジタルネイティブはデジタル移民と違って、人とつながっていることを好む。ネットワーク化されていることでその力を最も発揮できる。すぐに満足できることや、頻繁に結果が出ることを好む。そして、本書の重要なポイントでもあるが、彼らは堅苦しい環境よりも「ゲーム的な」環境を好む。デジタル移民、特に親や教師の立場にある人たちは、彼らと何年も付き合っているにも関わらず、ネイティブたちが完全に身につけているような新しい嗜好やスキルをよく理解できない。私たち移民は、ゆっくりと、一歩一歩着実に、一度にひとつのことを、そして何よりも「真面目に」教わることを好む。そしてそうやってネイティブたちを教えようとする。

私たちが日々目にしているように、デジタル移民の親や教師は、「子どもたちは自分たちの子どもの頃と変わらない」という仮定のもと、「自分たちが受けた教育の方法が、やり方が今の子どもたちにも同じように通用するはずだ」と考えている。だが、もはやそのような古い仮定は有効ではない。今の子どもたちには、私たちの世代を教えるために設計された古い教育システムは機能しない。親たちのほとんどは、子どもたちがテレビを見たり音楽を聴いたりしながら勉強できるということが信じられない。なぜなら自分たちデジタル移民にはそれができないからだ。私たちが子どもの頃には一度に複数のことを行うことなど選択肢になかったのだから、私たちにできないのは当然だ。デジタル移民の親や教師たちのほとんどは、学習とは「厳しいもの」であり、楽しんでやれるものとは考えられない。どうしてできないのだろう？　私たちだって、幼い頃はセサミストリートを見ながら学んできたではないか。

デジタル移民の教師たちがイライラしているのを尻目に、授業を受ける生徒たちはテレビゲームの「トゥイッチ・スピード（反射神経的スピード）」や、MTVのようなメディアに囲まれて育っている。彼らはインスタントメッセンジャーや音楽ダウンロードのような即時性に慣れており、カメラ付ケータイは常にポケットに入っている。ノートパソコンを図書館に持ち込んで、仲間と常にメッセージ交換して楽しんでいる。生活の大部分は人とつながっている。そして何よりも、教師の一方的な講義を聞いたり、人に合わせながら一歩一歩学んだり、「講義を聴いてテストを受ける」繰り返しの教育にはうんざりしている。

> **今の子どもたちには、私たちの世代を教えるために設計された古い教育システムは機能しない。**

誰かが手を差し伸べる必要がある——その誰かとは私たち大人だ

世の親や教師たち、つまりデジタル移民たちの直面する最大の問題は、デジタルネイティブの子どもたちに自分たちの古い学び方を押し付けるべきなのか、それとも自分たち自身が新しい学び方を身に付けるべきなのかということだ。その答えは明らかだろう。どんなに私たち移民が願ったところで、デジタルネイティブたちは、古いやり方には戻れない。まず何より、古いやり方は機能しない。

彼らの頭脳はすでに私たちとは異なる形で形成されている。それに、これまでの歴史における新しい言語や文化への移行の状況を見ても、答えは、はっきりしている。いかなる新しい文化においても、子どもたちは新しい言語をたやすく学び、古いものを押し付けられることに抵抗するものだ。賢い大人の移民は、自分たちが新しい世界をよく理解していないという事実を素直に受け入れ、自分が新しいものを学んで取り入れるために、うまく子どもたちの力を借りようと考える。

そしてもちろん、あまり賢くない、柔軟さに欠けた移民たちは、昔を懐かしんで、今の状況に不平を言って時間を費やして過ごす。

ゲームがどのように関係しているか

多くの面で、ゲームはデジタルネイティブの子どもたちにとって、未来の社会で必要とされるスキルを身につけるための手段として機能している。

子どもたちは、知識やテクノロジーが何百万倍にも膨れ上がった未来に生きていくためには、過去の古いスキル、つまり今学校で教えられているようなスキルが使い物にならないということを本能的に悟っている。

ゲームデザイナーたちは、デジタルネイティブが好む方法で、新しいスキルを身に付けながら、しかも楽しみも得ることもできる、バランスのとれた学習方法を編み出した。それは彼らの学習スタイルに完全に適した学習メカニズムで、さらに重要なのは、子どもたちが自ら進んでやりたい活動だということだ。

ゆえに、私たちデジタル移民の親や教師が、子どもたちの心に届く形で教えようとするならば、今のやり方を変える必要がある。彼らが私たちとは異なる存在で、異なるやり方をするということを受け入れる必要がある。ゲームのような、私たちには新しくて異質で、恐ろしくも感じられるものを受け入れていくことが必要なのだ。

まだこの事実を受け入れ難いかもしれないが、この変化の必要性を理解するための「具体的な」証拠が必要であれば、単に子どもたちを観察すればよいのだ。次の章でそのような証拠をご覧にいれたい。

第5章

ほんとに子どもたちの思考の仕方は違うのか？

「脳の機能の柔軟性についての発見は、この二五年間で最大の発見だ」
——ジョン・スコールズ、ロンドンユニバーシティカレッジ

第四章では、デジタルネイティブの子どもたちと、デジタル移民の親や教師たちの違いの大きさがどれほどのもので、それが今日の教育問題の根幹だということを論じてきた。デジタルネイティブの頭脳は、デジタルなインプットを絶えず受け入れながら発達してきた結果、物理的にも異なっているということも述べた。そして、デジタルネイティブのネイティブ言語を使った学習方法として、テレビゲームが有効だということも述べた。単に私がそう言っているだけだろうと考える読者もいると思うので、本章ではここまで述べてきたことを裏付ける論拠として、神経生物学や社会心理学分野の研究、そしてゲームを利用した学習研究の成果を紹介していく。

まず、はっきりさせておく必要があるのは、私たちは人間の脳がどのように機能しているかを完全

には理解していないという点だ。そのなかで、最近の人間の脳に関する研究から、多くのことが明らかになってきた。神経可塑性はその重要な発見のひとつだ。

神経可塑性（neuroplasticity）

二〇世紀半ばに教育を受けた私たちは、人間の脳は三歳までに必要な発達のすべてを終えると教えられた。しかし今日では、そうした見方は完全な誤りだということが明らかになっている。

ここ四半世紀の神経生物学分野の研究から、人間の脳は非常に柔軟だということが示されている。つまり、私たちの脳はさまざまな種類の刺激に反応して、絶え間なく変化し続けるのだ（よく使われる「再配線（rewired）」という言い方は、やや誤解の恐れを含むものの、考え方としては概ね正しいと言える。脳はインプットされる刺激の性質の違いに反応してその構造を変えていくのだ）。この点について、ロンドンユニバーシティカレッジのジョン・スコールズは「脳の機能の柔軟性についての発見は、この二五年間で最大の発見だ」と述べている。

さらに、「脳細胞の数は決まっていて、歳とともに少しずつ減少していく」という、古い考え方は、「脳細胞は継続的に補充される」という考え方によって取って代わられている。こうした、脳の絶え間ない再構成と脳細胞の補充活動は、専門的には神経可塑性という呼び名で知られている。

これが本当だと知る方法はあるだろうか？　最近の動物や人間の脳に関する研究から、脳の発達が歳を取ってからも起こっているということを示す研究成果があるので、次にいくつか示しておく。

●白イタチの脳内の視覚情報と聴覚情報をつかさどる神経を手術で入れ替えたところ、その脳は新しい情報を蓄積するために変化した。
●有名な研究者によるネズミを使った研究で、豊かな環境におかれたネズミと、貧しい環境におかれたネズミの脳を比較したところ、二週間足らずで違いが示された。
●点字を学んだ視覚障害者は、視覚情報を扱う脳の部位が活性化した。同様に聴覚障害者が手話を使うことで、脳の聴覚皮質が活性化した。
●脳に傷を受けた人が、複雑な順番で指を動かす練習を何週間か続けた後、新しい順番で指を動かそうとした際に、運動皮質の大部分が活性化した。
●日本人は、日本語にはRとLの音の違いを区別する必要がないため、脳が再プログラムされて、それらを区別するスキルを忘れてしまう。
●歳をとってから学んだ言語の知識は、子どもの頃に学んだ言語とは異なる脳の部位に保管されることが発見された。
●一〇歳以上の生徒を対象にした読み方の集中学習の実験で、その学習内容に関連する脳の部位に化学的な変化が起きることが示された。
●MRIでミュージシャンとミュージシャンでない人の脳をスキャンする実験から、音楽の集中的な訓練と練習による脳の構造変化によって、ミュージシャンの小脳はミュージシャンでない人の小脳よりも五％大きいほどがわかった。

神経可塑性の研究はまだほんの端緒にあるが、これまでのこの研究の最も興味深い発見は、「私たちの脳は歳を経ても常に変化し続ける」ということだ。

展性（malleability）

社会心理学者の研究によって、異なる文化のなかで育った人々は違ったことを考えるだけではなく、考え方そのものも異なっていることが示されている。

育った環境や文化は、その人の思考プロセスの多くを規定してしまうほどの影響を与える。その理由は、ここまで見てきたように、異なる経験をすることで脳の発達の仕方が変わるということだ。

直接的にデジタルネイティブたちの脳がデジタル移民の脳とどのように異なっているかを研究した事例はまだないが、これらの間接的な証拠はとても強力だ。脳の再構成する能力は、今日の若者の行動や思考に大きく影響を与えている可能性は高いと言ってよいだろう。

練習が必要

注意すべきなのは、脳も思考パターンもそう簡単には変わらず、変えるためには多大な労力が必要だという点だ。ある研究者が指摘しているように「その動物がその動作と知覚的なインプットの関連性に注意を払った時だけ、脳の再構成が生じる」。ある読解スキルの再訓練プログラムによる脳の研究では、毎日一〇〇分を週五日間、五〜一〇週間も実施して、ようやく脳の変化が観察できた。なぜなら、他の研究者が指摘しているように、「脳が再配線されることに集中する必要がある」からだ。

一日数時間、週五日間、何かに注意を払うということから、何かが思い当たらないか？　そう、テレビゲームだ。ポン（Pong）が一九七四年に発売されて以来、子どもたちは少しずつ脳の再プログラムをしていきながら、スピードやインタラクションなどのゲームの要素を扱えるようになってきたのだ。「コンピュータと共に育ってきた子どもたちは、ハイパーテキスト思考を発達させている。思考があちこち飛び回っても、それが順を追ってではなく、同時並行的な認知構造のもとで処理されている」と、ある研究者は言う。子どもたちの脳はとてもうまく再構成されているため、「ゲームやウェブサーフィンなどの活動を通して発達した脳には、今の教育システムが提供するような単線的な思考を強いるようなやり方では、学習を非効率にしてしまう」とこの研究者は指摘している。

多くの人は、デジタルネイティブたちがコンピュータを使う時には、大人たちとは異なる脳の部位を使って、異なる思考の仕方をしているのではないかと推測している。そしてその脳は、ミュージシャンの脳の違いと同様、生理学的に異なっていると言ってほとんど間違いないようだ（この変化はまだ推測の域を出ないが、実際に存在するにしても、脳全体から見れば比較的小さな変化でしかない。だが、重要な変化だということに留意すべきだ）。

これまでの研究から示された、ゲームやその他のデジタルメディア利用によって強化される思考スキルには、次のようなものがある。

- 「描画理解力」――三次元の視覚的イメージを読み取る能力
- 「多次元的視覚空間把握力」――「折り紙の折り方」のような視覚情報を、頭の中で「メンタルマッ

プ」を描くことで、実際に手を動かして学ばなくても理解できる能力

- 「類推的発見力」――科学者のように観察を通して仮説を立て、物事の動的な表象から、その動きの背後にあるメカニズムを理解する能力
- 「注意展開力」――複数のことに同時に注意を払いながら、予期しない刺激に対して素早く反応する能力

これらの個々の認知的スキルは新しいものではないかもしれないが、その組み合わせと能力の高さは新しいものであり、この点がデジタルネイティブと前の世代の違いとなって現れている。

集中力持続時間について

デジタルネイティブたちの集中力持続時間が短いことを問題視する親や教師たちの声をよく耳にする。「虫並みの集中力しかない」というのが決まり文句になってきているほどだ。だが、それは本当だろうか？

すべてにおいて子どもたちの集中力が続かないわけではないことに注意すべきだ。たとえば、ゲームや音楽など、自分の関心の高いものに対する集中力は決して短くない。幼い頃からデジタル生活を送ってきた結果、デジタルネイティブたちはどんなものに対しても、インタラクティブで即座に反応があることを強く望むようになった。ここまで議論してきたように、昔ながらの学校はそのような彼らの欲するものをほとんど提供できていない。

つまり、デジタルネイティブは集中できないのではなく、あえて集中しようとしていないと考えた方がよい。第一章で出てきたTシャツに「聞いてないだけだ！」と書いてあったのを思い出してほしい。

さらに興味深いことに、彼らは常に集中し続ける必要もないのだ。たとえば、セサミストリートを使った実験によると、幼い子どもたちはテレビをずっと見ているのではなく、話の筋を追うのに必要な部分だけ集中して見ていることが明らかになった。その実験では、子どもたちを「テレビを見るだけのグループ」と、「おもちゃを一緒に与えたグループ」に分けて、その視聴の仕方の違いを見た。おもちゃを与えたグループの子どもたちは、四七%しかテレビを見ていなかったのに対し、テレビだけのグループは八七%見ていた。しかし、テレビの内容をどれだけ憶えているかをテストすると、結果はどちらのグループもまったく同じであった。「結論としては、おもちゃを与えたグループの五歳児たちは、とても賢くテレビを見ていて、テレビとおもちゃに注意をうまく分散させながら、テレビの筋を追うのに重要な部分を見ていると言える。その行動の仕方はとても効果的で、集中をこれ以上持続させても、さらに情報を得ることはできないほどのレベルに達している」とこの研究の責任者は語っている。

私たちは何を失ったのか？

ひとつの大きな疑問は、デジタルネイティブが「再プログラミング」の過程で何かを失っているのか、ということだ。まず影響を受けていると考えられるのは、「振り返り」の能力だ。多くの理論家によれば、振り返りとは、経験から学んで知識をモデル化するうえで、ものごとを一般化して考えるための重要な能力だ。まさに経験から学ぶための重要な能力だと言える。反射的なスピードで動く世の中にあっては、振り返る時間はますます少なくなっているため、この問題を懸念する人も多い。

デジタルネイティブを教え育てるうえで興味深い課題のひとつは、「振り返りの能力と論理的思考を学ぶ方法をどうやって取り入れるか」ということだ。そのためには、指導のなかでそのような活動を組み込んだり、問いかけや説明させるなかで学ばせたりといった方法がよく用いられる。

だが、デジタルネイティブたちを観察してみると、そのデジタルネイティブ世界のスピードの速さに合わせて、振り返りの行為も素早く行われていることが見て取れる。ゲームをプレイしていてやられた時、また始めからやり直しながら、彼らの心の中で「どこを間違えたんだろう？」、「今度は違う方法でやれないだろうか？」と問答しながら、先ほどやられたポイントまで急いでたどり着こうとする。

言語化されて、意図して行われることはほとんどないものの、こうした振り返りは非常に効果的だ。

ゲームを通した学習には本当に効果があるのか？

本当に効果はある。ゲームは学習を大いに促すようにデザインされていることが、さまざまな形で示されている。

今はプラトーラーニング社の一部門となった、ライトスパン・パートナーシップ社によって実施された大規模な研究がある。一九九〇年代に同社は、カリキュラムに対応したプレイステーション（PS）版の学習ゲームシリーズを開発した。彼らの考えはこうだ――小学生の学校での学習時間は、平日の九時から三時の学校にいる時間のうち昼食時間や休み時間を除けば、一日三時間ほどになる。学習ゲームは学校での学習時間に比べて五〇％程度の効果があると仮定して、週末に六時間プレイさせれば、週に一日分の学習時間を追加できることになる。六時間というのは、デジタルネイティブたちが週末にテレビやゲームに費やす時間に比べればはるかに少ない。だが、実際に子どもたちがテレビや他のゲームの代わりに、その学習ゲームをプレイしたくなるほど面白いものが提供できるかが問題となる。ライトスパンは（一億ドル（約一二〇億円）以上の）大金を投入して、単なるアニメ付ドリル学習の「エデュテインメント」製品ではない「本物の」ゲームを作った。

ゲームの効果を検証するために、ライトスパンは四〇〇以上の学区で実証研究を行った（すべての学区にCD-ROMを提供した）。その結果、子どもたちがそのゲームで学習できるというデータが示された。ライトスパンは、ゲームをプレイしなかった子どもたちに比べて、このゲームをプレイした子どもたちの語彙力や言語スキルが二五％以上、数学的問題解決スキルが五〇％も高くなることを発見した。

子どもたちが喘息や糖尿病の自己管理スキルを学ぶためのアクションアドベンチャーゲームを開発した、クリックヘルス社の行った研究でも同様の結果が示されている。同社は、米国立衛生研究所の助成を受けて実際の医療現場において実証実験を行った。その結果、同社の開発した糖尿病のゲームを家庭でプレイした糖尿病患者の子どもたちは（比較対象として普通のエンターテインメントゲームをプレイさせた糖尿病患者の子どもたちと比べ）、病気と闘う意欲を高め（自己効力感）、病気についての親や友だちとのコミュニケーションが増し、自己の健康管理への配慮する行動が高まった。さらに重要なことは、このゲームをプレイしたグループは、糖尿病関連で医師に急患で診療を受けた割合が年平均二・五％だったのが〇・五％に減少した。比較対象グループのこの数値には、何も変化がなかったのに対し、ゲームのおかげで緊急治療発生率が七七％も減少したのだ！

おそらくこの手の研究で最も大規模なものは、現在米軍によって進められている研究だ。まだ途中経過だが、二五万人もの一八歳の若者たちに向けた新兵教育でゲームを利用する研究から、よい結果が示されている。軍はデジタルネイティブの教育にゲームが効果的だということを理解している。国防総省の新兵訓練部門の長は「彼らに合ったやり方でやらないと、軍に入りたいと思ってくれないだろう」と述べている。

軍は自前のゲームを開発するだけでなく、市販のゲームも訓練に利用している。これは「市販ゲームを利用した教育負担軽減」と呼ばれ、高価なシミュレータを利用させる前に、市販のフライトシミュレータゲームを使って基本的なことを学ばせているそうだ。

さらに、軍は作戦の現場でその効果を目の当たりにしながら、ゲームを用いた学習が有効だという確信を強めている。「われわれは、作戦行動シミュレータが役に立っていることを何度も経験している」と国防総省の担当官が述べている。実践志向の強い国防総省の教官たちは、「ゲームが教育に役に立つのかまだはっきりわからないので、もう少し研究が必要だ」と考える教育者たちからは疑問を投げかけられている。だが、「このテクノロジーが使えることはわかっている。あとはひたすら使っていけばいい」と彼らは反論している。

しかし、教育者（と親）たちがふんぞり返ってただ議論している間も、デジタルネイティブたちはじっとしてはいない。彼らはサイバースペースでデジタル生活を送るのに忙しい。次のページに進んで、知られざるオンライン世界のデジタルネイティブの生態を覗いてみよう。

第6章

オンライン世界で生活するデジタルネイティブたち

「生徒たちは単にテクノロジーの使い方が違うというだけではなく、生活や日々の活動そのものがテクノロジーによって変化しているのだ」

——ネットデイ「スピークアップ・デイ」報告書より

デジタルネイティブの生態を長いこと追いかけてきたせいで、私はデジタル考古学者のような心境になってきている。豊かなデジタル世界を観察し、そこに生活するネイティブたちの創造の過程を追いながら、長い時間を費やしてきた。そしてわかったことは、デジタルネイティブたちは利用できるテクノロジーを駆使して、生活のほとんどすべてにおいて、新たなオンラインの活動方法を見出しているということだ。そのなかには、デジタル移民にもできることがいくつかある。だが、移民にはまったく想像もつかない理解不能なものもある。

ここで議論する多くのことについて、おそらくあなたの子どもたちに当てはまるものもあれば、当てはまらないものもあるだろう。すべての若者があらゆるオンライン活動をすべて行っているわけではなく、ごく一部が行うマイナーなものもある。しかしここでの重要なポイントは、デジタルネイティブたちのオンライン活動は急激に拡大していて、日々新しい方法を身につけているということだ。

イーベイ（訳注――米国のネットオークション最大手）やブログなど、デジタルネイティブも移民も同じテクノロジーを利用しているのを目にしているけれども、その使い方が非常に異なっていることも興味深い。もし、そのような差異に何も気づかないとすれば、あなたは自分の子どもと十分な時間を過ごしていないのかもしれない。

変化の領域

本章ではこれ以降、デジタル移民の親や教師たちにはよく見落とされている、デジタルネイティブの編み出す新しいやり方がどのようなものかを列挙していく。かなり長いリストになるので、最後にその要約を示す。もしリストを読んでいられないと思ったら、飛ばして最後の要約を読んでほしい。

デジタルネイティブのコミュニケーション
（インスタントメッセージ、チャット）

世界的なコンピュータネットワーク（ワールド・ワイド・ウェブ）の登場により、私たちのコミュニケーションの方法は完全に変わってしまった。そしてデジタルネイティブたちほどその影響を受けている人々はいない。デジタル移民たちが手紙とｅメールのどちらがよいかとあれこれ考えている間に、ネイティブたちはさっさと紙にペンで手書きするのをやめてしまい、伝統主義者の親や教師たちが無理やりやらせない限りは、手書きをすることはなくなった。

それと同時に、遠距離通信が高価だったり時間制限があったりという時代はとっくに過ぎて行き、実質的にすべて無料になった。ネイティブたちはいつでも、どこでも、誰とでも、身近にコミュニケーションを取ることができるようになり、それが昔ながらの「ペンフレンド」という概念を完全に変えてしまった。最近、ある母親が私に聞かせてくれた逸話がある。娘が大学に入って最初に帰省してきた時のこと、その母親が娘に「あなたの幼馴染の子たちに、あなたが帰るのを知らせておいてあげたわよ」と伝えたところ、娘はやれやれとため息をつきながらこう答えた。「ママ、私、みんなと毎日ＩＭ（インスタントメッセージ）で話してるのよ！」

ｅメールと、ｅメールのリアルタイム版のようなＩＭやチャットは、「ネットだけの知り合いや友人」という現象を生んでいる。デジタルネイティブたちは、さまざまなオンラインのニュースグループや掲示板を通して自分と同じ関心を持つ人々と出会えることをいち早く理解した。さらに、ネット上においては、リアル社会で暗黙のうちに起きている「見た目での差別」やあらゆる社会的格差から解放されるということもいち早く理解して、それを上手く利用している。特にリアル社会では、まるで引っ込み思案な人たちほど、そのような恩恵を享受していると言ってよいかもしれない。

もちろん、ネット上には犯罪や悪質な行為にさらされる危険が伴っている。だが、ネイティブたちはそうした危険に屈することはない。後述するように、彼らは新たなオンライン評価システムを生み出して、デジタル世界において自分自身や友人たちの身の安全を高めようと動きだしている。

ＩＭや、同種のリアルタイムで文字情報を送り合うテキストチャットアプリケーションは、移民たちよりもはるかにネイティブたちから利用されているリアルタイムコミュニケーションの方法として定着している。通常、会話に参加しているすべての人（二人から何十人まで）がオンラインに同時に接続している。デジタルネイティブたちの間で、この方法はとても普及している。私が話を聞いた親たちはいずれも、子どもたちのパソコンの画面に同時に開かれているチャットウィンドウの数の多さに驚いていた。ネイティブたちのＩＭの使い方を観察して、ｅメールすらもはやデジタル移民の現象だと主張する者もいるくらいだ。

文字でのコミュニケーションは明らかに話すよりも遅いため、デジタルネイティブたちはそのスピードアップの方法を編み出している。正しくスペルを書くのをやめて、意味が通る書き方を採用している。〝k〟はOK、〝c〟はsee、〝u〟はyouで、たとえば、〝cu later（後でね）〟といった具合だ。数字も同様に音が似ている数字を使って〝t42（Tea for two＝二人でお茶を）〟、形が似ている文字を数字で代用して"l337""l33t"（〝リート〟と発音して、Elite（エリート）を意味する）といった具合だ。デジタルネイティブの略字文化はよく知られているものもあれば（たとえば、ＬＯＬ＝laugh out loud＝大笑い）、わかりにくいものもある。Ｈ４Ｔ５ＴＮＴ（home for tea at five tonight＝うちで今日五時からお茶）はまだ一般的な方で、こういうものがさらに特定の人々の間でのみ通じる形で作られている。あなたが子どものＩＭ画面を覗いていて目にしたかもしれない〝ＰＯＳ〟(parent over shoulder＝親が後から覗いてる）のように、ネイティブたちの間でプライバシーを守るための秘密の暗号も発達している。

ＩＭのせいでスペリングの能力低下を嘆く親たちの声をよく耳にする。その一方で、自分たちだけが理解すればよいというルールのなかで、コミュニケーションが交わされるＩＭやテキストチャットの文化から生じた問題として、子どもたちが日常の会話や読み書きに問題を抱えているという話をとても多くの親から聞く。

デジタルネイティブたちの一番のコミュニケーション手段はケータイだということは明らかで、彼らのほとんどはケータイが生活に不可欠なものと考えている。ケータイの使い方はネイティブと移民の間で大きく異なっている。この話題は、第一八章で詳しく議論する。

「そうしたテクノロジーを介したコミュニケーションがいかに発達しても、八〇％以上を非言語情報が占める対面コミュニケーションに取って代わることはあり得ない」という考え方もあるが、デジタルネイティブたちも、この点を見落としているわけではない。文字コミュニケーションにおいて欠落しがちな感情的要素も、:-)　^^; などの顔文字を使ったり、文字で代用したりして（(笑)　など）、コミュニケーションを豊かにしている。

また、オンラインではウソやインチキを見抜くのが難しいという問題についても、デジタルネイティブたちの生み出すテクノロジーは、音声パターン認識やバイオメトリック認識などによって対応しようとしている。

デジタルネイティブの情報共有
（ブログ、ウェブカム、カメラ付ケータイ）

情報共有は、デジタルネイティブの生活において重要な要素だ。移民たちにとって情報とは、将来利益を得るために他人の目に触れないように隠しておくものだったが、デジタルネイティブたちは、特にオンラインで最初に情報提供する存在になることで利益を得られると考えている。ブログを通した情報提供は、ネイティブたちにとって最も重要な活動のひとつだ（ブログの定義は第二〇章を参照）。ブログ（またはウェブブログ）は、かつての若者たちが一冊のノートに自分の心情を秘かに記しておく営みだった「日記」の意味を完全に変えてしまった。今の子どもたちは、自分の日記をオンラインでみんなと共有することを好むようになった。ブログの重要な特徴として、その書き手が気に入った他人のブログにリンクを張れる機能があり、これによりブログの書き手同士が相互につながることができる。

もちろん、ブログ現象はデジタル移民の世界にも広がっているが、その利用のされ方は大きく異なり、知識共有ツールとして利用されている。有名人や「教祖」的存在の人、大学教授のような専門家たちがブログを書いて、一般読者がそれを読むという関係で利用されている。しかしその使われ方の違い（感情の交換と知識の交換）のため、移民のブログとネイティブのブログは、まったく異なるメディアだと捉えた方が適切なくらいだ。

いつの時代も、写真の交換は子どもたちの重要な活動だったが、カメラ付ケータイの登場で、紙の写真はもはや第一の画像情報メディアではなくなった。デジタルネイティブたちの間では、ケータイ同士で写真データを送り合い、Flickr のような画像公開用ウェブサイトにアップロードしたり、一台のケータイを見せ合ったりする。私もニューヨークの地下鉄で、学校帰りの女子生徒たちがケータイを見せ合う光景をよく目にする。紙の写真アルバムは、いまや過去のものとなりつつある。

ウェブカムは、デジタルネイティブたちのもうひとつの情報共有ツールだ。一台から数台の安いビデオカメラをセットしてネット上に動画を流し続ける行為は、ネイティブの多くにとっては珍しいことではない。自分の部屋やペット、奇妙なものを流し続けるほど価値があると考えられている。一方、移民たちのウェブカムとは、自分の子どものベビーシッターがちゃんと働いているかを監視するというような、セキュリティのための利用が通常だ。

デジタルネイティブの売買
（イーベイ、学校の課題）

移民たちにとってのネット売買とは、便利さや商品比較をして、コレクションを増やす機会をもたらすものだ。だがネイティブにとっては、他の手段では高価すぎて手の出せないような品物へのアクセス手段だ。その多くはイーベイのようなネットオークションを通して購入する服やコンピュータなどの品物だ。私の知っている女子高校生は、いつもイーベイで服を買う。トップデザイナーのブランド服も安く買えるからだ。デジタルネイティブの電化製品オタクたちにとってネットやイーベイは、いつでも売買できるフリーマーケットのような存在になっている。

さらにネイティブたちは、レポートや試験などの学校の勉強に関する情報の売買にもネットが使えるとすぐに気づいた。そのため移民の教師や教授たちは、ネットを使った盗作やカンニングを取り締まる必要に迫られることとなった。

またゲームプレイヤーのデジタルネイティブたちにとってのイーベイは、ゲーム内で手に入れた武器やキャラクターやアイテムなどを売り払ってリアルマネーを稼ぐ場としても機能している。

最後に、デジタルネイティブは、ネットが手軽な広告の場として職探しやパートナー探しに使えることを素早く学んだ。ネットはデジタルネイティブにとっての職探しの第一の方法で、あなたの子どもたちが仕事、デートの相手や将来のパートナーをすべてネット上で見つけることももはや珍しい話ではない。

デジタルネイティブの交換
（音楽、動画、P2P）

デジタルネイティブは、お気に入りの音楽や動画、ウェブサイトなどの自分の好みを示すものをお互いに交換したり、人にあげたりするのが大好きだ。彼らはネット上では所有権の支払いがいらないと考えていて、それが移民たちの経済システムとの対立を生んでいる。米国ではアップルの一曲九九セントの音楽ダウンロード販売が定着してきたが、世界的にはピア・トゥー・ピア（Ｐ２Ｐ）ソフトウェアを使って音楽ファイルやビデオファイルをタダでネット上に流通させる動きは止まらない。いまだにネット上で最も多いダウンロードは、Ｐ２Ｐのファイル交換ソフトを介したもので、その量は日に日に増え続けている。

デジタルネイティブの創造
（ウェブサイト、アバター、モディング）

デジタルネイティブたちは、創造のためのデジタルツールがとても安価で手に入ることを知っている（著作権侵害をするとコストはゼロで、それを厭わない者も多い）。自分たちでそうしたツールの使い方を教え合えば、あらゆるデジタルなものが作れることを理解している。

多くのデジタルネイティブたちは、ウェブサイトやFlashアプリケーションなどのオンライン作品の制作に長けている。ゲーム内でもアバター（ゲーム内の自分のキャラクター）だけでなく、ゲーム世界のあらゆるものを作ることができる。家、家具、衣服、武器、その他必要なあらゆるものを作る。多くのゲームに「レベルエディター」と呼ばれる開発ツールが提供されるようになり、それを使ってユーザーはまったく新しいゲームを作ることもできる。このユーザーによる開発は「モディング（Modding）」と呼ばれており、多くのユーザーが市販ゲームを素材にして自分のゲームを作るようになった。ユーザーが作ったゲームに対し、一〇〇万ドルもの賞金が提供されたこともある（モディングについては第一六章を参照）。

今日多くのゲームで、ユーザーによって作られたコンテンツが大量にネット上で公開されており、いずれもプロの開発者が作ったものと比べても遜色ないか、それを上回るほどのものだ。

日本では、「アマチュア（それをビジネスにしていないという意味の）」クリエイターのグループは巨大だ。アマチュアアニメコンベンションは年二回開催され、毎回三〇万人以上のデジタルネイティブたちを集めている。

デジタルネイティブの出会い方

（3Dチャットルーム、デート）

若者たちも顔を合わせて人と会うことはもちろんあるのだが、オンラインミーティング（先ほど述べたようなオンラインだけの友だちも含めて）は、デジタルネイティブ世代の特質のひとつとなっている。

IMチャットルームから、Wiki（第二〇章を参照）、マイクロソフトのネットミーティングに至るまで、オンラインミーティングを促進するためのあらゆるツールが存在している。www.meetup.comのような、リアルな出会いを支援するツールも存在する。日本のデジタルネイティブたちは、ケータイでも出会い系サービスを利用しており、登録したプロフィールが他の人とマッチすると電話がつながるというサービスも存在する。最近CNNで、アラブ首長国連邦のドバイで提供されている「ブルートゥースを利用したデートサービス」を紹介していた。

デジタルネイティブの人の動かし方

（プロジェクト、ワークグループ、MMORPG）

ほとんどの親や教師たちは、デジタルネイティブたちがオンラインでいかなる活動もコーディネートでき、数百人もの人々を巻き込んだプロジェクトを運営していると聞くと驚くだろう。ルーンスケープ（RuneScape、第一二章を参照）、トゥーンタウン（Toontown、第一三章を参照）、エバー・クエスト、リネージュ、ダーク・エイジ・オブ・キャメロット、スター・ウォーズ・ギャラクシーズ、ワールド・オブ・ウォークラフトなどのMMORPGと呼ばれる大規模多人数参加型ロールプレイングゲーム（詳しくは第二〇章を参照）の世界では、プレイヤーたちはグループを組んで、拠点解放や城攻めなどの複雑なタスクに取り組んでいる。

そのコーディネートはその場その場で行われるものもあるが、クランやギルドと呼ばれる長期的なグループも存在し、そこでは入会のためにスキル基準を満たす必要があったり、グループでの活動の際には参加が必須であったりする（まさに仕事のようだ）。一〇〇〜二〇〇人ものプレイヤーが時間を決めてオンライン世界に同時にログインし（それぞれリアルな世界のさまざまな所からログインして）、城を攻めたり守ったりしながら夢中になって連絡を取り合っていることを想像してみるとよいだろう（想像するだけでなく、その模様を録画したビデオもオンライン上でたくさん流通しているのを見てみるとさらによい）。

デジタルネイティブの評価方法

（アマゾン、Epinions、スラッシュドットなどの評価システム）

実際に会ったことのない他者とオンラインで仕事をする際、信頼できる相手かどうかを評価する手段の存在が重要になる。そのためデジタルネイティブは、新しいオンライン評価システムを生み出して利用している。

点数や星の数で評価するレーティングシステムが最もよく利用されており、イーベイやアマゾンでは、売り手も買い手もその対応の速さや正直さ、効率のよさなどで評価される。腐ったリンゴは素早く外に出され、よいものが認められるようになっている。

スラッシュドット（Slashdot.com）のようなプログラマ向けの情報ウェブサイトにおいても、利用者によって投稿者の評価が行われている。利用者は検索フィルターによって、価値の高い投稿のみを閲覧したり、評価の高い人からのコメントだけを表示したりできる。

デジタルネイティブのゲームプレイ

（一対一対戦、グループ対戦）

本書はもちろんこのテーマをメインに扱っているのだが、最近のテレビゲームは、あらゆる人が楽しめるようにするための、非常に多くの要素が組み込まれている（第二二章を参照）。若者の多くは、自分がゲームをしていることをなるべく大人たちから隠そうとする。そうしないとゲーマーの烙印を押されるからだ。以前私がニュージーランドでワークショップを行った際、参加していたソフトウェアエンジニアのある女性は、学校ではクラスで一番の成績だったそうだが、同時に長い間隠れゲームファンだったそうだ。というのも、ゲーマーだということが友だちにばれて笑われるのを恐れていたのだ。だが今日では、若者世代のあらゆる人たちがゲームをプレイしている。ひとりでプレイするものからネットワークにつなげて複数でプレイするものまでさまざまであり、なかには一〇〇万人もの人々が一緒にプレイするものもある。

デジタルネイティブの学習

（興味のあるものについて）

デジタルネイティブたちは、何か興味のあることを学ぼうと思ったら、そのために必要なツールはすべて利用できることを知っている。学校で問題を起こして親を困らせていたある一二歳の男の子が、トカゲを飼いたいと思い立った。そして何日もネットを検索して、ペットとして入手可能なトカゲの種類と、それぞれの飼いやすさ、飼いにくさなどの特徴をすべて調べ上げた。その子は調査結果を二〇ページのレポートにまとめて両親に発表した（結局トカゲを飼う許可はもらえなかったものの、両親は感銘を受けた）。今やあらゆる大学がオンライン上で採用活動や情報提供を行っているが、それはまさにデジタルネイティブたちに関心を持ってもらうための唯一の方法だと言ってもよい。

デジタルネイティブの進化

（周辺的、創発的行動）

デジタルネイティブのオンライン生活で最も興味深い側面のひとつは、彼らが継続的に進化していて、常に新しい行動を生活に取り入れ、古いやり方を捨てていっていることだ。ＩＭでは、「ＯＫ」とタイプするのも長すぎて、単に「ｋ」でその意味を表している。ネイティブたちはケータイを素早くタイプするスキルを身につけており、ポケットの中でも結構な速さでタイプできる。二〇個のＩＭウィンドウを開いて、二〇の会話を同時に行いながら宿題をやるという技も身につけている。ＩＭの方が速いので、ｅメールは使わなくなっている。このような変化は脈打つような速さで刻々と進んでいる。

デジタルネイティブの検索

（情報、関係、人）

デジタルネイティブたちの活動には、情報や製品、人や物事の関係などの検索が多く含まれている。そのために必要なとても洗練したツールを使いこなしている。たとえば、あなたはグーグルで電話番号や辞書検索、画像検索や衛星地図の検索ができるということを知らなかったかもしれない。だがネイティブたちはとっくの昔に知っていた。そしてアルタビスタのような古い検索エンジンを使っている人々を尻目に、彼らはグーグルのような優れた検索ツールの使い方を一晩で一気に学んでいる。

デジタルネイティブの分析方法

（SETI、薬品分子分析）

デジタルネイティブたちの多くは、（もちろん多くの移民たちと一緒に）ボランティアとなって巨大なデータ分析プロジェクトに貢献している。ネット接続型スクリーンセーバープログラムを利用して、データをダウンロードしながらコンピュータの未使用プロセッサー領域を使って分析し、結果をサーバーに返す作業が自動的に行われる。このアプローチは、カリフォルニア大学のSETI（Search For Extraterrestrial Intelligence＝地球外知的生命体探査）プロジェクトや、何百万とおりの組み合わせの中から難病に効果のある薬品の組み合わせを探すプログラムなどで利用されている。

デジタルネイティブのレポート方法

（モブログ、Flickr）

ウェブの登場後まもなく、デジタルネイティブたちはウェブをレポートツールとして利用を始め、今では特にブログという形式がよく使われている。ブログは政治からエンターテインメントまで、あらゆるトピックで存在する。彼らは仲間たちよりも素早く情報を見つけてレポートしようと躍起になっている。映画を見れば、映画が終わる前にブログを書いて、テキストメッセージを友だちに送るほどだ。宇宙事故やハリケーンなどの災害が起これば即座にブログが書かれ、ウィキペディア（第二〇章参照）のエントリーもその日のうちに追加される。

モブログ（モバイルブログ）ソフトウェアを利用すると、ケータイから音声データのアップロードやブログのテキスト書き込みが可能になる。カメラやビデオカメラ付ケータイを使えばその利用の幅が広がって、画像や動画も掲載できる。他のことと同様、この点についても移民たちはネイティブの後を追いかけている。最近ニューヨーク・タイムズは、あるミーティングの参加者のケータイカメラから送られた写真を初めて掲載したし、ブロガーコミュニティの「ブログスフィア」はＣＮＮからの相談を常に受けている。

デジタルネイティブのプログラミング

（オープンシステム、モッド、サーチ）

プログラミングは、デジタル技術を操る言語、つまり二一世紀の言語だ。ケータイアプリケーションを好みの形に変え、検索エンジンで「AND」や「OR」を使うといった程度のことも含めれば、すべてのデジタルネイティブは何らかのプログラミングの知識を持っていると言える。もちろん多くのネイティブは、それ以上の高度なプログラミングができ、正式な教育を受けなくても多くのことを自分で学んで使いこなせるようになる。私たちはある意味、一部の人だけが読み書きのできる古代に逆戻りしているところがあって、誰かに読み書きを頼まなくてはならなくなった。今日、コンピュータの機能について何らかの助けが必要になった場合、（新たな識字民族の）デジタルネイティブのプログラマのところに行けば、彼らはあなたのあらゆるニーズに応えるものを、時にはものの数時間で作ってくれる。

デジタル移民のほとんどはそんなやり方を知らないため、子どもたちにプログラミングを教えるのにものすごく時間がかかる。しかし彼らはゲームやモディング（第一六章を参照）を通して、自分で学んでいける。

デジタルネイティブの社会化
（社会的行動の身につけ方、影響の受け方）

デジタルネイティブたちは、オンラインで社交し、社会のルールに触れて、社会的な振る舞いを身につけていく。ネイティブたちにとっては、人に会うこともオンラインでコンタクトを取ることもどちらもリアルであり、オンライン上では何を言ったか、何を作ったかで人は判断される。外見での差別を解消し、その代わりにどんな仕事をしたかで判断されるという新たな方法が適用されようとしている。たとえば、個人ウェブサイトがとてもきれいにデザインされているか、それともミススペルや文法の間違いにあふれているかといったことだ。

オンライン上では、評判も影響も自ら勝ち取らなければならない。そしてリアル世界と同様に、行動規範を学んでルールに従わなければ、グループから排除されることになる。

知らない誰かに会う約束をする前に、その人の個人ウェブサイトやマイスペース、フェイスブックのようなソーシャルネットワークコミュニティで事前に情報収集するような行動は、デジタルネイティブの若者たちには基本的な行動となった。ブラインドミーティングやブラインドデートというのは、この世代にはもう流行らない。

デジタルネイティブの成長の仕方
（探索型、逸脱型）

最後に、あらゆる時代の若者と同じく、デジタルネイティブも探索や逸脱を好み、制約に対抗する。たしかにポルノは今や、私の若い頃よりもはるかに簡単に手に入るが、これほど簡単で大量に手に入るようになってしまうと、かつてのようなタブーを犯すスリルも今ではなくなってしまっている。

私たち大人がもっとデジタルネイティブたちの行動を理解していけば、その成長をよりよい方向に導いていくこともできるだろう。

では、これらは何を意味しているのか？

テクノロジーの変化の速さに対応するために、最近の子どもたちの行動規範は、これまでよりもはるかにめまぐるしく変化している。

そのような新たな行動規範のなかには、デジタル移民の私たちがただちに採用する価値のあるものがある。そのなかにはとても違和感があったり、理解の範囲を超えていたりして、移民が身につけるのは不可能なネイティブの「アクセント」もある。

しかし、デジタルネイティブ世代ではない親や教師が子どもたちと交流していくうえで、新しいテクノロジーや彼らのもたらした新たな行動規範をできる限り理解しようとすることがとても重要なことは間違いない。

私たちのなかには、デジタル社会の未来に脅えている者もいれば、その価値に疑問を持つ者もいる。しかし、私たちがその方向に向かっているのは確かなことで、後戻りはできず、さらにスピードを加速して進んでいるのだ。

ゲーム

デジタルネイティブたちが受け入れているあらゆるデジタル技術のなかで、おそらくゲームが最も重要だ。なぜか？　それはゲームがＩＭやケータイなどのあらゆるデジタルネイティブのコミュニケーション方法を取り入れており、老いも若きもあらゆる人の近い将来の学びや仕事のあり方の変化を、現実的なビジョンとして示しているからだ。デジタル移民が育った頃には取るに足らないものだったかもしれないゲームも、今では大いに変化している。テレビゲームは、世界で年三〇〇億ドルの規模の巨大産業で、子どもたちにとっては映画を凌ぐ主要メディアとして成長している。これはなんとかして拒絶しないと！（いや、むしろ次のページをめくってもっと詳しく学んだ方がよいだろう）。

第3部

今のゲームは何が違うのか？

第三部では、さまざまなタイプのテレビゲームを詳しく見ていきながら、それらがどのように機能し、子どもたちがそこから何を学んでいるかを見ていく。そして最後のところで、ゲームを賢く利用しながら立派に育ってきた人々を紹介し、彼ら自身の言葉でゲームがいかに役に立ってきたかを語ってもらう。

第7章

複雑さに意味がある——ほとんどの大人はまるでゲームを理解していない

「このゲームには中学三年生の時のほとんどすべての時間を費やしたよ」
——ある高校生ゲーマー

私の考えでは、多くの大人がテレビゲームを子どもたちの趣味として（それに学習方法としても）認めない原因として、今の子どもたちが「ゲーム」という言葉で何を指しているかを根本的に理解できていないことがあると思われる。

ゆえに本章では、ゲームを実際にプレイしなくてもわかる範囲で、大人の視界に入っていない子どもたちの生活を明らかにし、大人の無理解を解消することに努めたい。

デジタル移民のゲームはトリビアクイズだった

まだ私たちが子どもの頃、つまりパソコンが普及する前の時代に戻って議論を始めよう。チェスや囲碁や将棋、あるいは戦略ゲームやダンジョンズ&ドラゴンズのようなゲームに熱中していたごく一部の「ゲームおたく」な人々を除き、多くの人々にとってのゲームは、重要性も意味も学習的な要素もない、取るに足らないものだった。実際、パソコン登場以前の当時最も成功して時代を席巻したゲームは、トリビアル・パースート（Trivial Pursuit）と名づけられたクイズゲームだった。トリビア（どうでもよい雑学知識）とはよく名づけられたもので、そのゲームから学べることがあったとしても、多くの場合は役に立たない雑学に限定されていた。

スポーツを除いたほとんどすべてのコンピュータ以前のゲームは、カードゲームやボードゲームであった。その多くは一～二時間もあればプレイできる（わかってるよ。モノポリーで白熱した場合は三～四時間かかる）。前述したような一部の例外を除いて、ゲームは子どもたちが何かをよく考えたり学んだりする機会を与えるものではなかった。たしかに、モノポリーから経済的な教訓を得たりすることはあったものの、多くのゲームは単に雨の日の暇つぶしにすぎなかったのだ。

結果

デジタル移民の親や教師はそのようなゲームの経験をしながら育ってきたので、「ゲーム」と聞くと「取るに足らないもの」と考えるのが普通だ。

ゆえに大人たちはゲームを真面目な学習や趣味として考えることを始めから否定する。それも彼らの感覚では至って筋が通っているのだ。人々がコンピュータでスクラブルやポーカー、モノポリーやクルー、あるいはマージャンのような自分たちが子どもの頃にプレイしたゲームと同様のものをプレイしているのを見ても考えは変わらない。NASAやユニセフ、ナショナルジオグラフィックなどの多くのウェブサイトが提供する「教育用」ゲームや、店頭で見かける「カルメン・サンディエゴ（学習アドベンチャーゲーム）」、「リーダー・ラビット（読み方学習ゲーム）」、「マス・ブラスター（算数学習ゲーム）」などのいわゆる「エデュテインメント」ゲームも、自分たちが子どもの頃にやったような簡単な内容で単調なゲームと似ているので、ゲームに対する考えは変わらない。

大人たちの多くは、そのような「ミニゲーム」は楽しくて子ども（それにたまには自分たちにも）の教育にはよいと考えるものの、やはりコンピュータを使ったゲームも取るに足らないものだという基本的な見方は変わらない。

そのような見方はある意味正しい。というのも、ゲーム世界の大部分は彼らの目には見えていないからだ。

> ほとんどの大人には、ゲーム世界の大部分が見えていない。

ミニゲーム vs. 複雑なゲーム

前に示したゲームは「ミニゲーム」と呼ばれ、わずかな例外を除き、取るに足らない簡単なゲームだ。しかしここにひとつ問題がある。今日ではミニゲームというのは、ゲーム全体から見てほんのごく一部でしかないということだ。残りの多くは、それとはまったく性質の異なる「複雑な」ゲームだ。

ミニゲームと違って、複雑なゲームは通常何十時間も集中してようやくクリアできる。さまざまなスキルを身につけなければならず、ゲームの外で研究や人とのやり取りも必要になる。複雑なゲームは店頭で売られているゲームのほとんどを占めており、ほとんどの大人たちがプレイした経験を持たないタイプのゲームだ。

この点において、本章の最初で述べたような誤解が生じている——

- 子どもたちにとってのゲームとは、ほとんどの場合において複雑なゲームを指す
- 大人たちにとってのゲームとは、ほとんどの場合においてミニゲームのことを指す

今どきの複雑なゲームは、まったく新しい種類のゲームだ。親や教師のあなたがそれを理解しない限りは、子どもたちがなぜゲームに熱中して、ゲームから多くを学び、学校でもゲームがしたいと騒いでいるのかを理解できないだろう。

正確に話そう

ゲームの長所や教育的な価値を議論する時、議論の対象となるゲームがミニゲームなのか複雑なゲームなのかを確かめる必要がある。「ゲームはくだらない」と言うべきではなく、「ミニゲームはく

だらない」などのような形で正確に言及すべきだ。

ミニゲームと複雑なゲームの違い

ミニゲームと複雑なゲームの違いを説明するのはそれほど簡単ではないので、ここにいくつかの一般的なガイドラインを示そう。

ミニゲーム

- 通常、二時間以内でひととおりプレイできる
- ゲームの課題はひとつだけで、あとはくり返し
- 一対一対戦のものが多い
- 与えられたゲームをそのままプレイ
- 比較的短時間で習得できる
- 倫理的なジレンマや重要な意思決定が必要なゲームは稀
- ソリティアやポーカー、ハーツなどのトランプゲーム（ブリッジは除く）、ジオパディやミリオネアのようなクイズゲーム、スクラブルやモノポリーのようなボードゲーム（チェスや碁、戦略ゲームのいくつかは除く）、そしてウェブ上で提供される学習ゲームも実質的にはミニゲームに含まれる

複雑なゲーム

●ひととおりプレイするのに八時間から一〇〇時間以上かかる
●さまざまな難しいスキルや戦略を学ぶ必要があり、ゲームを進めるにはそれらのスキルや戦略を身につけなければならない
●他のプレイヤーとの連携や、ゲーム外での情報収集が必要になることもある
●ゲーム内に自分のもう一つのアイデンティティを感じる
●倫理的なジレンマや生死を賭けた意思決定がたびたび発生する
●ゲームをマスターするのに二〇〜六〇時間はかかることが多い
●パソコン用のゲーム、PSやゲームキューブ、Xboxなどのゲームコンソール、ゲームボーイのような携帯ゲームなどあらゆるプラットフォームで提供されるシミュレーションゲーム（シムシティ、エアポート・タイクーンなど）、歴史戦略ゲーム（シビライゼーションⅢ、ライズ・オブ・ネイション）、軍事戦略ゲーム、それにスポーツゲームなどが含まれる

しかし注意してほしい。すべてのゲームは複雑ではない。バーチャファイターや同種の一対一対戦型のアクションゲームは豪華なミニゲームだ（しかし同種のアクションゲームのなかでも、忍者外伝のようなより複雑なスキルを使うものは複雑なゲームと考えてよいだろう）。

子どもたちをプレイさせ続けるものは何か？

なぜ子どもたちがこのような「複雑な」ゲームのために、これほどまでに長い「貴重な」時間を費やすのか、不思議に思ったことはないだろうか？

暴力や戦闘、ファンタジーな画像がその理由だと考えている人は、的を外している（子どもたちが言っているとおりだ！）。

複雑なゲームの最も重要な特徴のひとつで、私が話を聞いたプレイヤーたちが最も挙げていた理由とは、プレイしていて上達している感じがすることだ。ゲームデザイナーたちが上達したことをプレイヤーに理解させる方法として編み出したのが「レベルアップ」だ。文字どおり、レベルアップはひとつのレベルの最後までたどり着き、次のレベルが始まることだ。感覚的に、レベルアップすることでゲームに上達したことを感じることができ、はじめはクリアできなかったような難しくて複雑なことができるようになったことを意味する（あるゲームでとても高いレベルまでキャラクターを育てたプレイヤーが、一からプレイしなおして、自分がどれほどのことを学んだかを見てみようとするのも珍しいことではない）。

何か聞き覚えがあるだろう。これはまさに私たちがスポーツや趣味や、（運がよければ）仕事の世界で上達した時と同じ感覚なのだ。現在はクレアモント大学院大学の教授となったミハイ・チクセントミハイは、高度な技術を実践する時などに生じる喜びの感覚、「フロー状態」がどういうものかを描写したことで知られている。

だが、本当に「フロー状態」を体験するには、レベルアップ以外にも重要な要因が必要となる。そしてその要因も複雑なゲームは提供している。その要因とは、難しすぎず簡単すぎない、ちょうどよい難易度の状態に保ち続けることだ。ゲームがプレイヤーにとってちょうどよいレベルの難しさである限り、「本気でやればクリアできる」と感じてプレイし続けたくなるのだ。複雑なゲームは、プレイヤーにそのような感覚を持たせるようにデザインされており、とてもよくバランスが調整されている。

適応性（adaptivity）

フロー状態に達する難易度は人によって大きく異なるため、複雑なゲームではもうひとつの重要な考え方として「適応性」と呼ばれる概念を取り入れることで、プレイヤーをフロー状態に達する領域に保とうとしている。適応性とは、プレイヤーのスキルや力量に合わせて、ゲームが継続的に難易度レベルをプレイヤーに合わせることを意味する。とても高度に洗練された人工知能プログラムを使ってプレイヤーの状態を認識し、プレイヤーがフロー領域を外れたら、すぐにゲームの展開を変化させるなどしてプレイヤーをフロー領域に連れ戻すメカニズムのことだ。

たとえば、適応性が存在することで困難に陥ったプレイヤーは、体力回復や武器補給、地図の入手、あるいはその困難な状態を切り抜ける手助けをしてくれる味方の援護などが得られる。ゲームがやさしすぎると感じるプレイヤーには、急に体力が減少したり、困難さを増したタスクが与えられたりする。最近の複雑なゲームは自動的に適応し、個々のプレイヤーに即座に対応できるようになっている。

適応性は、学習においても最も重要な要素のひとつだ。SATやTOEFLのようなコンピュータベースの試験において同様の話を聞いたことがあるだろう（適応性は重要なので、第一一章で再び触れる）。

意味のあるゴール

複雑なゲームのもうひとつの明確な特長は、プレイヤーが本当に達成したいと思うような、意味のあるゴールが提供されていることだ。「数式を解きなさい」といったようなゴールではなく、複雑なゲームのゴールは、子どもたちが個人的に感情をひきつけられるようなゴールだ。「ヒーローになる」ことがプレイヤーに求められ、プレイヤーはゲームのなかで数多くの困難で要求水準の高い課題を達成する役割を担う。たとえば、「シティ・オブ・ヒーローズ」というゲームは「誰もがヒーローになれる」世界に子どもたちを招待する。「ハリーポッターとアスカバンの囚人」は、「ハリーには力を合わせる友だちが必要だ」ということをプレイヤーに気づかせ、「ライズ・オブ・ネイション」では、「人類の歴史はすべて君の手に委ねられている」世界をプレイヤーに与える。「ザ・シムズ2」は「自分の世界を創造して、改良して、コントロールする」機会をプレイヤーに与える。「自分の物語を作り」果ては「遺伝子を次の世代に遺す」といったこともゲームのなかで行える。これはたいへん強力なものだ。

明確で、挑戦せずにはいられないようなゴールをプレイヤーに与えるのは、ゲームデザインの重要な課題であり、プレイヤーの学習を促す要素でもある。ゴールは常に短期的なもの（「Xという場所からあれとこれを手に入れてくる」のような）と中期的なもの（「あと一時間でこのレベルをクリアできるからちょっと待って、ママ」と子どもが言っている時のような）、それに長期的なもの（「ゲームを完全にクリアするか、とても高いレベルに到達する」というような）が与えられる。「シムズ（シム・ピープル）」のような今日の複雑なゲームにおいては、明確なゴールは提示されず、プレイヤー自身がゴールを定めてプレイするようにデザインされている。自分で設定したゴールが最もやる気を起こすゴールだということは、ここであえて言う必要もないだろう。

意思決定、また意思決定

最近の複雑なゲームは、長くて、深くて、難しい。その根幹にある活動は意思決定であり、子どもたちはその後に影響を与えるような意思決定をするのが大好きだ。何よりもそれが子どもたちに力を持った気にさせる。子どもたちは複雑なゲームをする時、目まぐるしく次々に判断を下す。最近、私の友人のエンジニアが、小学生の息子たちにゲーム中にどれくらい頻繁に意思決定しているかと尋ねたところ、〇・五秒に一回は何らかの意思決定をしているというのが彼らの答えだったそうだ。

子どもたちは、イライラさせられるような場面（ミスしてやられてしまう時など）であっても、ゲームをしている時間を常に楽しんでいる。ジーの言うところの「ストレスを楽しんでいる」状態だ。

「ゲームとは、興味深く、重要な意思決定や、満足のいく結果を含む一連の活動である」
――ブルース・シェレー、アンサンブルスタジオ、ゲームデザイナー

ゲームデザイナーたちは、迅速な意思決定の機会を配することがデザインの根幹にあり、おそらくは「ゲームプレイ」（この概念は重要なので後で説明する）の重要な要素だということを本能的に理解している。しかし、優れたゲームを作るには、単に意思決定させるだけでなく、プレイヤーにとって意味のあるもので、ゴール到達の助けとなることが求められる。

リアルタイム戦略ゲームにおける意思決定は、何を、いつ、どのように行うかを事前に計画してその準備を行い、ゴール到達のためにどの戦略を採用するかを判断することなどが含まれる。その意思決定が適切だったかどうかのフィードバックは、常に明確で、即座に行われるのが通常である。

子どもたちがゲーム内で直面する意思決定は、単に何をやって、どのように障害を乗り越えるかというものだけではない。自分自身の状態、つまりスキルは十分か、独りでやれるか、他人の助けが必要か、もう少し練習が必要か、などの私たちすべてが日常生活で直面しているような問題に対する意思決定を行っているのだ。

複雑なゲームにおける意思決定はとても真剣なものだ。大規模多人数参加型オンラインロールプレイングゲーム（MMORPG）「エバー・クエスト」をプレイするある若者から聞いた話は、このよい例だ。

「ぼくのキャラクターはとても高いレベル、最大レベルが五〇のうちレベル四六まで達していた。強いクラン（プレイヤー同士のプレイグループ）の仲間たちは、全米あちこちから参加していた。強い敵を倒すためには大勢で協力しないといけない。クランはそのために組まれているんだ。敵の本拠地に乗り込んで、強い敵をたくさん倒した後、急に巨大なゴリラがぼくのキャラクターの背後に現れて、たった二発でぼくはやられてしまった。仲間たちはぼくの方が見えなかったので、ぼくを守れなかったんだ。復活のための時間が残ってなくて、もし復活できなかったらレベル四四まで下げられてしまうし（このゲームではキャラクターが死ぬと経験値が大幅に下げられる）、装備も取り戻せなくなる。ぼくはものすごい時間をかけてキャラクターを育てているので、ここで死んだら大変なことになる。「あぁ死んでしまう、困った……」と言ってたら、同じグループの三〇代でインディアナ州に住んでいるプレイヤーが、夜中の一二時ごろだったけどわざわざコールしてくれて、ぼくのキャラクターの遺体を取り戻したと知らせてくれた。そして彼らはぼくのキャラクターを復活させてくれたんだ。おかげでレベルは四六から下がらずに済んだ。その後ぼくは朝の四時頃までプレイしてたと思う。そして起きたときには、昼の三時とかだったと思う」

他にも、ジー教授（彼はいい大人で、自分のゲーム体験を記述するのがとてもうまい）が「ハーフ・ライフ」をプレイした時のことを次のように記している。

「私はゲームのラストまでたどり着いて、最後の大ボスとの闘いに向かう時、とても大きな達成感を感じた。そこにたどり着くまでにはとても長い時間がかかっており、いつも私の薄くなった頭をかきむしりながら、数え切れないほどたくさんの戦闘や問題に直面してきた。しかし、最後の決戦で何時間も格闘している間に、これは私だけの力では倒せなくて、助けが要ることに気づいた。そして自分が敵から見えなくなるコードを入手してから再び闘いに臨んで、ようやくゲームをクリアできたのだった」

刺激の強さ以外で、子どもたちが複雑なゲームをプレイしたくなる要因には（念のために言うと、刺激の強さも子どもたちには悪いことではない）、困難を乗り越えること、他のプレイヤーとの交流や協力、創造したり、自分が創造したものを人と共有したりできることなどが挙げられる。

「ゲームは私たちに、存在し、思考し、行動し、創造し、破壊する自由を与えてくれる」とは「Got Game」の文中で出てくるゲーマーの言だ。さらに次のように続く。「ゲームは「自分は何者なのか」という疑問への答えを、今まで考えもしなかった方向へ変えてくれる。ゲームは私たちの思い至る最高のさらに上も、最低のさらに下も経験させてくれ、現実世界の見方を変えてくれる。生きる希望や意味を与えてくれ、人生の旅が無意味でないことを示してくれる。そして一日の終わりに、今日も何かを達成したと感じさせてくれる存在だ」

複雑なゲームと教育

複雑なゲームの多くは、すでに学校の外で子どもたちを教育しているうえ、学校教育で利用できる多くの可能性も秘めている。そのため、親や教師、あらゆる教育関係者たちは、この本で示す以上にゲームのことを学んでいく必要がある。そのための手段として、本書の連携ウェブサイトGames ParentsTeachers.comを提供しており、そこでは個々の複雑なゲームについて、子どもたちがどう利用していくべきかを解説している。もうひとつの方法は、ジーの「What Video Games Have To Teach Us About Learning and Literacy」や、ベック&ウェイドの「Got Game」を読むことだ（詳しくは巻末の参考文献リストを参照）。

教育者や教育デザイナーたちが複雑なゲームに目を向け、親や教師たちが複雑なゲームが持つ、子どもたちの学ぶ意欲を高める潜在能力を理解するようになれば、ゲームに抵抗感を持つ大人たちも複雑なゲームを認めるようになり、子どもたちのための未来の教育ツールとして考えることができるようになるだろう。

フォーマルな教育におけるゲームのことは第二六章と第二七章で解説する。次の章では、最近の複雑なゲームで子どもたちが実際にどのようなことを学んでいるのかを見ていきたい。

第8章 子どもたちがゲームで遊んで学んでいるポジティブなこと

「うちには熱烈なゲーマーがいます。昨夏のある日、うちの息子がゲームで遊んでいるのを隣で見ていた時、ようやく彼が何かを学んでいるということに気づきました」

——ある親

第七章では、いつ、どんなゲームをプレイしようとも、そこには学習が起こっていることを説明してきた。視覚と手の協調動作や問題解決スキル、数学や言語的な能力の向上など、数値化して捉えられる利点もいくつか取り上げてきた。この章では、それほど数値化できないがとても重要な利点、ゲームが現実生活について教えていることを説明したい。

ゲームにおける五段階の学習

ゲームのなかで起きている学習には五段階があると考えられる。すなわち、「どのように（How）」「何を（What）」「なぜ（Why）」「どこで（Where）」「いずれか（Whether）」の五段階だ。

それぞれについて見ていこう。

学習レベル1──どのように（How）

最もわかりやすいタイプの学習は何かのやり方についてだ。ゲームをプレイすれば、ゆっくりあるいは素早く学びは起こる。操作の仕方、どんなキャラクターやアイテムなどがあり、どのように動かしたり使ったりするのか。タイルを動かして仮想の都市やテーマパークを建設する方法を学ぶ。ゲーム内の生き物を訓練し、進化させる方法を学ぶ。そしてもちろん、そのような操作をゲームのなかで行うために、手元にあるコントローラーを操作する方法を学ぶ。

現実生活に起こっているような、油田発掘の方法や、財貨の交換、テーマパーク経営、あるいは隠密行動をゲームを通して学べるだろうか？　学べると思うのだろう。よくゲーマーたちは、そのようなことを学びたくて、そのようなテーマのゲームを選ぶ。

そしてもうひとつ、あなたがゲームをプレイしているうちに無意識に学ぶ「How」は、ゲームのなかで起こっていることを自分がコントロールできるということだ。これはテレビや映画では学べない。乳児でさえこのことをすぐに学んでしまう。パソコンの前に興味津々で腰掛け、マウスを動かしてスクリーンで反応が起きているのを、嬉々として長い間見ている。これぞ「現実世界の」学習だ。

ゲームのなかでの学び方は、ゲームコントロールのメカニズムがどうなっているかに依存している。マウスとキーボード、あるいはゲームコンソール機の標準的なコントローラー（両手を使っていくつものボタンを操作する）などを使いながら、プレイヤーは現実世界と同じ動作をするのではなく、ほとんどのことを頭の中で学ぶ。だが、アーケードゲームのように、コントローラーが現実生活での動作とほとんど同じものが提供されるものもある。自動車の運転席や、楽器、遠隔操作をする医療手術用具などは、いずれもゲームのコントローラーとして提供可能なものだ。以前東京のゲームセンターに立ち寄った時、消火ホースや、犬の鎖、ドラム、銃、自転車、ハンマー、タイピングキーボード、パンチングバッグ、自動車、タンバリン、電話、電車、バス、カヤックの櫂、マラカス、ビリヤードのキュー、それにすし職人の包丁まで、さまざまなコントローラーを装備したゲームを試してみた。これらのゲームでは、現実世界とゲームの学習の境界が消えている。

この「How」レベルの学習が実際に起きていると、どうやって知ることができるだろうか？ これは観察可能だ。何度も練習すれば、通常その動作がうまくなっていくものだ。

学習レベル2——何を（What）

次のレベルでは、プレイヤーはそのゲームのなかで何をすべきかを学ぶ（同じく重要なこととして、何をすべきでないかも学ぶ）。つまり、ゲームのルールを学ぶ。たとえば、シューティングゲームをプレイしながら、味方を撃ってもよいかを学ぶし、シミュレーションゲームをプレイしながら破壊的（自己破壊的な）な行為が許されるかを学ぶ。

ノンデジタルなゲームのほとんどは、プレイする前にルールを学ぶ必要があるが、テレビゲームにおいては、ゲームのルールはプログラムのなかに組み込まれており、ゲームのなかで試行錯誤するなかでルールを学べる。さらに、プレイヤーはネット上やゲーム雑誌、あるいは人づてに入手したコードを使って、ゲームのルールをいじることもできる。このコードは大人たちからは「チートコード」として恐れられて理解されずにいる。しかし実際のこのコードの機能は、武器やパワーなどを追加して増やしたりして、ゲームのルールを変えることだ。これは現実生活に生きる学習だろうか？　ビジネスの教科書を開けば、「ゲームのルールを変えよ」とマネージャーたちに勧めているのをよく目にするではないか。

ゲームプレイヤーたちは、そのゲームのルールが現実生活のなかで学んできたことと比較して「このゲームのルールは、自分の知っている世界からみて公平で正確だろうか？」と常に考えている。あるゲームが極端に不公平で不正確なルールであれば、そのゲームはプレイヤーたちの間で「クソゲー」と認定されて、誰もプレイしなくなる。たとえば、もしシムシティで、電気もなしに近代的なメトロポリスを築けるというルールになっていたら、誰もプレイしなくなるだろう。

どの年齢層のプレイヤーも、ゲームのルールが「現実世界」を反映しているかどうかを熱心に議論する。たとえば、物理的（「宇宙空間でミサイルを発射した時の現実の軌道はどんなものだろう」）、生物的（「人は銃で撃たれても本当に生きていられるのか」）、人間行動的（「敵は実際にこんな行動や言動をするだろうか」）な観点から見てどうかといったことだ。

ゲームルールの存在によってプレイヤーたちは、その年齢に関わらず少なくとも無意識的に、自分の知っている世界とゲームの世界を比較させられる。これが重要な「現実生活の」学習だ。

子どもたちは、もうひとつ別の側面での学習もしている。つまり「このルールは破れるか？」ということだ。ゲームを始めて間もないプレイヤーたちは、「それはインチキだ！」とか「そんなのありかよ！」といった叫び声をあげる。これこそ彼らの学んでいることだ。

学習レベル3——なぜ（Why）

ゲームを進める戦略、ゲームにおけるWhyは、ゲームのルールによってさまざまであり、ゲームの流れによって変化する。

優れたゲームプレイヤーたちは、ゲームのなかで次のようなさまざまなことを学ぶ。時に正面から、時に隠れて攻撃する必要がある。時に大勢で利己的になるべき状況もあれば、協力すべき状況もある。複雑な動きは単純なものよりも効果的だ。弱いものもグループにして利用すれば力を持つ。守りを固め、よく準備をして、必要な軍備が整うまでは攻撃を控える。そして、守備のための資源を残しておくことを忘れない、といったことだ。

ゲームの戦略や戦術には、このような現実生活にまつわる多くの教訓に満ちている。ルールと同様、ゲームの戦略も現実生活に近いものでなければ意味をなさない。繰り返すが、プレイヤーたちは無意識のうちにゲームと現実を比較している。たとえば、生物には序列があり、通常は大きさに依存するということをプレイヤーたちは生活を通して理解している。もし小さい方のキャラクターが大きい方を倒したとすれば、それはその小さい方が何か腕力や持続力や武器、魔法などの強力なものを持っていたと考える。

今やシングルプレイヤーゲームは、ネットワークでつながったマルチプレイヤーゲームによって急速に取って代わられようとしている。マルチプレイヤーゲームで戦略を学ぶなかで、現実生活と同様に、他者をいかに扱うかという学習も含まれるようになってきている。

軍関係者たちは、もう何百年も前からゲームが戦略指導に使えることを知っており、米軍は教育にゲームを利用するという点においては相当に先を行っている。米陸海空軍と海兵隊のいずれもが、作戦行動におけるチームワーク訓練、飛行訓練、安全訓練、射撃訓練、潜水艦訓練、さらには複数部隊の指揮に至るまで、教育にゲームを利用している。今や軍では、パイロット候補生にあらゆる軍事飛行フライトシミュレーションゲームをマスターしていることを当然のこととして求める。そこで期待されているのは、飛行機の飛ばし方についてというよりは、飛行時に生じる、なぜ、何を、という戦略的思考の部分の学習だ。

潜水艦、戦車、特殊部隊についても同じことが言えるし、それはビジネスでもスポーツでも同様だ。戦略における判断の「Why」の部分についてゲームから学べる教訓には、次のようなものがある——

- 原因と結果
- 長期的な勝利と短期的な利益
- 混沌とした状況における規律
- 副次的な結果
- 複雑なシステムの振る舞い
- 直感に反した判断の結果

- 障壁の大きさをやる気に変える
- 継続性の価値

学習レベル4——どこに（Where）

Whereレベルは文脈に関するレベルであり、ゲームにおける文化的、環境的な学習を方向づけるものだ。プレイヤーは、ゲームの世界とそのなかで描写される価値観を学ぶ。文化の相対的な面を学び、異なる人々をどう扱うかを学ぶ。ある社会ではできないことが、他の社会では当然のこととして行われていることを学ぶ。その文化における目標達成やリーダーシップの意味を学ぶ。たとえば、倒すのが困難な強大な敵がいても、根気強く学ぶことによって、いつかはその敵も倒せるようになり、そのゲームをクリアできるということを学ぶ。

ゲームは私たちの価値観も反映している。アメリカ社会の大部分と同様、ゲームは暴力的ではなく、むしろ私たちの興味の幅の広さを反映している。

最後に、他のあらゆる表現メディアと同様、ゲームはその根底にあるサブカルチャー的な要素を反映し、伝達する。正しく評価されることも敬意を評されることもほとんどないが、著名な科学者のダニー・ヒルズに言わせれば、ゲームクリエイターたちは世界で最も知的で創造的な人々だ。ゲームに表現される思想や空想、ヒーローや悪人は、そのゲームの作り手の創造性が反映されたものだ。それをゲームプレイヤーたちは、ゲームのキャラクターやゲーム世界の文化のなかで認識していく。

この学習が起きているかどうかを判断する基準は、ここでも観察だ。私は、任天堂の「ゼルダ」

ゲームで誰がそのゲームのヒーロー、「リンク」をプレイするかでもめる子どもたちを観察したことがある。リンクは子どもたちのヒーローであり、なりたい存在だ。勇気や探検への意欲、すべての敵を倒す強さ、そして最後にはお姫さまを助けること、そのようなリンクの魅力に子どもたちは憧れる。当然、他のヒーローを好む子どもたちもいて、デューク・ヌケムもそんなヒーローの一人だ。良くも悪くも、子どもたちはゲームに登場するヒーローたちを通して人生を理解する。それは昔の子どもたちにとっての物語本の役割と同じだ（たとえば、「ぼくランスロット、おまえモードレッド」というのと同じだ）。だが、ゲームと物語本の大きな違いは、ゲームでは子どもたちはヒーローを自ら操作できるが、本ではそれができないという点にある。

学習レベル5——いずれか（Whether）

「Whether」レベルの学習では、プレイヤーたちは価値観や倫理的な判断、つまり何かについて良いか悪いかを判断することを学ぶ。感情的なメッセージが無意識のうちに判断に影響を与えているということも学ぶ。ゆえにこのレベルは最も議論を呼ぶ学習レベルで、プレイヤーたちが真の意味でゲームに勝つか負けるかを左右する学習だ。

このレベルの学習は、刺激を強めたり弱めたりすることで生じる以外にも、寓話や象徴を用いることでも生じる。画像や状況の描写、音声や音楽、その他の感情を揺さぶる演出を上手く組み合わせることで操作される。これは小説や映画の要素と同じだ。同様にこのレベルの学習は、報酬や罰則それにゲームの帰結のようなことからも生じる。

刺激の強化、感情的な仕掛けや報酬などは、格闘ゲームにおいてプレイヤーを「このキャラクターを殺してもいい状況だろうか、大丈夫だ」と判断させながら学習に導いている。ただし、ここでの重要な疑問は、子どもたちは「ゲームから何か人生について学んでいるのだろうか？」ということであり、子どもたちは「ゲームだからこういう（現実にはありえない）行為も面白いんだ」と考えるのか「現実でも同じことをやってみよう」と考えるのか、ということだ。つまりゲームに含まれたメッセージを現実世界にそのまま投影して考えるのか、それとも妥当なメッセージを取捨選択するのかということだ（「戦闘は大変なことだ」というメッセージを現実にも当てはまると考え、「周りはみんな敵だらけだ」ということは現実には当てはまらないと考える、など）。

このような問題についてすでに誤解が広まってしまっているが、私は子どもたちが暴力的なゲームをプレイして「現実でもやってみよう」などと考えることは、少なくとも私たちの社会においてはありえないと考える。私たち誰もが、空想の世界で他人にひどい目にあわせるようなことを多かれ少なかれ考えたことがあると思うが、それを実際に行う人はほとんどいないはずだ。プレイヤーたちは常にゲームのルールを通してゲームからのメッセージを認識しており、無意識的に、時に意識的に、自分の知る現実とゲームを比較して捉えているのだ。一貫性のあるメッセージは受け入れられ、一貫しないものはさらに吟味される。「私たちはメディアで描写されているものを現実世界で直接経験したことに照らして吟味する。そして事実とは言えないメディアの描写は却下される」とマサチューセッツ工科大学の比較メディア学教授、ヘンリー・ジェンキンスは指摘している。

もちろん私たちは、物事の分別のついていない幼い子どもたちのことは気をつける必要がある。だが、私の友人でゲームデザイナーのノア・ファルステインが私たちに次のように注意を促している。「コロンバイン高校の銃乱射事件の原因が「ドゥーム（Doom）」というシューティングゲームだという主張には、この事件の犯人らが自宅のガレージでパイプ爆弾を製造していたのに、その両親がまるで気づいていなかったという事実を無視している点に注意しなければならない」親や社会からのメッセージを受けつけない子どもたちというのは、いつの時代も存在しているが、彼らは例外なのだ。

ゲームのなかでの学習と、ゲームの外の現実生活での学習を比較することは、シューティングゲームを使って子どもたちに人の殺し方を教えないで、照準の合わせ方を教える理由だ。本当に人の殺し方を学ぶには、殺人行為と現実生活で耳にする殺人を許さないというメッセージとの間にある深い隔たりを埋めることが必要になる。

当然ながら私たちの社会的関心は、暴力に反対する強いメッセージをできるだけ頻繁に送り続けることにある。ゲーム内での悪い行為は必ず悪い結果を呼ぶようにすべきだと主張する声もあるが、そんなことをして純粋に道徳的なゲームにしてしまうと、そのゲームはほとんどのプレイヤーにとって魅力のないゲームとなってしまう。他のエンターテインメントメディアと同様、ゲームの魅力となるのは「安全な環境での逸脱行為」にある。しかしそんな行為にも学習は含まれている。ジェンキンスは「近年のゲームは、より倫理的に複雑で、攻撃性や喪失感、苦しみといった感情を引き起こすものになっている」という。これらの感情は、現実生活を送る上で深い学習が求められる重要な感情だ。

三つの例

理論的な面についてはだいたい理解してきたことと思うので、実際に市販されている人気ゲームを例に挙げて、子どもたちがゲームを通して何を学んでいるのかを見ていきたい。ひとつ目は教育的な内容が含まれ、二つ目は明らかに「普通のゲーム」であり、三つ目は物議を醸す要素が多い。最初の二つはパソコン用、最後のひとつはコンソール機版とパソコン版が発売されている。

(1) ローラーコースター・タイクーン（Roller Coaster Tycoon） 1～3

ローラーコースター・タイクーンは、発売以来数年間で四〇〇万本以上の売上を誇るベストセラーゲームだ。さまざまなプレイの仕方が可能だが、基本的には限られた予算で魅力的なテーマパークを作ることがゲームの目的だ。ローラーコースターの出来栄えやその整備、入場料やパーク内設備の選択の仕方によって、ゲーム内のバーチャルな客の入り具合や、収益が変化する。それぞれのお客が何を考えているかさえ見ることができる。

How――プレイヤーは土地の取得、乗り物の設置、従業員の配置など、事業の立ち上げと経営の仕方を学ぶ。別の側面では、視覚的なインターフェイスを使った経済シミュレーションの操作を学ぶ。

What――プレイヤーはビジネスにおいて何ができて何ができないかという制約条件を学ぶ。たとえば、所有または支配していない土地には何も建てられない、壊れた乗り物にはお客を乗せられない、お客は時々食事をしてトイレにいく必要がある、などのことを学ぶ。

Why――戦略レベルにおいて、経営を成功させるうえでのトレードオフ関係を学ぶ。たとえば、整然としたきれいなパークはお客にとって魅力的だが、メンテナンスのコストが高くなる。入場料を上げれば、来場者は減ってしまう、などについて学ぶ。このレベルでは、ローラーコースター・タイクーンは、リソース管理とトレードオフ分析のための「現実生活の」スキルを教えてくれる。

Where――プレイヤーはビジネス環境について学ぶ。顧客の考えることや行動、何が顧客を満足させたり不満にさせたりするか、といったことだ。

Whether――プレイヤーは、顧客たちの反応は事業を経営する側の対応にかかっているということを学ぶ。料金を上げて乗り物を減らし、トイレを十分な数設置せず、乗り物の修理を行わなければ、短期的な利益は上がるかもしれないが、顧客の不満は高まり、利益はあっという間に消えてしまう。こうした教訓は、「現実の」企業エグゼクティブたちが早いうちから学ぶべきだったと考えているものだ。

ローラーコースター・タイクーンは、他の市販ゲームと同様、英国の学校教育の現場で教育ツールとして利用されている。そのような実践を通してさまざまな発見があったが、特に重要な教訓のひとつは、ゲームを利用すると、子どもたちはグループ学習の仕方を学べるという点にある。

ローラーコースター・タイクーンは、学習のためのゲームとして作られたわけではないが、ゲームに含まれる学習要素がとても多いことがわかるだろう。

(2) ザ・シムズ（シムズ2）

シムズはおそらくこれまでに作られたテレビゲームのなかで最も人気のあるゲームで、一七〇〇万本以上を売り上げている。シムズは基本的に「動く人形の家」であり、プレイヤーは家を建てて人を住まわせ、話し、育ち、働き、買い、デートし、結婚し、子どもを産み、トイレにもいく。プレイヤーの指示に従って（それに組み込まれた人工知能プログラムに基づいて）、あらゆることを行う。デザイナーのウィル・ライトによれば、シムズは巨大な「可能性空間」であり、プレイヤーは考え付く限りのさまざまなシナリオを作り出すことができる。幸せな核家族の生活から、異なるライフスタイル、ご近所をかき乱すはみ出しものの生活などのシナリオを自由に生み出せる。では、シムズのプレイヤーたちはそこで何を学んでいるのだろうか？

How——まずプレイヤーは、消費社会のなかでの生活の仕方を学ぶ。おそろしく大量の「モノ」をどうやって作り、選び、買い、売るか。ゲームのなかでも、そしてイーベイを使って現実世界でも学べる。別の How レベルでは、複雑な人間生活シミュレーションの操作を学ぶ。つまり、キャラクターをコントロールし、家屋やモノ、それに人間も視覚的にデザインして生み出す。そのために必要なツールはすべてゲームに含まれており、それがこのゲームの大きな魅力となっている。

What――プレイヤーはそれほどルールや制約のないオープンな環境で、幸せな家庭を持ったキャリアの成功者から社会のはみ出し者まで、どんな方向でも進むことができることを学ぶ。これは現実のアメリカ社会での生活と異なるものではない。

Why――プレイヤーは、人生とは自身の選択に基づいた物語のようなものだという側面を学ぶ。ゲームにおいて与えられる戦略や経路を探索しながら、清廉で成功した人生を送ることも、汚くて趣味の悪い人生を送ることもできる。そうして作り上げた人生の物語を投稿して、他の人に紹介するためのウェブサイトもある。

Where――文脈的な面においては、シムズのプレイヤーは二一世紀のアメリカ社会について学ぶ。モノにあふれた生活を享受できるというだけでなく、シムズのなかで行えるさまざまな活動や、軍人からアロマセラピストまで選べる幅広い職業選択の自由を通して体験できる。プレイヤーは、友達を作り、パーティやデートをしたり、子どもを持ったりしながら、人生やライフスタイルのあり方を学べる。人生には良くも悪くもとても多くの可能性があることを学ぶ。

Whether――最後に倫理的な面で、プレイヤーは人生における選択には、その結果が待ち受けていることを学ぶ。トイレに行かなかったらどうなるかという小さなものから、しっかり働かないとどうなるかという大きなものまで、選択の結果を体験できる。ゲームに対するさまざまな批判があるなか、直接的で具体的に人生について学ぶのを助けてくれるこのゲームが、史上最も売れているゲームだという事実はとても興味深い。シムズは子どもと大人が共に遊べるファンタジーの世界に新たな具体性と参加の機会をもたらし、何百万人もの人々が情報共有する現実のオンラインコミュニティを生み出した。だがこれだけでは、ゲームにまつわるコミュニケーションはできても、本書で語っているような大人と子どものコミュニケーションニーズのすべてを満たしきれてはいない。

(3) グランド・セフト・オート(Ⅲ、バイスシティ、サン・アンドレアス……)

グランド・セフト・オート(GTA)は、理由のない殺人や暴力、売春婦とのセックスなどが可能なゲームとして、批判者たちが憎み、ことあるごとに悪い例としていつも引用されるゲームだ。「Mature(成人向け)」指定されて、成人向けのゲームだと強調されているにもかかわらず、このゲームは六五〇万本以上も売れるほど非常に人気が高く、R指定された成人向けビデオと同様に、結局は多く子どもたちが手にしているゲームだ。ではこのゲームから何を学んでいるのだろうか?

(注――私はこのゲームを子どもたちにプレイさせることを勧めているのではなく、このゲームをプレイすると何を学べるのかを述べているだけなので誤解のないように)

How――GTAのコンテンツは時に物議を醸すものを含んでいるものの、プレイヤーは映画やテレビからは学べないことを学ぶ。あるライターが言うように「GTAは映画で言えばパルプフィクションのようなゲーム」なのだ。子どもたちは世の中には社会のルールを破って生きる人々がいることをすでに知っている。このゲームはそのような世界で生き残って成長するための方法を扱ったものだ。ゲームのキャラクターはルールを破る者たちで、プレイヤーはそうではないため、ゲームのストーリーは興味深くてプレイヤーを夢中にさせる。その世界の中でルールを破る側となるのは楽しい。ビジネスや人生のシミュレーターではなく、GTAは「犯罪シミュレーター」だ。しかし別のレベルでは、GTAのプレイヤーはこれまでに作られたなかでも最も高度な3Dシミュレーションの世界を操作して動き回る方法を学んでいる。このゲームのシミュレーション世界は、シムズよりも現実感の高い世界となっている。

What――GTAのプレイヤーは、このゲームのルールがいかに柔軟かを学ぶ。シムズと同様、GTAには必須のゴールは課されていない。むしろプレイヤーは気ままにゲーム世界を動き回って選択をし、その選択の結果をプレイすることができる。ゲームのシナリオが与える影響はあるものの、現実世界と同様にゲームのなかでの選択はプレイヤー自身に委ねられている。

Why――プレイヤーは戦略的に考え、期待される結果や帰結に基づいて選択をすることを学ぶ。悪いことをし続ければ悪評を得て、そのうち死ぬ。しかし消防車や救急車を盗んで人助けをすれば、長生きできる（そういう戦略を選びたいとは限らないが）。

Where――プレイヤーは前科者やマフィアの汚い世界と暴力の結果が、ほとんどの場合は美しくない形でもたらされることをとても正確な描写によって学ぶ。

Whether――裏切られて捕まえられた銀行強盗が予期せぬ形で釈放されたところからプレイするため、プレイヤーは人生が悪い方に向かってしまった人間にもさまざまな選択肢があって、良い方にも悪い方にも生きていけることを学ぶ。プレイヤーとしてゲームのなかでの選択を行っていくことで、時に攻撃的な衝動を表に出すことは（楽しいという意味でなく）健全だ。もしひどく悪い行動を取った時は、警察（ＳＷＡＴチームのヘリコプターやＦＢＩや陸軍さえも）が現れて、どんな抵抗をしたとしても結局は捕まってしまう。

ポジティブかネガティブか？

ゲームの持つポジティブな要素を示す事例はとても具体的だと私は思うが、それでもゲームを学習に利用することに対して警戒する人は存在する。すでにここまで議論してきたことの繰り返しになるが、もう一度ここで述べた学習の五レベルの枠組で彼らの反論を検証させてほしい。

How レベルのゲームへの批判は、ゲームが子どもたちに「不適切な」行為を学習させることにある。What レベルでは、ゲームのルールは非常に硬直的で、子どもたちの想像をかきたてるほどの自由さはないと批判されている。Why レベルでは、ゲームをプレイして勝つための戦略は、あまりにも暴力的で、「インチキ」が奨励され、他にもさまざまな望ましくない要素を含んでいると懸念されている。

Where レベルでは、子どもたちが孤独で、女性嫌いで、社会的逸脱者となる影響を受けているのではないかと懸念され、Whether レベルでは、子どもたちが「道徳心のない殺人者」になることを学んでいるのではないかという懸念が批判者たちから示されている。

私はこうした心配性な人たちのように心配する必要はまったくないと強く確信している。繰り返しになるが、こうした懸念に対して次のような点から反論したい。

●最も暴力的なゲームにおいても、多くの幅広い適切な要素が含まれている。
●ほとんどのゲームは暴力的ではないし、批判者たちが引用するような暴力性を含んだゲーム（「成人向け」指定されているようなゲーム）は、流通しているゲーム全体の一〇パーセントに満たない。それに暴力的とされるゲームも、それらは暴力性を喚起するものではなく、そのような感情を鎮める効果があると多くの心理学者が指摘している。
●ゲームはますます制約が少ないオープンなものになってきており、プレイヤーの想像や自己表現の自由度を高めている。ゲームデザイナーはよりオープンエンドな要素をゲームに盛り込んでおり、子どもたちはゲームのなかで自分の想像を駆使したお話を作る練習ができる。
●新しいゲームのほとんどは、勝つための戦略がいくつもあるなかから選ぶことができ、なかには他者との協力も含まれる（時には必須になっている）。

- ゲームは社会的つながりを促す要素を持っており、ネットワーク化が進むなかでその要素は急速に高まっている。
- ゲームは女の子がプレイしやすくなってきており、女の子たちもゲームに対してオープンになってきている（第二五章で詳しく述べる）。
- ゲームの内にも外にもポジティブなメッセージが存在しており、ごく少数の暴力的なゲームに含まれる「暴力がすべて」的な考え方は、もともと問題を抱えたごく少数のプレイヤーに影響を与えるかもしれないが、ポジティブなメッセージを増やすことでそのような問題に対処することは可能だ。

否定的な意見を述べる人たちの問題は、ゲームに含まれる多くのポジティブな要素をまったく無視することにある。彼らはゲームがもたらす会話に含まれるポジティブな効果も無視している。

適切な対象年齢（または適切な対象親子）のあるゲームがあるのは確かだが、レーティング制度があるのはそのためだ。ゲームへの否定的な風潮に対してバランスをとるために、本書では「ゲームから学ぶポジティブな要素は、ネガティブな要素をはるかに凌駕する」ということをお伝えしている。

すべてをひとつに――ゲームをプレイする子どもたちの将来の職業（それはあなたの想像よりはるかに多い！）

ここまでゲームをプレイすることの教育的な恩恵についての理論的な話をたくさんしてきた。だがこれらはもちろん、理論的なことにとどまらない。

ゲームへの恐れとはうらはらに、ゲーマーたちの多くは社会で成功し、社会を支える生産的なメンバーとなっている。それは昔のビーバップファンやロックファン、テレビ中毒者たちが社会で成功しているのとまったく同じだ。ゲームで磨かれるスキルは、仕事で役に立つものばかりだ。実際、社会で成功を収めた人々が、自らのゲーム経験が日常の仕事で役に立ったと証言する例が増えてきている。

たとえば、次のようなものがある——

- ある遺伝学者は、大量のデータ表を読み込む作業をしている時に、MTVを見て育ったのが、大量の数値データに含まれる視覚的なパターンを見つける助けになっていると述べている。
- ある医療教育者は、ゲームをプレイして育ったおかげで、ゲームをプレイしない人よりも手術でのミスが少なくてすんでいると理解した。そして彼は、ゲームをプレイする医師を腹腔鏡手術の医師として採用し、手術の前にゲームをプレイしてウォーミングアップをさせるようになった。
- ある優秀な法廷弁護士は、法廷での異議申し立てスキルを教えるためのゲームを制作した。ロースクールの教師たちはそのゲームを使って教え、法廷弁護士たちは裁判に向かう前にそのゲームをプレイしている。
- 米空軍は、すべてのパイロット候補生たちにあらゆる市販のフライトシミュレータゲームを事前にプレイしておくことを求めている。
●軍関係者たちは、戦場での任務遂行の成功は、テレビゲームを用いた特別訓練のおかげだと認識している。
●ゲーマーは、ノンゲーマーに比べビジネスにおいて成功し、より多くの収入を得る傾向がある。ある企業のマネージャーはゲーマーを「賃金体系で上の方に位置する普通の人々」と捉えている。
●ゲームをプレイして育ったアントレプレナーは、起業の際に必要なスキル、特にリスクを推し量るスキルに長けており、失敗への恐れもノンゲーマーに比べて少ない傾向がある。

二〇〇四年に『Got Game? How the Video Game Generation is Reshaping Business Forever』という本がハーバードビジネススクール出版から出された。何千ものインタビューに基づいて書かれた論文で、ゲーマーは変化を起こすことのできる優れたビジネスパーソンだということが論じられている。

同書の著者は、ゲーマーはノンゲーマーよりも成功を収めている理由について次のような点を挙げている——

ゲーマーたちは……
●協調的な問題解決に長けている
●優れた専門性を得るために打ち込んでいる

●スキルに磨きをかけ、更なる価値をもたらす
●能力に対する高い感覚を持っている
●競争的な視点で世界を見ている
●優れたチームワークスキルを身につけており、チームの一員として働く意欲がある
●組織への配慮を持っている
●データを好む
●手に追えるリスクをとるのを厭わない
●同時に複数のことを行うのがうまい
●即座に学習できる
●グローバルな思考ができる
●硬直化した組織に依存しない
●何か実のある成果を出すことを自らに期待している

同書のなかで著者は「ゲーマーは何千時間も新しい状況で素早く分析し、未知のキャラクターと交流し、単独で迅速に問題解決を繰り返している……そしてそれらは具体的な結果や継続的で厳密なフィードバックが返される世界で行われている。プロのチームスポーツと比べても、ゲーマーたちがゲームのなかで学ぶスキルは、プロフェッショナルな仕事のスキルにより直接的に関連しているのではないだろうか？」と言っている。

ゲームをプレイする子どもたちは、本当にそんなスキルを学んでいるのだろうか？

子どもたちは、たしかに学んでいる。そして彼ら自身もそのことを理解している。以前私は、ゲームが何を教えてくれているかを、ある一〇歳児に尋ねたことがある（その時「学校で学ぶことに限らずに」と付け加えて聞いた）。彼は「素早く考えて、よりリスクをとることを教えてくれた」と即答してくれた。別の子は、ゲームをプレイして語彙力が高まったと答えた。もうひとりの子は、ゲームから学んだと感じていることをリストにしてくれた――

①誰でもその気になれば世界を救えるということ
②ひとりに二人がかりは卑怯だということ
③人を撃ってはいけない（人を撃ったら逮捕されるゲームから）
④酔っ払ってはいけない（「バルダーズ・ゲート」というゲームをプレイして「酔っ払っている時に攻撃を受けたらボロ負けする」ということから）
⑤辛抱強くなること（特に釣りゲームでは）
⑥良い者は常に勝つということ
⑦誰でも信じていいわけではないということ
⑧友だちは助けるものだということ

熱心なオンラインゲームプレイヤーで順調なベンチャー企業のCEO、スティーブ・ジレットは、自身のビジネスでの成功はオンラインゲームのギルドマスター（プレイヤーグループのリーダー）として学んだスキルによるところが大きいと考えている。スティーブは、ギルドマスターのスキルをCEOのスキルに適応させている。「この手のオンラインゲームをプレイすれば、人生に必要なスキルが学べる」と彼は述べている。さて、医者や弁護士から企業経営者、軍関係者に至るさまざまな職種において、ゲームをプレイしたおかげで成功したという人々がいるのを見てきた。ゲーム反対者の人々はこれをどう捉えるだろうか。

それに、もし本書を手にしているあなたが女性なら、もうひとつ驚くべき事例がある。若くてよく訓練された放射線科医の方が、歳を取った経験ある放射線科医よりも乳房撮影の結果をより正確に読み取ることができるそうだ。これもゲームをプレイすることで仕事に役立つ高度な画像情報への鋭敏さが身についた例と言えるのではないだろうか？

ゲーム中毒の問題は？

すでに本書ではいくつかの点からこの問題に触れてきたが、ここでしっかりと議論したい。「中毒（Addiction）」という言葉は、麻薬中毒者が金に困って盗みを働いたり、路上で段ボールにくるまって生活していたりといった嫌なものをイメージさせて、自分の子どもがそうなったと聞くのはつらい言葉だ。そんなわけで、一九九八年にサイモンフレーザー大学の研究結果で「ゲームをプレイするティーンエイジャーのうち四人に一人がゲーム中毒になっていると感じている」などというのを聞いて、親たちがバカバカしいほどに怖がるのも無理はない。

だが、もう少しことの状況をよく見てみよう。まず、この中毒という言葉は、医療業界以外ではとても緩やかに使われている。「とても好き」、「それをやっていたいと思う」程度の意味でもよく使われる。ゆえにこの研究結果で子どもたちがゲーム中毒になっていると感じるというのは、かなり状況に幅があることを考慮しなくてはいけない。

とてもできが良くて、豊かな生活を送りながらも、自分はゲーム中毒だと自認する子どもたちはたくさんいる。もちろんその意味するところは、ゲームで遊ぶのが自分の生活のなかで最も夢中になれることだという程度のものだ。もしあなたの子どもたちが「自分は読書中毒だ」とか「スポーツ中毒だ」と言うのを聞いたら、心配するだろうか？　そんなわけはない。

生理学的に見て、ゲームをプレイすることで、脳の快感をつかさどる部分を刺激する要素がある。そのためにその快感を得るために繰り返しゲームをプレイするようになる。たしかにこれは麻薬中毒と同様のメカニズムにあると言えなくもないが、同様にスポーツやホラー映画の視聴や、長期的目標の達成や、刺激的な会話のような活動においても起きている。子どもたちは、そういった活動に日々触れているのであって、それらからは何の害も受けていない。

しかしながら、「医学的な中毒症状」というものは存在する。喫煙やギャンブル、飲酒、セックス、ドラッグなどに溺れやすい「中毒になりやすい性格」の人はたしかに存在する。ゲームもそのような人たちにすれば中毒の原因となりえる。だがそのような中毒になりやすい性格の人の多くは、ゲームだけでなく同時にいくつもの中毒になりやすいのだ。

もしあなたの子どもが中毒になりやすい性格だったら？

もしあなたの子どもが、そのような中毒になりやすい性格を持っていたり、中毒傾向の気配があったりしたら、おそらくゲーム以外の生活にもそのような兆候が見えるだろう。

もしその子が音楽しか聴かない、食べるだけ、あるいはゲームばかりしていて、責任ある社会生活を営もうとしないのであれば、それは危険な兆候であり治療が必要だ。しかし精神科医に電話する前に、本当にその子はゲーム中毒なのかをよく考えた方がよい。何人もの研究者は、本当に問題とすべきゲーム中毒のレベルは「生活が破綻するほど歯止めが利かない状態か？」というところにあると指摘している。

多くの場合、ゲーム中毒というのは難しいレベルで勝とうとしていたり、ゲームをクリアしようとしたりしている時に生じている。これはちょうど小説を読んでいて徹夜してしまうのに似た感覚だ。ゲームをプレイしてクリアしようとすれば、多大な時間を投じる必要がある。

よく覚えておくべきなのは、あなたの子どもたちがゲームばかりやっていて、あなたがやめろと言っても聞かない場合であっても、それが医療的な中毒症状だという可能性は非常に低く、何ら深刻な問題ではないということだ。

極端な例

しかし、極端な場合も時には存在する。もし子どもたちの生活が破綻しているなら、助けが必要だ。もし本書を読んでもまだ心配でしょうがないときは、何週間かゲームをやめさせることだ（またはゲームを持たずにしばらく旅行でもさせることだ）。そして必ずそうさせる理由を子どもに伝えその反応を見てみよう。「ゲームしたいんだよ！」と叫ぶか、あるいは「すごくゲームで遊びたいし、ゲームの時間も友だちとの時間もなくなって残念だけど、ほんとにやるなというならやらないよ。でも二週間だけだよ！　もうテストなんかしないでよ！」というような答えが返ってくるだろうか。

ゲームは問題の原因なのか、兆候なのか？

私の友人に、二人の子を持つ母親がいる。その二人の子どもたちは、どちらもゲームに夢中だ。弟の方は学校の成績もよく、優れたスポーツマンで、ゲーム中毒だと自称する。何の問題も起こさず、家族ともうまくやっている。

だがティーンエイジャーになりたての兄の方はやや状況が異なる。弟と同じく賢い子なのだが、学校の成績は悪く、友達も少なく、学校で問題をよく起こす。

彼の母親はその子の問題をゲームのせいだと信じて疑わないのだが、その子をよく知る私から見れば、それはどうかと思う。たしかに彼はゲームでよく遊ぶし、社会生活や学校生活で問題を起こしている。しかしそのような社会不適応の問題はゲームのあるなしに関わらず生じる性質のものだ。私はよく彼とゲームについて話すのだが、彼はとても知的な思慮深いプレイヤーであり、プレイしている複雑なゲームについてとても深い知識を持っている。だが母親は、彼がどんな風にプレイしているかをまったく見たことがない。

ようやくその母親の耳に届いた私の言葉は、その子が今より前の世代に生まれていても、まったく同じような子どもだっただろうということだ。ただその現れ方がギャングの一員だったり、プレスリーやロック、パンクなど、当時の大人がやってほしくないことに変わっていたりするだけなのだ。

こうした子どもに親の助けはもちろん必要だ。ただ、短絡的にゲームのせいにしてはいけない。もしかしたらゲームがその子の状態を悪化させるのを抑えている唯一の存在かもしれないのだ。

攻撃性については？

暴力的なゲームが子どもたちを暴力的にするのか？ すでにあなたも耳にしているかもしれないが、二〇〇五年にニューヨークタイムズの科学部編集者、アナハッド・オコーナーはあらゆる論拠を調べ上げてこう結論付けている。「結論――暴力的なゲームは短期的あるいは一時的には子どもたちに何らかの影響があるにしても、長期的な影響を示すデータはほとんど存在しない」

孤立化については？

他者から距離を置いて孤立する危険性がゲームにはあると言われているが、これも従来からある一般論にすぎない。昔のゲームと違い、最近ではネットワークゲームが多くなっており、以前に比べてもその危険は、はるかに低くなっている。

一見して孤立しているように見えても、実際にはまったく違っていることもあると理解しておくことがとても大切だ。

あなたの子どもがパソコンの前に独りで座っていたとしても、世界中の何百、何千もの人たちと一緒にゲームをプレイしているかもしれない。あるいはあとでマルチプレイヤーゲームに使うものを準備しているかもしれない。ゲームキューブやPS2、Xboxのようなコンソール機もネットワーク対応が進んでいる。「Xboxライブ」と呼ばれる機能は、ゲームプレイ中に他のプレイヤーとオンラインで会話できるというもので、最近のゲームのトレンドになっている。

多くの場合、ゲームはより社会的な交流をもたらすものとなっている。最新のゲームコンソールを買ってもらった子どもは、仲間内で一気に人気者になって一緒に遊ぶ仲間が増えたりする（ある一歳の子がクラスで最初にPS2を手に入れた時、その子は遊び相手の予約を受け付けないといけなかった）。

たしかに、人付き合いの苦手な子がゲームをプレイすることで人と会わずにすませる口実にするような例もある。そんな子どもたちには、仲間内でオンラインゲームで遊ぶことを勧めたい。多くのゲームがオンライン対応しており、子どもたちのほとんどはオンラインゲームを介した友達関係は、リアルの友人関係よりも怖くないと感じることだろう。

もしあなたの子どもが社会性に関して深刻な問題を抱えているなら、専門家に相談するのもよいだろう。しかし単にゲームのせいにするのはやめてほしい。もしその子が本当に問題を抱えているとしたら、ゲームを取り上げるのは状況改善にはつながらない。

第9章

ゲームプレイのモチベーション

「うちの子たちが家やゲームセンターでゲームをしているのを見ると、そのゲームに打ち込む熱意とエネルギーの強さに驚かされる。興味あることにはそうやって打ち込むことができるのに、どうしてこの熱意を学校の授業に向かわせることができないんだろう?」
——ドナルド・ノーマン、教師・作家

本章ではモチベーションについて議論したい。教室やオンライン、あるいは「eなんとか」といったフォーマルな学習において一番の問題は、どうすれば十分に学習活動の終わりまで生徒のモチベーションを保てるかということだ。授業、セッション、コース、学期、成績評価、いずれも最後まで提供するには、学習者のモチベーションを保つことが必要だ。

どうしてモチベーションがそれほど大きな問題なのだろうか? それはいかなる学習も努力を伴うため、何かの動機なしには行えないのだ。

生徒たちは与えられた学習内容に対して、どのような動機を持っているだろうか。純粋にその内容に対して純粋に楽しさを感じてくれるということもある。だが残念なことに、そのようなことが生じることは教師が期待するよりもはるかに少ない。通常は、生徒たちの学習に対する動機とは、内的な目標と外的な報酬が混合されたもので、それに心理的な恐れや満足したいという欲求が組み合わさったものだ。この動機が十分に高ければ、生徒たちは最後まで学習できる。

教育の世界では、モチベーションを提供することは教師の役割だ。教師とは、どれだけ優れたモチベーターかによって生徒たちから評価され、後に思い出される存在となる。教師が存在する限り、常に生徒はそのような捉え方をする。

しかし、今日の教育の場において、どれほどモチベーションが提供されているだろう？　どれほどの生徒が毎日朝起きて学校に行き、授業を受けて、テストを受けるといった営みを楽しみにしているだろうか？　たしかに、とても毎日楽しみになるような面白い授業をする教師もたまにはいる。だが、学校のカリキュラムのほとんどはひどく退屈で、とても楽しいと言えるものではない。多くの人はそれをまったくの苦痛だと言うだろう。

少し対比して考えてみてほしい。人がテレビゲームをプレイするのは、そのゲームが面白いからであり、ここまで議論してきたように、人はゲームを通して多くのことを学んでいる。

社会のためにも、なぜ学習がしばしばこれほど苦痛で、ゲームプレイは夢中になれるのかということについて、私たちは長く厳しい眼で見ていく必要がある。こういう比較から何が見えてくるだろうか？　最も重要なことは、ゲームから子どもたちのモチベーションについて何が学べるかということだ。

まず、テレビゲームは人を夢中にさせ、教育は人を夢中にさせない。それはあたりまえだ。テレビゲームが人を夢中にさせるのは、ゲームデザイナーの至上目的がプレイヤーを夢中にさせることだからだ。プレイヤーがお金を払ってゲームを買った価値があったと感じてもらう（オンラインゲームなら、継続的にお金を払い続けてもらう）ためには、繰り返しゲームをプレイさせ、三〇時間、六〇時間、あるいは一〇〇時間以上もゲームに時間を費やしてもらう必要がある。これがゲームデザイナーにとっての成功の指標となる。

学習者を夢中にさせることは、もちろん教師たちにとっての第一の関心ではない。教師のゴールは教えなければいけない内容を教えることだ。

では厳密なる学習のゴールと楽しむことはまったく相容れないものなのだろうか？ 非常に多くの教師や学者たちはそう信じていて、学習を楽しくするあらゆる努力を拒絶し、人々に同じ苦痛を与え続け、それが何世代にも渡って学問のあるべき道として続いてきた。だがそれはまったく馬鹿げている。社会はようやく教育にはしごきや苦痛がつきものだという考え方に反対しはじめた。ようやく苦痛な学習を終わらせる時がきたのだ。

私は、この昔ながらの学習に対する考え方はすぐに大きく変わっていくだろうと予想している。楽しくて豊かで、夢中になれる双方向型のゲームをプレイしてきた生徒たちは、苦痛で退屈な学習をもはや受け入れることはできなくなっている。より夢中になれて、楽しい学習環境を要求するようになり、教師たちはもはやそれを拒否することはできない。

ここまで見てきたように、生徒たちにとってはそれほど驚くことではないが、学習がここまで楽しくて夢中になれるだけでなく、効果的になるということを目の当たりにするようになったのだ。

いうことだ。

教育者がゲームデザイナーから学べる最も重要なことは、プレイヤーをどう夢中にさせているかと

ゲームプレイ

ゲームデザイナーは二つの主要なツールを兼ね備えたゲームを作っている。ノンプレイヤーにも明らかなことは、美しいグラフィックでそのゲームが何なのかを描くことであり、ゲームのキャラクターはますます本物っぽく描写されるようになってきている。ゲームビジネスにおいて、3Dアニメーションやビデオで豊かに表現された世界は「アイキャンディ（eye candy）」として知られている。技術の急速な発達によって開発者の能力は高まり、リアルで感動的なアイキャンディを驚くべきスピードで生み出せるようになった。最新のゲームコンソール機は、アイキャンディの水準を上げていて、最近のスポーツゲームは、まるでテレビで本物のスポーツの試合を見ているようなリアルさだ。そのような高度なアイキャンディを制作すると、五〇〇万ドルから一五〇〇万ドルのゲーム開発予算の多くを消費する。

だが、アイキャンディがどんなにすばらしくなろうと、それだけで優れたゲームにはならない。優れたゲームの要素はゲームプレイにある。

ゲームプレイとは、プレイヤーをやる気にさせて、夢中になってゲームのあらゆるレベルをクリアさせるためにゲームデザイナーが採用する、あらゆるゲームの活動や戦略の要素だ。

ゲームプレイは、ゲームのなかで行動したり考えたり、意思決定したりするすべての活動であり、

ゲームの面白さやつまらなさはそこにかかっている。パズルゲームでは、ゲームプレイとは物理的あるいは心理的なパズル解き活動だ。シューティングゲームでは、プレイヤーと敵とのスピードと能力の勝負だ。戦略ゲームでは、取りうる選択肢と戦術だ。ゲームプレイにはゲームのルール、プレイヤーの取る多様な選択肢、難易度や成功への道筋などの要素が含まれている。

ゲームプレイはどのようにモチベーションを生み出すのだろうか？　プレイヤーを常にひきつけることでモチベーションを生み出すのだ。毎秒（あるいは毎ナノ秒の場合もある）単位でチャレンジが物理的、知的、または感情的に展開される。そして、ちょうどプレイヤーのレベルに合った形でチャレンジが適宜絶え間なく提供され、それがプレイヤーのやる気を引き出すのだ。ゲーム以外では、デジタルネイティブが望む形で、そのような絶え間ないチャレンジを提供できるのはスポーツくらいだ。

ゲームプレイと教育

どうすれば教育のなかにゲームプレイを持ち込むことができるだろうか？　単純だ。ゲームプレイを最優先させ、可能な限りゲームプレイの要素を盛り込むことだ。講義にゲームプレイを持ち込みたければ、ちょっとした不確実性を取り入れることだ。生徒たちが耳にしていることが真実ではないかもしれないと伝えてみよう。ハーバード大学のエレン・J・ランガー教授は、生徒たちが不確実性に直面した時、何が本当で本当でないかを見分けるために、より夢中になって関心を持って積極的に聞くようになることを発見した。

学習をゲームプレイの観点からもう一度見直してみると、積極的な関与を毎秒単位で取り入れるための方法には限りがなく、従来の教育でも子育てでも、さまざまなやり方が応用できることがわかる。すでに実践している教師もいるが、教材を論理的にまとめるだけでなく、最大限にゲームプレイの要素を盛り込むことを要求されたり奨励されたりしたら、どのようなものができ上がるかを想像してみよう。

教育の世界がゲームの世界のようになる時

今日のゲーム世界の機能や方法は、学習者中心型の教育環境の優れたモデルとなる。ここから数ページにわたって、三つの側面から今日のゲーム世界がどのようなものかを描写するので、未来の教育がどのようなものになるかを考えてもらいたい（注──私はただゲームプレイを追加しただけだ）。

世界1──プレイヤー

もしあなたがゲームプレイヤーなら、あらゆる人々が誘惑してきて、ゲームにお金をつぎ込ませようとする。彼らは必死だ。広告やさまざまな情報提供、製品パッケージを見栄えよくしたり、無料デモをウェブからダウンロードできるようにしたり、雑誌の付録につけたりする。開発段階から新しいゲームの最新情報を提供し続ける。

人々はひとつのゲームメーカーからの情報に満足せず、どのジャンルにおいても自分のお気に入りとなるような、楽しくてよりチャレンジングなゲームを探し続ける。ゲーム選択の際に参考になる情報源は豊富にある。ゲーム雑誌は何十種類もあり、ゲーム情報ウェブサイトも同じく大量にある。それらによって、個々のゲームのレビュー、ゲーム同士の比較や他のプレイヤーとのチャット、開発中のゲームのプレビュー、クリエイターへのインタビュー記事、裏技やチートコード（二一二ページ参照）など、ゲーム選択に必要なあらゆる情報が提供されている。テクニカルサポートも受けられ、インストール方法やゲームのやり方などのアドバイスが基本的には無限に受けられる。

新しいゲームは前にリリースされたゲームよりも良いものだと期待される。つまり、よりきれいなアイキャンディが入っていて、より複雑な人工知能が搭載されていて、より面白いゲームプレイが提供されている。ネットワーク対応も洗練されており、操作方法も手軽に学ぶことができ、ゲームの始めから終わりまで「ツボにハマった」ゲームであることが期待される。アップグレードパッチやすばらしいオマケがゲームメーカーから提供され、最低三〇時間、できれば一〇〇時間は楽しめ、ゲームがシリーズ化され、引き続き面白くて夢中になれるチャレンジが提供されることを期待する。もし手にしたゲームが満足いくものでなければ、他にいくらでもあなたを相手にビジネスをしたいゲームメーカーは存在する。

もし、学習者が教育プログラムに対し、このような期待をしていたらどうだろう？　そしてその期待がすべて応えられたとしたらどうだろう？

世界2——デザイナー

ゲームデザイナーとしてのあなたは、ある問題に集中している。「どうすれば多くのプレイヤーたちを夢中にさせ、何時間も座ってゲームに励んでもらうことができるだろうか?」という問題だ。ゲームの中でのあらゆるインタラクションを想定し、アクションの中にゲームに必要なあらゆる情報を組み込んで、一方的な説明を最小化する（ゲーマーたちは説明されるのが嫌いだ）。

あなたは常にゲームをよりよいものにしようとして、新しい要素を追加し、イノベーションを起こそうとする。単なるメーカー側の要求に合わせたコピー商品を作るのはお断りで、自分がプレイしてみたいと思うものや自分の友だちと一緒にプレイしてみたいと思うものをデザインする。椅子から飛び上がって「こりゃすげえ!」と言っては、友だちに電話を入れて、そのゲームがいかにすごいかを語りたくなる、そんなゲームを作ろうとしている。同僚やプロのゲームテスターたちに常にテストプレイしてもらいながら、どこが面白くて、どこを改善する必要があるかをリリースする前に綿密にチェックする。リリース後も、新たなレベルやシナリオを作り続け、引き続きプレイヤーたちに夢中でプレイしてもらおうとする。

もし教育カリキュラムやコースがこんな風にデザインされたらどうだろう? 教師も生徒も、今よりもっと楽しんで取り組めるものになるのではないだろうか?

世界3——販売者

もしあなたがゲームメーカーの一員であれば、常に顧客のことを考えている。何が好きで、今までに彼らが経験したことのないものや他では得られない経験をどうやって提供できるか？　今までにアプローチできていない形でプレイヤーの生活に根ざしたゲームを提供するにはどうすればよいか？　最新のテクノロジーを迅速に取り入れるにはどうすればよいか？　つまるところ、どうすればあなたのゲームをプレイヤーたちに売り込めるか？　ということを常に考えている。

さらにあなたは、どうすれば今までアプローチできてなかった顧客にアピールできるか、ゲームに触れたこともない人々にどうすればゲームを楽しんでもらえるかを考えている。古いテーマを新しいスタイルで扱い、市場を予測して、最新テクノロジーの最盛期を見計らって発売し、あなたのゲームブランドにプレイヤーたちをひきつけ、常にアップグレードや新製品を欲するように仕向ける。つまり、いつでもあなたのゲームにプレイヤーたちを釘付けにするには、どうすればよいかを常に考えている。

もしこのような形で、教師やeラーニングベンダーや教育機関、出版社などが学習者に「もっと学びたい」と思わせることを目標にしたらどうだろう？　状況はずいぶん変わるのではないだろうか？

これはどこまで現実的な話か？

おそらく数年のうちにすべてのオンライン教材の類は、標準化された評価ツールが組み込まれるようになるだろう。高校や大学向けのオンラインコースは、個別に認定を受け、生徒たちは複数の学校で卒業のための単位を取得できるようになるだろう。社会人教育ではすでに同様の構造になりつつあり、継続的な専門教育単位を蓄積できるようになっている。コースが個別に認定される制度が始まった時、市場の状況は大きく変わる。昔ながらの教室授業しか提供していない学校には厳しい時代となる。

生徒たちはもはやひとつの学校に入学して専攻をひとつに決める必要はなくなる。オンラインの標準カリキュラムにアクセスして、好きなオンラインコースを選ぶだけでよくなる。化学であれば、どの学校で受けるかに関わらず、世界で最高水準の「有機化学入門」を受けることができる。それはちょうどゲーマーがどのメーカーかに関係なく自分の好きなゲームを選ぶのと同じだ。もちろん、十分に学べばある種の管理組織が取得した単位や学位の発行を行う。現在学校認定を行っている学術界は当然このような仕組みには抵抗するだろう。だが、ベルリンの壁もいつかは崩壊する。そしていったん崩壊すれば、教員も出版社も学校も、個別に同じ土俵で競いながら、「五つ星」の学習経験が得られるオンラインコースの提供に励むことになる。

ほとんどの学問の科目において、最先端レベルを除いては基本的に標準化されており、代替可能な内容になっている。未来の学生たちはお金を払ってウェブサイトや雑誌を調べ、コースごとの評価を参照するようになる。そこでは学習内容ではなくコースで体験できるゲームプレイがいかにやる気を高めるものかが評価され、それが履修を決める基準となる。今どきの若者たちは「ゲームプレイがすべてだ！」と言っている。なぜなら、ゲームプレイがやる気の源だからだ。

第10章

ゲームの適応性——本当の意味での「ノー・チャイルド・レフト・ビハインド」

「プレイヤーたちのプレイの様子を見れば、彼らの速読力、プレイスタイル、リスク分析力、彼らのスキルのほとんどすべてを即座に把握することができます。」

——エド・ハインボッケル、ビジュアル・パープルCEO

ゲームはプレイヤーに挑戦を挑む形でデザインされている。しかし最近のゲームの最も優れた点のひとつとして（ゲーム開発者コミュニティから一歩出れば、ほとんど着目されていないが）、個々のプレイヤーの力量に合わせてそのチャレンジの度合いが調整されることで、しかも、それはプレイヤーがそんなことが起きていると気づかない形で行われている。このため同じゲームを初心者から達人まで、誰もが同じく楽しめるのだ。

ひとつのシンプルな具体例がある——

レーシングゲームをデザインする時、ゲームデザイナーは遅れている車には少しだけ簡単に、先行する車は少しだけ難しくする。それによってレースの興奮度を最後まで高めるのだ。

個々人に合わせて対応することは人間が育つ上で必要なことで、教育や子育てにおいてよく行われる（たとえば、「お前は小さいから、もう一枚カードを引いていいよ」のようなことはよく行われているだろう）。ゴルフやレースでハンディをつけるように、現実世界においてそのような個別対応を公明に行うことはとても重要だ。

デジタルテクノロジーが提供するこれらの個別対応能力は、ゲームデザイナーがやるように完璧に適応されれば、人間がとてもできないようなレベルで個々の学習者に対応できる。

もちろん教師や親たちが「個別指導」の能力が足りないのではなく、私たちはできる限りのものを提供している。大変なのは、大人数を教えている時だ。その大人数のことを世の中では「クラス」と呼んでいるが、私は時に茶化して「群れ」と呼ぶ。一緒にいることを自分で決めたわけでない子どもたちが、まったくの「大人の都合」で年齢ごとに分けられ、適当にひとつのグループに入れられる。そして教師は「群れの世話係」となる。幸運なことに、コンピュータは本来あるべき教師の役割に戻るための方法を提供してくれる。

私たちは学習内容が自分に合わせて用意されている時に最もよく学べる。コンピュータ、特にゲームは、それが非常によくできる。もちろん、標準的な科目も同じように個別対応されることで最もよく学べるはずだ。なかには社会関係のように、グループで学ぶのが最適なものもある。しかしグループへの個別対応がうまく機能し、グループ課題をうまく難しくできたとしても、グループへのコーチングは、なかなか困難な問題だ。

コンピュータで制御された個別適応

コンピュータで制御された即時の個別適応とは、ユーザーの入力に合わせて反応を調整することであり、教育現場にもすでに導入される動きがある。最もよく知られているのは、ETS(Educational Testing Service)のSATなどのテストだ。今日では、SATはコンピュータで受験し、そのソフトウェアに組み込まれた「適応型プログラム」によって受験者の回答に合わせて出題の難易度を調整し、その受験者の能力を測定するために最も適した問題が出題されるように作られている(もちろん、多肢選択式のテストが必要な能力を測れるのかという問題もあるが、それはここでは置いておく)。

ゲームAI(Artificial Intelligence=人工知能)

だがゲームデザイナーは、そのような適応型プログラムを最高水準まで押し上げている。他のソフトウェア技術に比べても極端に適応度の高いものがゲームのなかで提供されており、子どもたちをひきつけている。

どのゲームもあたかもカスタムメイドのように個々のプレイヤーに合わせて作られているように見える。それは即座に適応しているからだ。

英国のゲームデザイナー、ピーター・モリニューが生み出したような最新のゲームは、とても興味深い形で適応技術が使われている。

たとえば、モリニューのゲーム「ブラック・アンド・ホワイト」では、プレイヤーは自分を助けてくれる「クリーチャー」を育てる（教育するとも言える）。その育て方はプレイヤーの自由だ。体罰を与えてもよいし、ご褒美をあげながらやさしく育てても、何かを示しながらでもよい。これはとても面白いアプローチで、子どもたちは誰かに何かを教えるという体験ができ、教え方や相手がどう教えられるのが好きかということを学ぶことができる。

だが、ここからが本当に面白いところだ。そのクリーチャーは、プレイヤーの言ったことや扱い方によって学んでいく一方で、プレイヤーのキャラクターの動きを見て真似しながら学んでいくのだ。「オレの言ったことだけやれ、オレの真似はするな」というのは、このゲームでは通用しない。それはまったく現実世界と同じだ。

モリニューの最近のゲーム「フェイブル（Fable）」はさらに進んでいる。プレイヤーのキャラクターは、その動きや行いに応じて性格を身に付けていく。意地悪なことばかりしていれば、意地の悪そうな角が生えていき、他のプレイヤーにはそのキャラクターの悪どさが丸見えになる。

学習に関連したその他のゲームの個別適応の特長

ゲームの個別適応は、優れた教師が本能的に行っていることをすべて行うばかりか、それ以上のことができる。ゲームはプレイヤーがゲームを続けたいと思うようにプログラムされており、初心者は上級者とは異なるご褒美を多めに出す必要があることなどがすでに組み込まれている。ゲームプログラムには、プレイヤーがストレスを感じるポイントを察知し、タイミングよく適切な形でヒントや重要な情報を提供する。

ゲームデザイナーは、難しすぎずやさしすぎない「フロー状態」にプレイヤーを保つために個別適応を駆使する。フロー状態を生み出すには、プレイヤーは少しがんばる必要があって、もう少しやればいずれは成功する気がする状態で、決してプレイヤーを退屈させないのが重要だ。

私たちの多くは仕事や何か好きなことをしている時にも、このような「フロー状態」を経験している。そしてそれがいかに素晴らしい状態かを知っている。ゲームをプレイする子どもたちは、そのような感覚を毎日のように経験している。ゲームを再びプレイしたくなることも、もうひとつの重要な点だ。どんな能力レベルにあっても、ゲームは正確に個別適応する。一方、学校とは、人生の大部分がそうであるように、他者に合わせなければならないところだ。だとすれば、子どもたちが居心地よく感じるのはどんなところだろうか?

そのほかのAIと個別適応

ゲームAIのほかの利点として、子どもたちは「埋め込まれた知識」と専門的には呼ばれているものを提供される点にある。これは、ゲーム内でNPC（Non-player character）と呼ばれるコンピュータに制御された他のキャラクターがその時のプレイヤーにとって有用な情報を提供してくれる形で用いられたりする。ストーリーのなかに紛れて現れて、チューターとしてプレイを助けてくれたりもする。たとえば、注意したりアドバイスしたり、難関を越えるのを助けてくれたりするNPCの助手がいたりする場合だ。あなたが自分でできる時は、その助手の助けは最小限で、最大限に励ましてくれる。不利になってきた場合は、その助手が飛び込んできて助けてくれる。なんと心強いチューターだろう!

他のゲームでは、AIは自動的に何かの作業をして、プレイヤーの負担を軽減し、より重要な判断に集中させてくれるものもある。軍事をテーマにしたゲームでは、部隊に移動命令を出したら自動的にその地点へ正しく移動してくれる。いちいち部隊の個々のメンバーに指示を出さずにすみ、より大きな問題への対処に集中することができる。

ある陸軍の軍事作戦のゲームでは、プレイヤーに後方に下がらせ、NPCに行動の理由を尋ねさせるものがある。「なぜモスクの中に突入したのか?」と知りたい場合に「なぜなら作戦の指示が○○であったため、△△の状況であなたの命令に従ったからです」とAIが返答してくるかもしれない。

ゲームの後にリプレイを見ることができる機能は、学習ツールとしてとてつもなく有効であり、着々と普及している。この機能は教師たちにゲーム後の「デブリーフィング(反省会)」、軍隊で言うところの「アフター・アクション・レビュー」の材料を与えてくれる。「ゲーマーたちはそんな機能を利用するか?」と疑問に思うかもしれないが、ゲーマーたちはオンラインでもオフラインでも、この機能を使って熱心なディベートをしている。

プレイヤーを成長させるための適応

特にAIの興味深い教育的利用方法として、プレイヤーがFBIエージェントとして大規模破壊活動を阻止しようとして活動するゲームのAIが例として挙げられる。プレイが進むと、ゲームはプレイヤーの速読力、プレイスタイル、リスク分析力などのほとんどすべての能力を素早く察知する。この情報から、ゲームはそのプレイヤーに適した学習スタイルを判定する。

しかし、よく教育の場で行われているのと同じように、このゲームではプレイヤーのスタイルに適応するのでなく、逆のことを行う。たとえば、もしプレイヤーが意思決定の前に多くの情報を参照するのを好むのであれば、ゲームはわずかな情報しかプレイヤーに提供しない。もしプレイヤーが他者に相談するのを好めば、相談相手を見つけるのを困難にする。

この考え方は、単に学習者が心地よくなることだけでなく、能力を伸ばすことを企図している。これが最新のゲームに組み込まれた学習テクノロジーであり、子どもたちはこのようなゲームをプレイしているのだ。

ゲームはどこへ向かっているのか

長い間、テレビゲームの開発費の多くは「アイキャンディ（つまりカッコよい動画）」に投じられてきた。だが最近では、より優れたAIの開発と適応性の強化に多くの予算を投入する傾向にある。シムズ2はその良い例だ。シムズ2のAIは、プレイヤーがいかなるタイプの家族を持つこともできるようにデザインされている。

それほど遠くない将来、AIはさらなる飛躍を遂げるであろう。オンラインゲームでは、今では部分的にしか利用されていないプレイヤーのプレイ履歴情報が、さまざまな形でフル活用されるようになるだろう。より精密なプレイヤーモデルを構築することで、そのプレイヤーが何を考えて行動しているかを深く理解できるようになり、それによってそのプレイヤーの学習が速く進むのを助けることができるようになる。

ゲームはすでに子どもたちのための優れた学習ツールだ。その技術の発達によって、ゲームはさらに優れた教師となっていくだろう。

第11章

ただのゲームではない——これはシステムだ

「ひとつの場所だけではすべてを学べないかもしれないよ。たくさんの情報源があるんだ」

——あるプレイヤー

親または教師のあなたにとって、今どきのゲームについて理解すべきとても重要なことは、ゲームは単独で存在するのではなく、ひとつの巨大な学習システムや社会システムの一部として存在しており、それが子どもたちを深くのめりこませているということだ。

それはどういう意味か？　子どもたちが新しいゲームを買ってくれとせがんでくる時（または買ってよいかを聞いてくる時）があるだろう。そのような時、彼らはすでに友だちから聞いたり、オンラインで他人のレビューを読んだりしてお気に入りのゲームを選んでいる。

ゲームをプレイしていて（おそらく直接集まるかオンラインかで友だちと一緒に遊んでいる）、難しいところに差し掛かることがある。そんな時、助けを求めてインターネットをたどっていき、ヒントやコツや裏技コードなど、他のプレイヤーが喜んで提供しているネット上の膨大なリソースにアクセスできる。もしあなたの子どもたちが真面目なゲーマーであれば、自分でもゲームのレビューや評価をネット上のゲーム情報サイトやファンサイトに投稿したり、ブログに書いたりもしているだろう。

これ以外にも、子どもたちがこのゲームを軸としたシステムにアクセスする方法はある。ゲームのキャラクターカードのコレクションや、（紙媒体とオンラインの）雑誌講読、イベント参加、関連書籍の参照など、さまざまある。（シムズの家具のような）３Ｄオブジェクトの制作が得意であったり、その成果をイーベイなどのネットオークションで販売することにも長けていたりする（もしお金に余裕があれば、他者の労働の成果をネット上で買ったり集めたりして活用するかもしれない）。

他にも、ゲームにちなんだスケッチや描画、物語を書いたりもするかもしれない。そのような物語は、文章で書かれる場合もあるが、シムズのスクリーンショット撮影やマシネマ（Machinima）のような形で作られる（第二〇章で再び述べる）。

すべての制作物はウェブサイトにアップロードされて他者からのコメントを受ける。そして他者の制作物にもコメントするようになる。

さらに詳しく

ゲームがシステムとしてどのように機能しているか、ポケモンゲームとアメリカズ・アーミーの二つを例にして見ていこう。

ポケモン

システムとしてのポケモンの主な要素は次のようなものだ――

●テレビゲームのポケモン。ポケモンが成長し、戦い、ポケモンを探して写真を撮らなければならない。ひとりでも複数でも遊べて、ケーブルやワイヤレスを使って接続でき、パソコン、コンソール機、あるいはモバイルゲーム機で遊べる。

●カードゲームのポケモン。キャラクターごとや、さまざまな内容のカードには多くの情報が記載されていて、それらを消化して理解する必要がある。そのためには非常に高い読解力が求められる。カードは店で買ったり、友達と交換したり、ゲームで勝負したりして集める。

●フィギュアのポケモン。さまざまなサイズやスタイルで、何十種類ものフィギュアが提供されており、子どもたちはそれらを使って自由に想像力を使って遊べる。

●攻略ガイド本、攻略百科、ステッカーが数多く出ている。

●それに、任天堂のフレンドリーな人々が作ってくれたポケモン公式サイトもある。

もちろん、これらは任天堂のマーケティング戦略で、ポケモン関連商品を買ってもらうという意図も含まれている。しかしその一方で、任天堂は子どもたちに学習や参加の機会、他者とつながっている感覚を持つ手段の新たなモデルを提供しているのは確かだ。

それに任天堂が提供しているものはシステム全体のごく導入の部分だけであり、その後はすべてプレイヤーたちが提供している点も重要だ。ゲーム会社とは関係のないプレイヤーたちが個人でファン

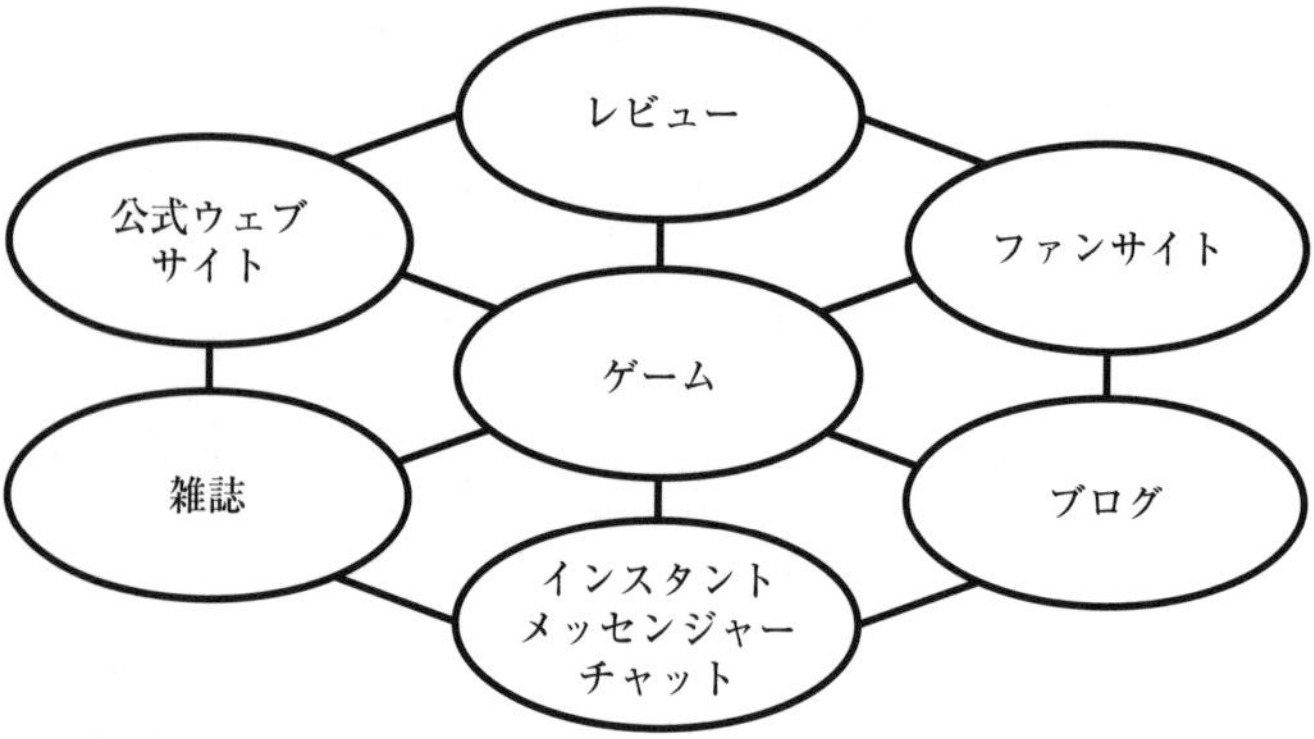

ゲームシステム

サイトやオンライン掲示板を立ち上げて情報提供しているのだ。グーグルで「ポケモン（Pokemon）」を検索すると、一〇〇〇万件もヒットするので試してみてほしい。私が最近聞いたのは、「ポケモンジム（Pokemon Gym）」というものがロサンゼルスにあって、よく管理された環境のなかで子どもたちが集まってポケモンカードやゲームで一緒に遊んでいるそうだ。

このポケモンのシステムは相互につながっており、プレイヤー同士の強力な学習世界を形成している。子どもたちはポケモンタイプのゲームをとても幼いうちからプレイして、この「システム」的な考えを学び、早いうちから自分のものにする。もしポケモンについて何かを知りたければ、彼らはそのシステムのどこかに情報があることを知っていて、その情報や必要な高いスキルを持っているのは、とても幼い子かもしれない。

アメリカズ・アーミー（America's Army）

幼い子たちが十代になる頃には、ゲームシステムを理解し、操作し、学習できる達人になっている。これが米陸軍がアメリカズ・アーミーを開発した理由のひとつだ。

米陸軍のクリエイターがまず言うように、このゲームは基本的に学習ツールだ。前の世代のように退役軍人が身近にいることも少なくなった一四～一六歳の子どもたちに、(少なくとも陸軍側の視点で)軍隊生活がどんなものかを教えるために、このゲームはデザインされている。無料でダウンロードでき、とても現実的なアクションシナリオで構成されている。初めに基礎訓練でスキルを磨いてから、他のプレイヤーとともに部隊単位の戦闘訓練に参加する。

二〇〇二年にリリースされて以来、六〇〇万人もの人々がプレイしており、その半数以上は基礎訓練シナリオを完了している。(米陸軍が運営する)ゲームの公式ウェブサイト(www.americasarmy.com)からすぐにダウンロードできてプレイすることができる。

プレイしてみるとわかるように、このゲームはプレイヤーに陸軍の倫理規定も教える。つまり、仲間を助けることや市民に危害を加えないことなどについてだ。前に述べたように、この規定や他の群の規律を守らなければ、待っているのはレブンワース基地の営倉入りだ。

どれほどこのアメリカズ・アーミーゲームのサイズが大きくても(開発費は大規模な市販ゲーム並みの一二〇〇万ドル(約一四・四億円)で、年間三〇〇万ドル(約三・六億円)の維持管理費を投じている)、ゲームと公式ウェブサイト自体はこのゲームを取り巻くシステムの導入の一部だ。グーグル検索すれば七〇万件ものヒット数があり、ファイルのダウンロード、非公式ウェブサイト、戦略ガイド、さまざまな言語版のファンサイト、FAQ情報、対戦テクニック、デモ、レビュー、オンライン掲示板、裏技、パッチ、壁紙、攻略情報、ヒント、最新ニュース、チートコード、ユーザーが開発したマップ、予告ビデオ、ネットワークツール、リンク集、などさまざまなリソースがある。

幼い子どもたちは、ポケモンを取り巻くシステムを通して、不思議なポケモンクリーチャーのことなら何でも学べる。同様に大きな子どもたちは、アメリカズ・アーミーを取り巻くシステムによって、陸軍のことをほとんど何でも学べる。もちろん、不思議なポケモンクリーチャーは現実には存在しないし、本当に人を殺すのはゲームではない。

それを教えるのは、あなたなのだ。

第4部

子どもたちが（自発的に）学んでいること

第四部では、実際に子どもたちがゲームからどれほど学んでいるかを、はっきり示している具体的な事例を見ていく。さらに、学校で教科を教えるためにゲームがどれほど有用かを見ていく。教えるのが難しい倫理や成功のための習慣、健康な生活習慣などを教えるのにもゲームが有効だということを示す。最後の章で、現在学校が躍起になって禁止しようとしているケータイが、実は教育のために驚くほど価値のあるツールだということを論じる。

第12章　一〇歳の少年がゲームで学んだ経済とビジネスの教訓

「あいつをチームからクビにしなきゃいけなかったんだ」
――タイラー、一〇歳

一〇歳のタイラーが一三歳の兄と誰かをクビにするという話をしているのを聞いて、私は驚いた。「いったい何があったんだい?」と私は聞いた。それは次のような事情だった。

タイラーは、多人数参加型のオンラインゲーム（Massively Multiplayer Online Role Playing Game=MMORPG）の「ルーンスケープ」(www.runescape.com) に出会って、プレイしはじめた。ほかのこの手のゲームと同様、ルーンスケープも仮想のオンライン世界でクエスト（冒険）し、戦い、アイテムを交換し、宝物を手に入れるタイプのゲームである。プレイヤーは採掘、精錬、魔法、あるいは剣、カブト、護符などを製作する工芸のようなさまざまなスキルを身につける。鉱石やアイテムは売ったり交換したりでき、完成品のアイテムは冒険の際に使用でき、クエストに出れば、さらなる宝物を手にすることができる。このゲームの世界は小さなゲーム内経済圏となっているのである。

タイラーはこのルーンスケープの世界で金持ちになりたかった。だが、しばらくがんばってプレイしてみて、たくさん稼ぐには誰か仲間が必要だということに気づいた。「採掘に精錬に工芸に魔法、それにクエスト、全部でうまくやろうとすると時間がかかりすぎるんだ」と彼は私に語る。「だから、一緒にプレイする仲間を見つけた。ぼくが精錬と工芸をやって、仲間たちがそれぞれほかのことを分担してやるようにしたんだ」。ふむ、これは経済学的に言えば労働の分担とサプライチェーンの概念だ。——タイラーはそんな専門的な用語を知っているだろうか? もちろん知らない。だが彼は間違いなくその概念を理解しているのだ!

ゲームをプレイした結果、この元気な小学五年生はほかにも重要な経済概念を理解した。彼は、鉱石は精錬して延べ棒にした方が高く売れ、さらに工芸でモノにしてしまえば、もっと高く売れるということを私に根気強く説明してくれた。「何で?」と私が聞くと、「価値が加えられたからだよ!」と答えてくれた。

「ぼくは前にビジネスですごい大失敗をしたんだ」。この一〇歳児は、ざっくばらんに私たちのインタビューに応えて語ってくれた(彼は学校とゲームとサッカーとチェスと野球と宿題で忙しい合間をぬって、わざわざこのインタビューの時間を作ってくれた)。「鉄カブトを作って売ろうと思ったんだ。だけど、買付人がもうたくさんの鉄カブトの在庫を持っていることをよく調べてなかった。それでぼくらが鉄カブトを売って彼らが在庫を持つほど、その価値が下がって値段が下がるということがわかった」。需要と供給の概念だ! もう一度繰り返すが、タイラーはそんな専門用語を知らなくても、その概念を完全に理解している。学校で学ぶと専門用語だけ知って概念を理解できないのと、ちょうど逆の状態である。

「ぼくらのチームはもっと金を稼いで強くなりたかった」。タイラーは続ける。「みんなそのために仕事を持って働いた」ビジネスの構造だ！「ひとりが金を集めてみんなに支払うようにした」。経営管理だ！「採掘、精錬、販売、アイテム集め、ぼくがみんなの仕事を見つけないといけなかったんだ」。完全雇用と垂直統合！

「それでクビにした話は？」と私は尋ねた。「えっと、チームメンバーのひとりにぼくらがすべての武器と防具を作ってあげて、クエストに出て、集めた宝物はみんなぼくらのコミュニティ倉庫に集めておくように決めてたんだけど」。富の創造と資本の構築だ！「でもそいつはクエストに出て手に入れたものを全部自分のものにしてたんだ」。汚職だ！「そいつはぼくらに協力しないし、自分の役割を果たさない。だからクビにしないといけなかったんだ」。経営判断だ！

「どうやってクビにしたんだい？」と尋ねると彼は続けた。「ぼくは彼に言ったんだ『キミはひとりでやれるみたいだね。だからもうひとりでやっていくといい』って」。タイラーはこの彼をどう扱おうか、何と言うべきか何日も悩んだと明かしてくれた。困難な意思決定をして、倫理的な行動を取っている。コミュニケーションの仕方も考えている。そして彼は上に立つものの孤独を経験している！

「それで、その彼はどうなったんだい？」と尋ねた。「彼はすごくショックを受けて動揺してたよ。だから気の毒になってまたチームに戻してあげたんだ」。同情だ！「彼には注意をしたのかい？」と尋ねると、彼は「いや、注意すべきだったんだけどしなかったよ。次はちゃんとやるよ」。これはマネジメントトレーニングだ！

さて、タイラーはゲームを楽しみながら、（自分では気づきもせずに）多くのことを学んでいる。サプライチェーン、労働の分担、価値の付加、需要と供給、ビジネス構造、経営管理、完全雇用、垂直統合、富の創造、資本の接収、汚職への対処、困難な意思決定、倫理的行動、良いコミュニケーション、上に立つものの孤独、などの概念を学んでいるのである。ゲームを通して、有用なマネジメントトレーニングもその過程で受けている。

この一〇歳の少年が、昔の子どもたちが経験した「レモネード売り」から得るよりもはるかに多くの経済とビジネスの教訓を得ていることがわかるだろう。

これらも優れた価値があるが、タイラーがこのルーンスケープから学んだ大切な教訓はこれだけではない。彼が友だちと一緒に遊んでいたのはこのゲームの無料版で、月一〇ドル支払う製品版にあるような特典や付加機能はなく、レベル制限やプレイの制約がある。そんなにこのゲームが好きなら、なぜ製品版でプレイしないのかと彼に尋ねた。すると彼はこう答えた。「このゲームは面白すぎてハマるし、するとママは怒り出す。お金を払ってまでやる価値はないよ」。なんとも素晴らしい経済的な教訓ではないか！

第13章 子どもたちはゲームからどのように協調性を学んでいるか

「みんなで一緒にコグと戦ったことがこのゲームで一番感動した経験だったわ」

――ある女性プレイヤー

他者と協力して働き、お互いに助け合うことの価値は、ゲームが教えてくれることのなかでも最も重要な教訓のひとつだ。トゥーンタウン（Toontown）というゲームを例にして、それがどのように教えられているかを説明したい。

トゥーンタウン（www.toontown.com）は、ウォルトディズニーの提供する多人数参加型オンラインロールプレイングゲーム（Massive Multiplayer Online Role Playing Game=MMORPG）だ（このジャンルの詳しい定義は第二〇章を参照）。ディズニーは特に言及していないが、一二歳以下の子どもたちを対象に作られたこのジャンルのゲームとしては最初のゲームである。それに一三歳以上の子どもたちも大人も一緒に楽しめる。ゲームでは、まず自分のキャラクターを作って名前をつけ、着飾って、バーチャル世界に送り出す。このキャラクターは、このゲーム世界におけるあなたの分身（アバター）であり、他のプレイヤーはそのキャラクターであなたを認識する。

単にこのトゥーンタウンのバーチャル世界を走り回るだけでも構わないが、このゲームのゴールは街を乗っ取ろうとする悪のギャングマシングループ「コグ」を倒すことである。コグは多くの種類で強さもまちまちで、あなたに向かってくる。コグたちをやっつけるためには、ボトルから液体を噴出させたり、パイを顔に投げつけたりといった「ギャグ」を使う必要があり、そのためにはゲーム内通貨であるジェリービーンを稼いで、それらのギャグを入手する必要がある。

トゥーンタウンでの最初の日々は、あまりギャグも持っておらず、ひとりで歩き回って、通りを歩いている低いレベルのコグを倒して過ごす。コグに向かって走っていくと、戦闘モードに切り替わり、そこではお互いにギャグをぶつけ合う。コグを倒すと、コグは爆発してさらにギャグを買うためのポイントが手に入る。コグに負けると死んでしまい、手持ちのすべてのギャグを失ってしまう（だがそこまでに貯めた経験値は失わない。経験値はレベルを上げて、使えるギャグを増やすために貯める）。

ほかにもいろいろなプレイ要素があるが、このゲームの基本的なプレイは、稼いでギャグを買って、戦いでそのギャグを使うことである。

しかし、協力が必要な部分はここからである。高い経験値を稼いでレベルを上げると、課されるタスクはどんどん難しくなっていく。何階建てもあって、ハイレベルのコグが乗っ取ってひしめいている建物を取り戻さなければならなくなる。

どんなにレベルを上げても、こんなタスクはひとりではできない。そのため、他のプレイヤーと一緒にプレイすることになる。他のプレイヤーとの交流を促すために、ゲームでは友だちを登録できるフレンドリストやチャット機能が提供されている。チャットでは子どもたちを保護する目的もあって、限られたフレーズだけが使えるようになっている。たとえば、友だちを呼んで一緒にビル奪還に取り組んだりもできる（あるいは、単にビルの外で誰かが来るのを待つこともできる）。

だが、ここからが微妙なところである。友だち（あるいは友だちになりたい人）なら誰でもそのタスク遂行の役に立つかというとそういうわけでもない。相手が必要なギャグを持っているかを確認して、誰と一緒に働くかを決める必要がある。それに成功するかどうかは単にギャグを持っていればよいわけではなく、戦いの場でのその適切な使い方を知っておく必要がある。時間を掛けて、どのプレイヤーにチームのどの役割を任せればうまくいくかを学習する必要がある。みんなが生き残るためには、時にはあるタスクのために一緒に参加したがる仲間の申し出を断る必要も出てくる。チャットで言えるのは「このタスクはキミには少し難しすぎるよ」ということである。現実世界と同じく、こうしたアドバイスは常に受け入れられるとは限らない。ゲームはこうした問題にどう対処するかを学ぶ機会をプレイヤーに与えている。

プレイヤーたちは、ハイレベルのコグと戦う時は通常グループで戦い、その戦いの際にはギャグをコグに投げつけるよりも仲間のプレイヤーに与えて「ラフポイント（ヒットポイント）」を回復させる。そうすることで仲間が死んで戦いから離脱してしまうのを避ける。度重なる戦いの経験から得られる重要なスキルは、コグを攻撃するタイミングと、仲間を助けるタイミングの見極めである。これは瑣末なことではない。ある大人のプレイヤーが超ハイレベルのコグと初めて戦った時の経験は「非常に気苦労の多いものだった」と語り、他のプレイヤーと協力して働くための考え方や戦略を身に付ける必要があったことについて、「今までで最も感動したゲーム経験だった」と語っている。子ども向けのゲームで、である！

このほかにも、トゥーンタウンのプレイヤーが協力する価値を学ぶ機会がある。ハイレベルプレイヤーは、他の新しいプレイヤーを助けることでジェリービーンを稼ぐことができる。初心者プレイヤーが通りでコグと戦っているのを見つけると、熟練プレイヤーは割って入って手助けをする。コグを倒せば、その両者ともレベルに見合った報酬が手に入る。

ぜひこのトゥーンタウンをプレイしてみることをあなたにお勧めしたい。子どもと一緒に、それにあなたひとりでも（www.toontown.com にアクセスすれば始められる）。どこまでいけるかを試してみてほしい。もしあなたが真のデジタル移民なら、おそらくたいして興味をひかれず、すぐに退屈してしまうことだろう。でも子どもたちはそうではない。

私はこのゲームを一日何時間もプレイする女の子に退屈しないのかと聞いたことがある。彼女の答えは「結局このゲームはコグと何度も何度も戦うことの繰り返しなんだけど、私はレベルを上げるのが好きなの」。そしてもちろん、彼女がレベルを上げるには、どこかで同時にプレイしている他のプレイヤーたちと協力することを学ばなければならない。これ以上に子どもたちが時間を使って学ぶべきスキルがほかに思いつくだろうか？　私にはとても思いつかない。

第14章

（あなたが信じようが信じまいが）子どもたちはゲームから倫理を初めて学ぶ

「ゲームとは、中世で言えば騎士が騎士道の精神を磨いて出世するために行っていたトーナメント試合のようなものだ」

——スコット・ファーレル http://www.chivalrytoday.com/

マスメディアでテレビゲームについて書かれている多くの記事のせいで、「ゲーム」と「倫理」が同列に語られるものと考える大人はほとんどいない。いたとしても、ゲームは子どもたちの倫理や道徳心を破壊するものだと考えられているのが普通である。何度も言うようだが、事実はそのまったく反対である。親からの適切な導きがあれば、ゲームは子どもたちにとても大切な、人生における重要な倫理や道徳的な価値を学ぶ機会を提供するのだ。

「いったいどうやって？」と疑問に思うことだろう。その答えは、あなたが倫理をどうやって学ぶか（または学ぶべきと考えているか）による。おそらく最も一般的な倫理の学習方法は、自分の身の回りで見かける倫理的だと思う振る舞いを真似ることだろう。

もちろんそうやって倫理的だと思う振る舞いを真似ることでいくつかの規範は身に付く。だが、倫理とは非常に状況に依存した個別の判断や意見や矛盾さえも含んだ分野であるため、対話や議論、それに振り返りを通した学習がはるかに優れた方法だ。

言い換えれば、倫理的判断を行うためには、私たちは自分が目にしたことや行ったことを文脈のなかにおいて判断する必要がある。対象となる状況や語り合う相手も必要になる。ゲームはこれらを行うための要素をすべて提供してくれる。

これは教会などの宗教的施設において起こっていることと通じるところがある。宗教的な指導者が聖書（書かれていることは暴力と矛盾に満ちている）を手にして、その集団や社会にとっての倫理や価値を高める方向で解釈し、「そう、神はすべてのエジプト人家族の長男を殺した。だがこれはエジプト人が長い間ヘブライ人を弾圧し続けた報いであり、倫理的に正しいことである……」といった具合に語る。

つまり、何をやっているかだけで子どもたちの倫理性が形成されるのではなく、何を聞いて、議論して、大人たちからのフィードバックを加味した形で形成されるのだ。ゲームのなかでのメッセージと、前に述べたようなその反論となるメッセージが共に影響するのだ。

二〇〇三年にＰＢＳ（全米の公共放送チャンネル）が「テレビゲームにおける価値」という番組を放送し、そのなかで子どもがインタビューされて次のように答えていた。「ゲームをしていると、時々少し変な気分になるんだ。ゲームでは誰かをボコボコに殴っていて、自分でも誰かを殴るというのがどういうことかを意識してやっている。だけど、そういうことをさせられるゲームもあるんだよ」

たしかに、そのようなゲームもある（もちろんすべてではない）。テレビゲームが登場する前のゲームも、昔から常にそうであった。子どもたちの遊びには常に暴力がつきものであり、兄弟とケンカするのはしょっちゅうだ。グリム童話を読んだことがあるだろうか？　暴力的なファンタジーを語っている。

だが、知的な人間が暴力的なイメージを前にした時にどう反応するだろうか？　私たちは語り合い、議論し、何が適切で不適切かを考える。さまざまな状況を例にして考え、特にひどい状況について考える。そこから倫理や道徳心、価値観についての教訓を得るのだ。これこそが子どもたちのゲームについて私たちがすべきことなのだ。

ある批判者のウェブサイト（www.mediafamily.org、「全米メディアと家族研究所」と第三者機関的な名称を持つ、前述したデビッド・ウォルシュの運営するウェブサイト）は、小さな子どもに「グランド・セフト・オート」について語らせたビデオなど（そのビデオに出てくる子は八歳か九歳くらいで、そもそもこのゲームをプレイすべきではない）、意図的にゲームへの嫌悪感を高めるような情報を流している。ビデオのなかでその子は「女の人の頭を銃で撃った」とか「警官にガソリンをかけて火をつけた」、「売春婦の首をナタで切り落とした」といったゲームでしたことをコメントしている。表面的にはひどい話に聞こえるが、ここで問題なのは、なぜ意図的にこういうビデオにしているかである。ウォルシュがすべきことは、ビデオのなかでその子の話を大人が聞いて、「なぜゲームではそんな行為ができるのだと思う？」とか「売春婦がどういう人か知ってるか？」、「現実にそんなことができると思うか？」、「現実とゲームの違いは何か？」といったことを子どもに問いかけることだったはずだ。だが彼はそうではなく、単にアンチゲームのプロパガンダのためにそのビデオを繰り返し流しているだけで、文脈も関係なく子どもの発するひどい言葉を無批判な親たちの頭に刷り込むために利用している。

テレビゲームは、意思決定をした結果を見たり感じたりできるという点が、他のメディアにはない特徴だ。結果は状況的であり、何かを試みて死んでしまったり、ミッション遂行に失敗したり、部隊の全滅につながったりすれば、あまり良い気分はしない。ゲームは、自分が参加せずに読み進める物語では起こりえない形で、実際に罪悪感や倫理的に反した行いをしたという感情を生じさせる。これが先ほどの子どもが「変な感じ」と表現していたことだ。だが、そうした経験を誰とも語り合う機会がなければ、かわいそうなことに子どもたちはそうした感覚と自分ひとりで向き合わなければならない。

親としてのあなたのミッションはこうだ――あなたは子どもたちがゲームでどんなことをしているかを把握して、そのことについて語り合わなければならない。子ども部屋のドアを閉ざして、何かあなたの理解できないことを語ろうともせずに続けさせてはいけない。

子どもたちがプレイしているゲームには、倫理的な状況、選択と曖昧さに満ちている。このプレイヤーをやっつけても良いだろうか？　自分のクエストを中断して他のプレイヤーを助けようか？　生産しようか、破壊しようか？　誰かが傷ついたり、仲間がいじめられたりしていたらどうしようか？　ぼくは悪者になりたいのか、ヒーローになりたいのか？

親としてのあなたの役割は、ゲームが与えてくれる（そして本書からあなたが気づいた）ポジティブなメッセージを強めて、あなたが気にしているあらゆることを子どもに問いかけ、倫理や価値観についての議論（お説教ではなく）を子どもたちと交わすことだ。

最近、ある大学教授をしている父親が私に、息子が「グランド・セフト・オート――ヴァイス・シティ」を何時間もプレイしているんだとぼやいてきた。「野球のバット（やほかに凶器になるもの）で人を殴るのが正しいことだと思うか？ と尋ねたりして、倫理についての議論を一緒にしようと考えたことはないのか？」と彼に尋ねた。すると彼は、「あぁ、自分はなぜそれに気づかなかったんだろう」としか言えなかった。

だがこれも簡単なことではない。私たちの多くは、子どもと倫理や価値観についての議論の機会を持つことに慣れていないし、子ども部屋のドアの向こうでどんなゲームをしているのかもよく知らない。

第一九章で、子どもたちがどんなゲームをプレイしていて、そのゲームについてどんな形で議論をすればよいのかを詳しく説明する。だがここでは、次のことを本章のまとめとしてお伝えする――

子どもたちのプレイしているゲームの名前を調べて、GamesParentsTeachers.com にアクセスし、そのゲームの情報を見つけて、どんな質問ができるのかを学ぼう。

子どもをピザでも食べに連れ出して、とがめたり脅かしたりは一切せずに、何も決め付けたりはしないとはっきりと告げて、ゲームというメディアが何を与えているのかを学ぶ姿勢で対話をしよう。

子どもが語り始めたら、とにかく口を挟まずによく耳を傾けることだ。

あなたはその結果にきっと満足して、やってよかったと思うだろう。

第15章

優秀な人間になるための七つのゲーム

「ライオンやトラたちはどうやって狩りの仕方を学ぶのだろう」
――クリス・クロフォード、ゲームデザイナー

テレビゲームは子どもたちを優秀にするのだろうか？

超ベストセラーとなったスティーブン・コヴィーの『七つの習慣』という本で、人生や仕事において成功している人々の七つの習慣が説明されている。

こう言えば、もうだいたい察しがつくと思うが、私はこのコヴィーの七つの習慣とゲームをプレイすることには、とても強い関係があると考えている。

コヴィーは、七つの習慣をひとつの「メタ習慣」と、二つのグループに分けている。一方のグループに選ばれた三つの習慣は、個人的な習慣で、成功した人々が日々の生活のなかで行っていることだ。もう一方のグループの三つの習慣は、他者との関係のなかでの習慣で、「メタ習慣」とはその両

方に関わるものだ。

個人的な習慣

まず個人的な習慣、「主体的に行動する」、「結果を意識して物事を始める」、「大事なことを先にやる」をゲームがどう促進しているかを見ていこう。

「主体的に行動する」この習慣は何かを受身で待つのではなく、行動することであり、すべてのゲームプレイヤーは早くから教えられることだ。何か起こるまで待っていてはゲームで勝つことはできない。意思決定して、戦略を試し、守り、攻め、出会う人から情報収集しなくてはならない。これらのスキルを磨くのに役立つゲームはたくさんある。フライトシミュレーターで飛行機を操縦してもよいし、ライズ・オブ・ネイションで歴史の世界を駆けまわってもよい。ローラーコースター・タイクーンでテーマパークを経営してもよい。現実と同じように、ゲーム世界は常に変化している。主体的に行動することを学ばなければ、成功できない。

「結果を意識して物事を始める」。この習慣は、初めからゴールを明確にして行動するということであり、これもゲームプレイヤーが素早く学ぶ教訓だ。そうしないとゲームで勝つことはほぼ不可能だからだ。実際、ゲームプレイの本質はゴールに到達するための戦略を立てて、それをうまくいくように実行することだ。ゲームデザイナーは、ゲームの目標をプレイヤーに意識させるのがとてもうまい。ゲームの目標は、短期（「この敵を倒す」、「このパズルを解く」）、中期（「このレベルをクリアする」）、長期（このゲームをクリアする）といった目標が組み合わせられている。優れたゲームプレイヤーにとって、結果を意識して物事を始めるというのは必須条件だ。

「大事なことを先にやる」この習慣は、緊急にやるべきことと、長期的な目標をうまく管理することだ。すべてのゲームプレイヤーはこのことも素早く学んでいる。ゲームでは、隊列を整えることと、戦うこと、建物を建てることなどのただちに行うべきタスクに取り組みながら、長期的な目標を達成するためのタスクにも考えを向ける必要がある。プレイヤーは後で必要になる資源を蓄える時間を予測しながら、同時にある程度の資源は当面の奇襲や予期せぬ自体に備えて使うことを経験から学ぶ。このような思考ができなければ、優れたゲームプレイヤーにはなれない。

集団的な習慣

では、集団的な習慣についても見ていこう。もうおわかりのように、これらはいずれもマルチプレイヤーゲームをプレイするなかで協力して共通のゴールに向かうなかで学べる習慣だ。

「Win-Win で考える」。「バトルフィールド・ベトナム」のミッション遂行や「ダーク・エイジ・オブ・キャメロット」の城攻め、「トゥーンタウン」のボスコグ退治、「ルーンスケープ」の宝物探しなど、いずれも十分なスキルを持ったチームの仲間からの支援なしには実行不可能だ。ギルドやクランと呼ばれるプレイヤーグループは、必要なサポートを相互に行うためのグループだ。プレイヤーのなかにはソロでの冒険やモンスターや悪者退治を好む者もいるが、Win-Win で考えることは、他のプレイヤーとの共同活動での最適なプレイ戦略となる。

「理解してから理解されること」。プレイヤー同士のコミュニケーションは、今日のゲームプレイの中心になっていて、チャットやボイスチャットを通して行われる。優れたプレイヤーは、何か行動を起こしたりチームに加わろうとする際に、まず他のプレイヤー（敵となるかもしれないプレイヤーも含めて）のニーズやモチベーションを理解しようとする。マルチプレイヤーゲームにおいては（そしてもちろん人生においても）、他のプレイヤーの話が聞けないプレイヤーは、どんなに求めても最高のプレイヤーにはなれない。

「相乗効果を生む」。相乗効果を生むとは、単に部分の足し算以上の結束の力を生み出すための組み方や戦略を見つけるということだ。今日のゲームの多くは、ゲームのルールや仕組みを変えることができて、プレイヤー自らが工夫してゲームを作り出すことができ、それが奨励されている。ゲームプレイヤーは、常に実験や創造を繰り返し、ゲームデザイナーが思いもしなかったような形で何かを生み出している。

継続的な改善

コヴィーの最後の習慣は、「刃を研ぐ」というものだ。この意味するところは、常に既存のスキルを改善し、新しいスキルを学び続けることにある。ゲーマーたちほどこれが上手な人はいない。彼らは常に難しいレベルにチャレンジしながら練習してスキルを磨いているだけでなく、常に新しいゲームや追加バージョン、続編を探し求めながら必要なスキルを磨いている。常に新しいゲームプレイ戦略を他のプレイヤーや雑誌やネット上から情報収集している。それと同時に、最新の技術を駆使したゲームをプレイするために、常に最新のビデオカードやプロセッサーなどを追い求めて自分のマシンをアップグレードしている。ゲームコンソール機の進化も同様な影響を生んでいる。

これはたしかに有効だ!

ゲームをプレイすることが、成功のために寄与しているという証拠はあるだろうか? もちろんある。医学研究によれば、ゲームプレイヤーは優れた外科医になるとされ、軍隊では優れた兵士になるという論文が出ている。「Got Game: How the Gamer Generation is Reshaping Business Forever」という本は、ゲームプレイヤーはより優れたビジネスパーソンになれると結論づけている。

今日のゲームは常に進化を続け、より豊かで深くて、洗練されたゲーム経験を生み続けている。そのメッセージはますます明確になってきている——**今日のゲームをプレイして上達すれば、人生での成功にもつながる。**

第16章

自分のゲームを作ろう——モディング

「ゲーム開発は、だんだんとゲーム開発者とプレイヤーのコラボレーション活動という意味合いが強くなってきているように私には感じられる」

——ウィル・ライト、「シムシティ」、「シムズ」、「スポア」のクリエイター

ゲームプレイヤーとしてのキャリアのどこかのタイミングで、多くの子どもたちは「ぼくもゲームを作れるかな?」と考えるようになる。そしてその答えはイエスだ。あなたはそうした子どもたちを励ますのがよい。

「映画に代わって、ゲームは今や子どもたちの憧れとなった」とマサチューセッツ工科大学比較メディア学教授のヘンリー・ジェンキンスは言う。「昔であれば映画監督になりたがるものだったが、今の子どもたちはゲーム開発をしたいと考えるようになった」。

そして、今日ではみんなゲームが作れる。ステージキャスト・クリエイターやマインドローバーのようなプログラミングツールを使えば、簡単なゲームやロボットを作って、インターネット上で作っ

たものを共有できる。マクロメディアのFlashは、中学生でもマスターできて使える洗練されたヴィジュアルプログラミング言語を搭載している。もし助けが必要なら、インターネットをたどれば、ほぼ無限に豊富なツールやテンプレートなどの役に立つリソースが手に入る。

だが、もしあなたの子どもがゲーム作りに本気なら、その子には「モッド（Mod）」を学ぶことを勧めたい。モッドとは、ゲームの改造（Modification）のことだ。モッドは、ゲームを買うと付属で提供されている、3Dマップのデザインやキャラクターの振る舞いをプログラムできる開発ツールを使って行われる。このツールは、ゲーム開発のアマチュアでもちょっと学習すれば、すぐにマスターできて使いこなせるようになるものだ。

熱心なモッダー（モッドゲーム制作チーム）は、プレイに何時間もかかるような大作ゲームをたやすく作ってしまう。それも、もとのゲームは跡形もない形で、キャラクターからマップ内の環境まで完全に変えた、まったく新しいゲームをプレイヤー自身の手で作り上げてしまうのだ。洞窟でミイラを銃で撃つタイプのゲームから、空港で顧客と出会うゲームを作っていたり、ダンジョンズ・アンド・ドラゴンズのような中世世界のファンタジーゲームから、一七七六年のアメリカを再現したゲームを作ったりということが実際に行われている。

なぜゲームメーカーは、こうしたモディング（モッドすること）を許し、奨励しているのだろうか？　ゲームの楽しさを増し、製品としての寿命を延ばすためだ。モッドが可能なゲームは、優れたゲームプレイヤーやプログラマーをひきつけ、そのゲームとそのゲームのエンジン（ゲームを構成するプログラムコード）への関心を高める。モッドゲームをプレイするには、そのゲームの製品版を購入する必要があり、それが売上増加につながっている。

ひとりでもモッドゲームの制作は可能だが、チームで行われることが多い。ゲームに付属のレベルエディターを使ってマップやゲーム内の仕掛けなどのゲーム環境（レベル）のデザインに長けた人もいれば、ゲームの環境で建物や自然環境を表現するために使用するグラフィック素材を作るのがうまい人もいる。うまくグラフィック素材を作れば、自分の家も学校も、アフガニスタンの洞窟までリアルに再現できる。モッダーたちはツールやプログラムを使って、分担してキャラクターやサウンドやゲームのメカニズムの変更など、あらゆる制作活動を行う。

通常、すべてのモッダーは、そのゲームの新しいレベルを作ることから始めるが、モッダーチームのなかには、まったく新しいゲームを生み出すものもあり、それがゲーム会社に評価されて契約を持ちかけられ、オリジナルのゲーム（正確に言えば、別のゲームのモッドであることには変わりはない）として市販される場合もある。

「それじゃ、モッドする？」

と言えば、七〇年代の広告のキャッチフレーズみたいだが、まず大事なのは、ゲーム作りに関心のある子どもと会話を持つことだ。その子がイエスと答えれば、なぜ、どんなものを作りたいのかを聞いてみることだ。答えがノーで、その子が大のゲーム好きなら、さりげなく励ましてみるのもよいだろう。

なぜなら、その子がゲーム業界で働くことに関心がなかったとしても、モディングによって、テクニカルなスキルや能力は間違いなく向上するからだ。それに、その子が聡明でクリエイティブな人々と接触する機会や、自分で調べたり学んだりする機会を提供してくれるからだ。そして最後には、「破壊的な」趣味だと考えられているゲームから非常にクリエイティブなものを生み出すことができ、そのことを（その子自身だけでなくあなたも）誇りに思うようになるだろう。付け加えると、一〇〇万ドル（約一億二〇〇〇万円）の賞金のかかったモッドゲーム開発コンテストもやっている。

長い目で見て、将来の生計を立てる手段にもなりえる。モディングはゲーム業界で必要なスキルを身に付けるための、低コストで効果の高いトレーニングツールなのだ。シェル石油は導入トレーニングの一環で、「クエーク（ファーストパーソン・シューティングゲーム、実際に自分の視点で世界を見ている形のシューティングゲーム）」を利用して北海油田を再現したモッドゲームを開発して利用している。受講者は、実際に本物の油田基地に赴く前に、３Ｄ環境で忠実に現場を表現したバーチャル油田基地を歩き回って、食堂やトイレの場所などを探す。そのトレーニングをさらに有益なものにするために、シェルは元のゲームにあった銃を改変して消火器を作った。受講者の仕事は、単独またはグループで、適切な方法を用いてヘリコプター火災に対処することだ（火災への対処は油田基地においで常に大きな危険が伴う）。これ以降もシェルは、油田全体をモッドで再現している。

別のモッドで作られたゲームはネット上で提供されている。主要なニューヨークの投資銀行の高給の金融トレーダーやマーケターたちのための、ゲーム世界で都市や空港を歩き回って見込み顧客を見つけるゲームだ。そのバーチャル見込み顧客と遭遇すると、ビジネスルールの知識や倫理的な問題を問うクイズをプレイヤーに出題してきて、それに答えないと契約をしてくれない。

これらのモッドゲームは、「ファーストパーソン・シューティング」ゲームが元となっているが、「シューティング（射撃）」という言葉を文字どおりに捉えすぎない方が良い。シェル社のプレイヤーたちは、銃の代わりに消火器を噴射するし、銀行家たちはケータイからアイデアを発射する。

ストラテジーゲームとそのほかのモッドゲーム

面白いモッドゲームは「エイジ・オブ・エンパイア」や「コマンド・アンド・コンカー　ジェネラルズ」のようなストラテジーゲームに多い。たとえば、プレイヤーは元のゲームに含まれていないお気に入りの将軍や歴史上の人物の生き様を追ったシナリオを作ることもできる。

ビジネス界においては、モッディングがトレーニングの可能性を飛躍させる。リーダーシップやビジネス倫理のトレーニングで、GEのジャック・ウェルチのキャリアをたどるゲームがあったとしたらどうだろう？　あるいは反面教師的にエンロンのジェフリー・スキリングの話でもよいかもしれない。それとも、あなたの会社のCEOや重役を使ったシナリオを作ってはどうだろう。

「ゴッド・ゲーム」と呼ばれるジャンルのモッドゲームもある。この手のシミュレーションは、プレイヤーが世界全体をコントロールすることができる。一番良い例は「ザ・シムズ」であり、このゲームのクリエイターのウィル・ライトは、モッダーたちを念頭において開発している。「私はいつもモッディングコミュニティに感銘を受けている。モッドの作者はゲームの新しい要素を生み出すだけでなく、コンテンツ作りのためのツールも作っている。ファンたちはその創造性で私たちを驚かしてくれる。彼らにチャンスを与えることだ」。モディングはシムズの重要な要素であり、プレイヤーは人物や家具、職業など、モッドによってさまざまなものを作り出すことができる。なかにはイーベイのようなネットオークションで（本物の金銭で）売買されているものもたくさんある。

最後に、ＲＰＧ、ロールプレイングゲームもとても豊かなモッドの機会を提供している。特に「ネバー・ウィンター・ナイツ」では、「オーロラ（Aurora）」というスクリプト言語を使ったエンジンがモッドのために提供されている。ＭＩＴの学生は、コロニアル・ウィリアムズバーグ（植民地時代を再現した歴史博物館）と協力して、一八世紀のアメリカを再現したモッドを開発した。プレイヤーは鍛冶屋や地主、さらには奴隷となって、異なる政治哲学に触れることができる。

米軍、特に海兵隊ほどこのモッドの価値を評価している組織は存在しないと言ってよい。軍隊は生死に関わる訓練を行うため、ビジネス界よりも新しい技術への関心が高い傾向にある。以前海兵隊は、訓練用にマリーンドゥーム（Marine Doom）と呼ばれるモッドゲームを最初に開発した。現在では二種類のモッドゲームを公式に採用している。クロース・コンバット・マリーンズというアトミカ社のゲーム「クロース・コンバット」のモッドと、ＶＢＳ１（Virtual Battle System）というボヘミア・インタラクティブ社のゲーム「オペレーション・フラッシュポイント」のモッドだ。

軍隊は人を撃つのを学ぶのが仕事だからな、という結論に急ぐ前に、これらのゲームは身体的な射撃のスキルではなく、認知的なスキルを学ぶために利用されることを理解してほしい。こうしたゲームを利用することは、特にグループ活動スキルの学習に効果的だ。この海兵隊のゲームは世界中の訓練基地で利用されていて、米軍全体でもモッドゲームがコラボレーションスキルを高める効果があることをとても肯定的に捉えている。米国フロリダ州オーランドにある、米陸軍シミュレーション・トレーニング・アンド・インスツルメンテーション部門のプログラムエグゼクティブ・オフィサーのマイケル・マケドニア博士は次のように述べている。「これらのゲームで行っているのは従来の自習教材を強化したものという以上に、世界中で集まれるひとつの教室を作っているという側面がある」

あなたの子どももできる？

あなたの子どもたちもモッド開発者になれるだろうか？　もちろんデザインやアイデアの点ではみんななれるだろう。学校の環境をシミュレーション化したいと思う子どもがいたら、ファースト・パーソン・シューティングゲームのエンジンを使ったモッドに取り組めばよいし、学校のシステムを再現したければストラテジーゲームのエンジン、自分のクラスを再現したければ、シムズを使って友だちに似せたキャラクターを作ったり、教室の環境をそっくりそのまま再現したり、ある状況をシナリオ化して実行し、それを録画して動画を作るのもよい。

（補足――もし子どもたちがこの手の作業に長けていたら、あなたの仕事を助けてくれるかもしれない。先ほど述べたように、企業内研修においてもモッドが利用されている。そうしたモッドゲームを開発できる、知識が豊富な低コストの人材をあなたの会社も必要としているかもしれない）

このなかでのあなたの役割は何か？　ここでも子どもたちと話をして、励ますことだ。モッドに使われるスクリプト言語を一見すると、あなたはうちの子にはたぶん無理だろうと考えるかもしれないが、そんなことはない。きっとできる。そしてうまくやって、あなたに自慢に感じてもらおうと思っていることだろう。

もしあなたもあなたの子どもたちも、モッド世界を探求してみようと考えているなら、ぜひ次のようなことを参照しながら一緒に議論してほしい――

①ゲームがどのような形でプログラミング言語によって構成されていて、ビジネストレーニングであれ何であれ、いかなるアイデアもゲームによって表現できるということを理解するために、www.socialimpactgames.com にアクセスしてみよう。

②モッドについての更なる情報は、www.gamesparentsteachers.com にアクセスするか、単にグーグルで「Modding」と検索してみよう。

③最近の人気ゲームでモッド化が可能なものは本書の最後に一覧にした。しかし、ゲームは次々に新しいものが出ているので、本書をあなたが手にする頃には、すでによりホットなゲームが出ているかもしれない。

子どもたちにモッドをさせる？　そうすべきだろう。

第17章

テレビゲームで健康増進（そう、テレビゲームで！）

「子どもたちは私たちの開発した喘息や糖尿病対策のテレビゲームをプレイした結果、緊急治療や急患の発生率が劇的に下がりました」

――デボラ・リーバーマン、健康分野の研究者でゲームデザイナー

「ゲームと健康？」あなたがこういうのが聞こえてくるようだ。「今までいろんなおかしな主張を耳にしてきたが、これほど突飛なことはない！　ゲームをすれば部屋にこもって日に当たらずにテレビの画面ばかり見て過ごすばかりになることは誰でも知っているよ。子どもたちはみんな外に出て遊ぶべきだ」

あなたの考えはよくわかる。だが少し辛抱して聞いてほしい。ここから数ページで、子どもたちの、それにあなた自身の健康増進にゲームが役に立つということを説明する。

まず次の質問から始めよう。「今日の子どもたちにとって、最も深刻な健康問題は何だと思いますか？」

肥満と正しい栄養摂取だと答えるかもしれない。それらのためのゲームは存在する。うつと自殺？　それらのゲームも存在する。若年性糖尿病？　それもある。恐怖症？　喫煙？　社会適応？　安全なセックスと性感染症の予防？　両親の離婚への対処？　これらのすべての問題に対応したゲームはすでに世に出ている。

健康・福祉分野のゲームは、年々関心が高まっていて、「ゲームズ・フォー・ヘルス」という国際会議も毎年開かれており、世界中から人々が参加している（詳しくは www.gamesforhealth.org を参照）。

近年、健康のためのゲームの重要性が高まっている理由はいくつかあり、なかでもおそらく、医療健康分野の人々が子どもたちへのアプローチ手段として、ゲームが有効な言語、場合によっては唯一の手段となることもあるという認識を高めている点が最も重要だ。加えて、主要なスポンサーの非営利慈善団体や米国立衛生研究所、各州の保健省などが、実験的なゲーム開発に資金を投じる意欲を高めていることも影響している。それに、親たちもこのようなゲームが子どもたちの助けとなることに気づいてきていることも大きい。

結果

ゲームの効果に関する証拠にはまったく不足はない。医療健康分野の研究者で、カリフォルニア大学サンタバーバラ校講師のデボラ・リーバーマンは、この分野のパイオニアのひとりだ。喘息対処や若年性糖尿病予防、喫煙予防ためのゲームのデザインに早くから取り組んできた（詳しくは www.so

cialimpactgames.com を参照)。彼女の出した研究成果は驚くべきものだ。さまざまな健康状態にある子どもたちに疾病予防のゲームをプレイさせたところ、健康に関係のない普通のゲームを同じ時間プレイした子どもたちと比較して、急患として医者にかかる率が七〇パーセントも少なかった。

シャロン・スローンの会社、ウィル・インタラクティブは、飲酒や喫煙、安全なセックスについての誤った行動を変えるためのゲームを開発した。それらのゲームは、米軍で兵士たちの保健教育のために利用されている。

ポール・ウェッセルの息子は若年性糖尿病で、グルコース値測定が嫌いで、いつもすっぽかしていた。そのためポールは任天堂と共同して三年の歳月をかけて、ついにゲームボーイを使ったグルコース値測定を支援するゲームを開発している。正しい自己管理に対してご褒美を与えながらグルコース値測定を継続させるこのゲームは「グルコ・ボーイ」と名づけられ、良好なユーザーテスト結果を出しながら、開発が進められている。

ベイラー・カレッジ・オブ・メディシンの子ども栄養学研究センターに在籍するトム・バラノウスキが開発した食育ゲーム「スクワイアズ・クエスト」を小学四年生にプレイさせたところ、果物や野菜の一日の摂取量増加の効果が見られた。

イーベイ創立者がスポンサーの若年層の医療問題に関する非営利組織のホープラボは、リ・ミッション(Re-Mission)というがんの子どもたちががん治療の知識を高め、病気と闘う意欲を高めるためのゲームを開発して、実証研究でその効果を示している。

「エクサテインメント」としてのゲーム

もちろん、ここで紹介したゲームはいずれも、特別に健康のためにデザインされたゲームだ。しかし、すでに子どもたちが持っているゲームや、店に行けばすぐに手に入るゲームで子どもたちの健康のためになるものはあるのだろうか？　もちろんだとも！

では、家庭やゲームセンターでプレイできるゲームのなかで、健康のためになるゲームを見ていこう。たとえば、次のようなことができるゲームがある。

- ダンス（ダンス・ダンス・レボリューション）
- ねじり運動やジャンプ（アイトーイ・アンチグラブ（EyeToy Anti-grav））
- リフティング、ベンディング、シェイキング（サンバ de アミーゴのマラカス）
- 自転車こぎ（バイク型コントローラーを使ったゲーム）
- アイソメトリックス（「キロワット」のエクササイズマシン型コントローラー）
- 太鼓叩き（太鼓の達人）

先日私は、ゲームセンターでダンス・ダンス・レボリューションをひとりで二つ同時にやってスキルを披露しているティーンエイジャーの周りにできた人だかりのなかにいた。彼はそのゲームを完全に制覇しており、とても正確な動きでコンボを連発していた。ゲームが終わり、彼はとても疲労した様子で床にへたり込んでいたが、観衆は彼を称えて拍手喝采であった。彼はゲームでエクササイズしている以外の何物でもない！

ダンス・ダンス・レボリューションは、通常のコントローラーではなく、ダンスパッド型のコントローラーを使う。PS2用にも発売されており、家庭でも利用できる。丈夫なダンスパッドもレッド・オクテインなどが製品化している。任天堂はこのゲームのマリオ版をゲームキューブで出している。PS2版のダンス・ダンス・レボリューションシリーズの「DDRエクストリーム」では、アイトーイカメラを組み合わせて手足を動かすダンスゲームができるし、「カラオケ・レボリューションパーティ」は、身体を動かしながら歌うゲームが入っている。ブリトニー・スピアーズやマドンナなどの自分のアイドルになり切ってプレイしていれば、よい運動になることは間違いない。

過去数十年の間に、子どもたちの日常的な運動量はますます少なくなっている。身体的な活動が減ることで生じる悪影響を防ぐために、全米あちこちの学区の小中学校にこうしたエクササイズゲームの設置を検討する動きが見られる。「ダンス・ダンス・レボリューションは、とても人気があり、ゲームセンターに行けば、いつも誰かがプレイしています。競争の要素はあっても、負けても恥ずかしくありません。それに対象年齢としても適切です。ゲームは楽しく、続けて楽しもうとすることが、運動継続を支援することにつながります」とカリフォルニア大学バークレイ校の栄養学の専門家、ジョアン・イケダは述べている。

日本では、セガ・ジョイポリス（大型ショッピングモールなどに設置されていて、子ども連れの家族でいつも賑わっている）のようにゲームセンターはとても大きくてきれいで明るい。プレイヤーたちは、トレッドミル（犬の散歩ゲーム）、擬似乗馬、サイクリング、カヤックなどのゲームでエクササイズしている。ドラムパッドを熱心に叩く将来のロックドラマーたちはいるし、老若男女を問わずハンマーのようなもので物を叩くゲームを楽しんでいる。いずれも汗をかいて競争しているうちに、楽しみながらエクササイズができる。「ゲームをしながら」である。

スポーツとしてのゲーム

テレビゲームは、スポーツ器具との融合も進んでいる。本物のゴルフボールを本物のゴルフクラブで打ったり、本物の野球のバットで本物のボールを打ったり、本物のアメフトのボールを投げたりするのを速度や正確さを測定できたり、ケータイに搭載された動作センサーを利用して、エクササイズを促進したりするゲームも出ている。

「ユアセルフ・フィットネス（Yourself! Fitness）」というゲームは、バーチャルトレーナー（マヤという名がついている）と一緒に運動しながら、フィットネスレベルの診断、苦手な分野の発見、個別の運動メニューの作成やダイエットのアドバイスをしてくれるというもので、PS2、Xbox、パソコン用にそれぞれ発売されている。マヤがあなたの個人トレーナーとなって日々の運動をサポートしてくれる。さらに、アイトーイカメラを使って、あなたの動作をモニターして指示を出してくれるエクササイズゲーム「アイトーイ・キネティック（EyeToy : Kinetic）」も、ソニーとナイキの協力で開発された。

メンタルヘルスゲーム

最近では、身体的な健康だけでなく、プレイヤーの精神的な健康を改善するためのゲームも市場に出てきている。それらの多くは、プレイヤーを非日常な良い雰囲気のなかにおきながら、バイオフィードバック、つまり生理的な反応によってゲームをコントロールするタイプのものだ。すでに市販されている「ア・ジャーニー・スルー・ザ・ワイルド・ディヴァイン（A Journey Through the Wild Divine）」というゲームは、指先にバイオセンサーを装着してゲームをプレイする。このゲームでは、心をリラックスさせることでゲーム中のボールを宙に浮かせたり、火を灯したりといった動作を行う。ゲームはセンサーからプレイヤーの生理的な状態を読み取って、結果を表示する仕組みになっている。

バイオフィードバックをゲームコントロールに利用するという考え方は、宇宙飛行士が利用するための技術として開発しようとしたＮＡＳＡのアラン・ポープ博士が先駆者だ。だが彼は、むしろこの技術が子どもの集中力改善、特にＡＤＨＤ（注意欠陥多動性障害）の子どもたちのために役に立つと考えた。このゲームで、子どもたちの脳のガンマ波をベータ波に変えて、集中力維持の仕方を教えることができるのだ。ほかにも同様な原理をもとに作られたゲームがあり、それらもゲームに勝とうとする間にベータ波とガンマ波の比率を変えるというものだ。

ほかにも、より直接的にメンタルヘルスのために作られているゲームがある。「アースクエイク・イン・ザ・ジップランド」は、両親の離婚を経験した小さな子どもが直面する、感情的な問題を扱ったゲームだ。否定的な思考や子どもの自殺などの問題を扱っていて、子どもたちが心理的な傷や困難な状態から立ち直るのを助けるために開発された。

さまざまな技術を使った方法がうまくいかない分野で、なぜゲームがこのような形で利用され、それが効果を持つのだろうか？　それはゲームを若いデジタルネイティブたちが自分のメディアとして捉え、理解され、信頼され、楽しまれているからだ。ゲームが親たちの言葉でなく、自分たちの言葉で語りかけてくれると感じているからなのだ。

サイバーアスリートたち

特にものすごくゲームがうまい子たちには、もうひとつのポジティブな方向性が開かれている。ゲームは人気のチームスポーツ競技のようにグローバルなものになろうとしている。ワールド・サイバー・ゲームズは、二〇〇〇年から毎年開催されているテレビゲーム競技の世界大会だ。二〇〇三年には韓国で開催され、韓国政府も協賛した。二〇〇四年にサンフランシスコ、二〇〇五年にシンガポールで開催された。大会公式ウェブサイトの www.worldcybergames.com では、「健全なサイバーカルチャーの構築」と「調和と友情」が理念としてうたわれている。二〇〇四年大会にはなんと六三カ国が参加している。

このほかにも世界中で同様な大会イベントが催されており、ゲームプレイヤーたちは練習に励んで各地域の大会に臨み、何千万円もの賞金を勝ち取るために競争している。親たちが非難しているゲームをプレイして稼いだ賞金でかなりの収入を得ている若者たちも増えてきている。競技スポーツの多くと同様、プロリーグやツアーも行われるようになってきた。

韓国では、すでにゲームが観客を呼べるスポーツとなっており、主要大会はテレビ放映されている。米国、それに欧米各国でも、他のプロスポーツの選手たちがそうであるように、トップゲーマーたちが有名人となり、高収入を得て、巨額の慈善活動を行うようになるのは時間の問題だ。

さて、あなたの疑問はこうだろう——うちの子を家の中だけでなくて外で遊ばせるように励ますべきだろうか？　それはもちろん、健康的でバランスのとれた生活を送るためには必要なことだ。しかし、理解してほしいのは、たとえ子どもたちが家の中にいたとしても、彼らの身体や心の健康を増進するための方法は、いくらでもあるということだ。

第18章 子どもたちはケータイを使ってどんなことを学べるか

「ケータイを失くすと、脳の一部を失ったようなものだよ」
——ある日本の学生

米国においてはいまだに、いつ、どのように利用すべきか、という合意はされていないが、ほとんどすべての人がコンピュータを二一世紀の生徒たちに欠かせないものだと認識している。だが、ほとんどのデジタル移民にとって、「コンピュータ」とはパソコンのこと、デスクトップやラップトップ、あるいはせいぜいＰＤＡのことを指している。だが、あなたがそう認めていなくても、ケータイもコンピュータなのだ。

最近のケータイの高級機種は、（その百分の一ほどの性能しか使われていないものの）すでに九〇年代前半の頃のパソコン並みのパワーを持っている。最もシンプルな音声機能のみの機種でも、一九六九年に宇宙船を月面着陸させた時に使用されていたコンピュータよりも複雑で高性能なチップが搭載されているのだ！

コンピュータとケータイの最も異なる点は、ケータイは小型で無線、通信を主目的に作られており、そこからコンピュータとしての機能が付加されている。従来のコンピュータは、電算処理マシンとして作られ、そこから通信機能や他の機能が付加された。明らかにこれら二つは発達過程のどこかの時点で出会っていて、今後さらに小型化が進むと、さらに持ち運びが簡単な端末になって、果ては身体に埋め込まれるようになるかもしれない。

米国では、ケータイの潜在能力は完全には享受されていない。カナダも含めた北米だけが、おそらく世界でも唯一パソコンがケータイの普及率を上回っている。どこの国でも、ケータイの普及率がパソコンのそれをはるかに上回っている。英国やイタリア、スウェーデン、チェコ、香港、台湾などの各国、それに日本や韓国、ヨーロッパ諸国やフィリピンでは学生などのある特定層において、ケータイ普及率は一〇〇パーセント以上に達している。つまり、ひとりが一台以上を所有していることになる。もちろん、利用方法も世界中で急速に発達している。今まで固定電話が達せられなかったレベルまで、比較的低コストな携帯電話システムが定着してきている。

今日のデジタルネイティブ世代は、驚くほど短期間でこの小さなコンピュータ端末を生活に取り入れ、ポケットやカバンのなかに忍ばせて、第一の通信手段として利用している。ケータイを通じて彼らは、音声や文字はもちろん、画像にビデオを駆使したコミュニケーションを行っている。

価格の低下と利便性の増大によって、近い将来にはすべての生徒たちがケータイを持つようになり、さらには衣服に埋め込まれるようなことになるだろう。ケータイを埋め込めるスキーウェアはすでに市場で売られている。

ケータイと教育は完璧に適合する

ある日本の学生が言うには「ケータイを失くすと、脳の一部を失くしたのも同じだ」そうだ。この言は、教師たちの多くには理解できない感覚を示している。米国の教師や学校経営者たちは、新しいテクノロジーの出現を教育の邪魔ものとしか観ていないことが多い。

だが、米国の教育者たちがケータイを学校に持ち込むことを禁止することに躍起になっている間に、中国や日本、フィリピン、それにドイツでは、ケータイを使った英語や数学、保健、スペリングなどの教育や、大学の講義中継を受講するために利用されている。

私の論点は次のとおりだ――コンピュータは机の上にあってもポケットのなかにあっても、学習のために利用できる。ゆえに学校にケータイを持ち込むことを禁止しようという風潮があるのはおかしなことで、なぜその利点を活かそうとしないのだろうか?

子どもたちはケータイから何を学べるか?

単純な答えとしては、「教育者が適切にデザインすれば何でも学べる」と言える。最も成功していて、長年にわたって利用されている効果的な学習方法は、聞くこと、観察すること、真似てみること、質問すること、振り返ること、やってみること、推測すること、予想すること、仮説を立てること、それに練習することだ。これらはいずれも、ケータイで実行できる。

機能の分類

年間五億台ものケータイが販売されている。ケータイは技術革新の温床となっており、その機能は大きく分けて、音声、ショートメッセージ（SMS）、画像、オペレーティングシステム、ダウンロードアプリケーション、ウェブブラウザ、カメラ（写真と動画）、GPS、指紋・音声識別など、毎日のように新しい機能が追加されている。加えて、周辺機器や関連ソフトウェアも入力メカニズム（小型キーボードやスタイラスなど）や出力システム（プラグインモニターやヘッドフォンなど）として提供されている。

では、それぞれの機能について少し詳しく見ていこう。

音声通話

音声通話は、急速な技術進化によって他の手段に取って代わられている面はあるものの、今でも世界中に最も普及している機能だ。生徒たちは音声通話で何が学べるだろうか？　言語、文学、話し方、書き方、物語、歴史、それに高度な音声認識技術を使えば、これ以外にも多くの教科に使える。

このなかでも言語は最もわかりやすい例だろう。日本では、英語や日本語の電話レッスンが受けられる。中国でも、BBCなどによって電話での英語トレーニングのサービスが提供されている。企業のなかには、暗記カードや辞書、フレーズ集や、語学学習ゲームなどを提供するところもある。英語のボキャブラリーをテストするソフトウェアも開発されている。

今や、双方向型の音声のみでやり取りする学習アプリケーションを開発するには、ヘルプデスクに転送する簡単なテクノロジーと開発キットがあれば、五〇〇ドル（約六万円）もかからない。

これ以外にも、音声のみの学習アプリケーションは存在し、利用者も増え続けている。マサチューセッツ州のコンコルドにある、「世界にとどろいた銃声」が放たれた地として知られるミニットマン国立歴史公園のガイドツアーはケータイを利用している。英国の研究グループは、ケータイを使った学力試験を実施し、音声認識で受験者本人を確認するという実験に成功している。

これだけではない。世に出回っているケータイの多くはMP3ファイルをダウンロードでき、何百万もの世界中のポッドキャスト（第二〇章を参照）がケータイから利用できる。NPRラジオの「カートーク」や「フレッシュエア」（訳注――いずれも米国の有名なラジオ番組）、あるいはBBCを聞いたことがあるだろうか？　思い出してほしいが、そもそもケータイはラジオだ。生徒たちには音声認識と、学習のために聞く価値のある音声コンテンツを提供すれば十分だ。ケータイで聞ける基礎科目の講義（のとても面白いもの）を提供して、そのまま通話して電話会議で議論できるようにしてはどうだろう？

ショートメッセージサービス（SMS）

SMSは、米国外ではずいぶん前から利用されているが、米国で利用されるようになったのはつい最近のことだ。この機能はヨーロッパやアジアの若者たちの間では山火事のように急速に広がり、毎日何十億件ものメッセージが世界中で交わされている。SMSメッセージはポケットに入れたまま送信できるほど手軽で（特に文章補完機能を使うことで）、うまく利用すれば、とてつもない学習機会が提供できる。

現在では、SMSによって決めた時間にリマインダーメッセージを送ることができ、禁煙などの行動管理に使える。「アメリカン・アイドル」などのテレビ番組では、視聴者投票の手段としてSMSが利用されている。SMSを使った革新的なゲームも出ていて、それらは多くの人々を魅了できる教育的な可能性を秘めている。

学校では、SMSは授業中のクイズや学習者からの意見投票、CNNニュース配信を利用した時事への関心向上や、スペルや計算のテストなどに利用されている。学校の外でも、プリンストン・レビューやカプランのような（SATやTOEFLなどの）試験対策サービスを提供する会社がケータイを使って練習問題を提供していて、学習者はいつでも自分の好きな時間に学習できる。教師たちは、このSMSを手軽に利用してさまざまな学習機会を提供できる。個別学習やグループコラボレーションやグループ間の競争をさせたり、その場でデータを与えて分析させたり、ヒントを与えて思考させたり、その反応を集めたりすることができる。歴史、文学、政治、科学、医学、あるいは機器メンテナンスのような専門分野でも、さまざまな学習領域で応用が可能だ。

画像表示

単に受信状態やバッテリー残量、着信情報の表示だけであったとしても、どんなケータイも何らかの画像表示機能を有している。最新型のケータイであれば、高画質なカラースクリーンで文字も絵もアニメーションも鮮明に表示できる。

何万色も使って、3Dやホログラムの表示さえできるものもある。この「高画質」スクリーンは相当な文字数を表示でき、パラグラフ単位で一覧できてパラパラとページをめくるように閲覧できる。高速逐次視覚提示（RSVP）という技術を使って、読むスピードに合わせて大きく文字が表示される機能も出てきている。バディバズ（BuddyBuzz）というサービスを利用すれば、ロイターやCNETのコンテンツをこの機能を使って読める。アジアでは、ケータイで読むことを想定された小説もすでに書かれている。それなら、学習用にも使えるだろう。

優れた画像表示機能があれば、絵やアニメーションを伴った文字表示が可能だ（音声ももちろん利用できる。そもそも電話なのだし）。今日多くの学校では、コンピュータやハンドヘルド端末を使ってさまざまな科目、たとえば、人体学や法医学のような科目のためのアニメーション教材を提供している。ケータイはそのような端末に取って代わることができる。特にFlashアニメーションは多く使われていて、ケータイでもそれらの多くは利用できる。マクロメディアはFlashライトというケータイ向けのアプリケーションを提供していて、これを使えば、たとえば手話のような視覚的な学習にも使える。ケミカル・アブストラクト・サービスのようにケータイからアクセスできる分子画像データベースを提供しようする取り組みも進められている。

多くのケースで、ケータイは紙の教科書に取って代わることができる。実は限られた文字表示スペースは、よい意味での制約となり、出版社は単にページを増やすだけでなく、この制約のなかで最大限の効果を出すようなデザインを考える必要に迫られる。

ダウンロードプログラム

今日のケータイは、大容量メモリ（やメモリーカード）を搭載しており、さまざまなダウンロードプログラムやコンテンツによって、まったく新しい学習世界が開かれる。ケータイのユーザーは、すでにパソコン用の同様な学習プログラムやツールを利用している。そしてケータイの通信機器としての特性を活かせば、さらに興味深いコラボレーションのためのツールや学習手段が利用できるようになる。音声、テキスト、画像、それに表計算や文書作成などの要素を組み合わせたあらゆるアプリケーションをケータイにダウンロードでき、必要に応じて関連コンテンツも利用できる。ウェブブラウザ、FAX送信、プログラミング、さらにはデスクトップマシンにアクセスするためのアプリケーションツールまで提供されている。

子どもたちの復習用の教材も、SATやGRE、GMATの試験対策教材も、すぐにケータイ用ダウンロードプログラムとして提供されるようになり、それらを利用して学習できるようになるだろう。

ウェブブラウザ

ウェブブラウザは、今では多くのケータイに組み込まれており、特に第三世代ケータイ（3G）には標準装備となっている。ウェブ閲覧可能なケータイ向けにデザインされたウェブサイトも増え続けている。この機能で、辞書や類義語辞典、百科事典もすべての生徒が手元で利用できるようになる。

グーグルなどの検索エンジンにも即座にアクセスできて、ケータイは調査ツールとしても使える。たとえば、自然生態や建築、アートデザインなどを学んでいて、見つけたものをウェブ検索すれば、目にしているものについての詳細情報を確認することができる。

カメラとビデオクリップ

二〇〇四年には、世界で一億七八〇〇万台のカメラ付ケータイが売られ、多くの地域ではこのタイプのケータイが標準的なものとなっている。生徒たちにプライバシー保護の重要性を学んでもらいさえすれば、教育的な価値は計りしれない。教室では、カメラ付ケータイは科学的データの収集、文書化、視覚情報を使った情報発信のためのツールとして利用可能だ。この機能を使って生徒たちは、証拠となるデータを集め、画像を分類し、継続して変化を追うことができる。画像に説明文をつけたり、画像をもとに物語を作ったりすることで、生徒たちの作文練習にも使える。どこかに設置して遠隔操作することもでき、人がずっと観察するのが難しいものの観察データも収集できる。生徒たちはケータイを使って世界中で何が起きているかを見ることができ、たとえば、他の国の教室での学習活動の様子を見ることも可能だ。

動画が撮れるカメラの付いたケータイもすでに市場に出回っている。短時間（一〇〜三〇秒程度）のビデオクリップを撮影して送受信できる。この機能はさらにケータイの学習利用の可能性を拡げるもので、テレビジャーナリズム（テレビで使われる映像クリップのほとんどは三〇秒以下だ）や映画制作に使える。たとえば、ビジネス倫理や交渉の現場での良い例と悪い例を示すビデオなど、優れた教育用のビデオクリップを制作することも可能になる。

位置情報サービス（GPS）

ケータイの位置情報提供機能は、まだ初期のこなれていない頃から、すでにいくつかの革新的なアプリケーションの基盤となっている。多人数参加型の探索ゲームも多数提供されている。今日では高度なGPS衛星からの受信機能が組み込まれたケータイを利用すれば、誤差数十センチ単位の精度で位置情報が取得できる。

この機能は特定の場所での学習に利用できる。生徒のケータイに場所の指示を出して、街や自然を探索させるようなこともできる。この機能を利用した「拡張現実（Augmented reality）ツアー」も世界各国でデザインされており、いずれは多くの学校や大学のオリエンテーションのためのツールとして利用されるようになるだろう。これを使えば正しい場所にいるかどうかを確認できるため、オリエンテーリングはもとより、地理学、考古学、建築学、科学、数学をはじめさまざまな教科の学習に利用できる。生徒たちはGPS機能を駆使しながら物や場所を探したり（このような活動は「ジオキャッシング」という宝探しゲームとして知られている）、MITの学習ゲーム「エンバイロメンタル・ディテクティブズ（Environmental Detectives）」のように環境調査をして危険な場所を指摘したりできる。

ケータイに対する見方の方向転換

ある日本の大学講師は、それぞれコンピュータとケータイを使って英語の授業を行い、学習者の反応の違いを評価する研究を行った。その結果、ケータイでの学習者の九〇%は一五日経過しても授業にアクセスしていたのに対し、コンピュータでの学習者は五〇%まで下がっていた。だがアジア以外では、ケータイを学習や研究のツールとして使う例はそれほど多くない。

モバイル機器を使った学習に関する研究は、そのほとんどがPDAを使ったもので、ケータイを使ったものではない。PDAの研究は、その市場開拓のためにメーカーが資金提供して行われているものが多い。

学習ツールとしてのPDAとケータイは異なるものだ。PDAの売上台数は五〇〇〇万台以下だが、ケータイは一五億台だ。PDAの研究もたしかに有益だが、その前に教師たちはすでに生徒たちのポケットに入っている優れた電算機能を持った通信機器の活用を考え始めることが必要だ。

新たなアプローチと倫理的な問題の発生

ご多分にもれず、ケータイについても生徒たちは教師たちよりもはるかに先を行っている。ケータイの「教育的な」利用は、生徒たちが試験中にこっそり「オンデマンドで」答えを調べるという形で始まった。もちろん教師たちはこれを「不正行為」とみなす。そうではなく、持ち込み可の試験を再定義して、「教科書持込可」に加えて「ケータイ持込可」とすべきだ。ケータイの利用を抑え込むよりも奨励すれば、生徒たちの創造性を活かした形で試験ができるだろう。断っておくが、私は不正が嫌いだ。ただ、試験のルールや教育の場での作法のようなものは、この際、見直して修正してしまうべきだと思う。そうすることで、生徒たちを管理して抑え込む形ではなく、その創造性や巧妙な知恵を促す方向にルールを修正すれば、学習ツールを利用することでより有益な学習支援を行うことができるようになる。

こうした修正が行うことで、教室におけるテクノロジー利用の新たな規範や倫理が生み出される必要がある。だが、新たな規範が古いものより優れていれば、その変化はすぐに起こるであろう。一九七〇年代には「留守番電話を使うのは失礼だ」と考えられていたのが、すぐに「留守番電話を使わないのは失礼だ」という風に変わったことを覚えている人もいるだろう。それに忠実なヤフーユーザーだった人たちが、あっという間に忠実なグーグルユーザーになってしまったことが思い当たる人もいるだろう。ひとたび起こってしまえば、世界の変化は素早いものだ。

将来像

いかに機能が充実したとしても、ケータイは生徒たちにとっての唯一の学習ツールにはなり得ない、という指摘がある。もちろん、それは正しくて、生徒たちはさまざまな学習ツールを使って宿題をやったり、グループで一緒に作業したりすることは間違いない。だが、ケータイは生徒たちにとって、ちょうど彼らがエンターテインメント機器を操作するような形で、さまざまなコンピュータ機器を利用するためのインターフェイスとなりえる。ケータイそのものがすべての学習ニーズに対応しないにしても、幅広いニーズに対応することはできるのであって、その長所をうまく利用しない手はない。

ケータイの制約を問題視する向きがあったとしても、生徒たちはそんなことはお構いなしにすでに自分たちに必要な知識を得るための手段としてケータイを利用している。賢明な教師たちであれば、生徒たちのデジタル生活に合わせた形で教えたいことを伝達しようと工夫するし、ケータイは手段のひとつだ。彼らのお気に入りの通信システムに対抗しようとしてエネルギーを消耗するのでなく、その利点を最大限に利用して生徒たちの学習を最大限に促すことを考えることだ。生徒たちがケータイを利用した学習で得るものが大きく、すぐにその利点を活かした学習方法を見つけるのは間違いない。

なぜケータイの話をしているのか？

なぜなら、ここまで述べてきたことに加えて、ケータイはゲームのプラットフォームとして世界で最も成長している機器だからだ。今や何百種類ものケータイ向けゲームが提供されており、子どもたちに大人気のゲームもたくさん出てきている。繰り返すが、ここには収束点がある。つまり、ちょうど（主に米国外だが）教育者たちがケータイを学習ツールとして利用できると気づいたように、ゲーム会社はケータイがゲームプラットフォームとして有望だと気づいたのだ。

この場合も、根拠は同様だ。すでに子どもたちのポケットに入れているお気に入りの機器を活用しようではないか、ということだ。

第5部

親や教師、すべての大人たちが子どものゲーム世界に入っていく方法

本書の最後となる第五部では、ここまであなたが学んできたことを活用するための実践的なアイデアを提供したい。二一世紀において子どもたちがよりよく学び、力強く成長していけるようにあなたが支え、子どもたちとの関係を深めるための助けとなるだろう。

第19章

子どもたちと話そう——子どもたちの知識を尊重しよう

「教師の能力や知識に制限されずに生徒たちが学べるようになったのは、私たちの時代が歴史上初めてだ」

——マーク・アンダーソン

今どきの子どもたちは、男の子も女の子も、都会っ子も田舎の子も、裕福な家庭の子も貧乏な家庭の子も、みんな自分がデジタル文化のなかにいることを知っている。誰がそれを知らないものか。どんな生活の側面でも、自分がデジタル文化にいるというメッセージを毎日受け取る。「テクノロジーはぼくらの世代にはとても大きな部分を占めている。テクノロジーなしでどんな生活になるのかなど、想像もつかない」と、ある十代の子が言う。何がほしいかと彼らに聞けば、いつも同じようなことを繰り返す。ワイヤレスでマルチユーザーで、クリエイティブでコラボレーティブでエキサイティングな経験をしたい、とか何とか言ってくる。経験が彼らにとって重要なものだ。満足な経験が得られないものは彼らの眼中にない。彼らの求めている経験とは、学校以外の場所で得られるものだ。

現在、そして少なくとも今から見えている範囲の将来、子どもたちが必要とするデジタルなスキルや知識、世界の理解の仕方を養うための機会は、学校では与えられていないし、これからもおそらく与えられることはない。多くの教育者たちが努力しているにも関わらず、これが現実だ。そのような機会が得られるのは、放課後の課外活動やコミュニティセンターでの活動、友達の家、ショッピングモール、そして自分の家だ。

そう、信じようが信じまいが、家庭はデジタルネイティブにとっての最大の学習の場だ。必要なテクノロジーはそこにある。子どものいる米国家庭におけるパソコン普及率は八〇パーセントを超えており、そのうち四〇パーセントはブロードバンド接続されている。ゲームコンソール機（ゲームキューブ、ゲームボーイ、PS、Xbox など、子どもたちの教育と将来のために家庭に必ず備えておくべき設備）の家庭普及率は、ほぼ一〇〇パーセントだ。

とても多くの子どもたちはすでにこの環境をうまく利用していて、自分の部屋にこもってコンピュータやテレビの前で調べものをしたり、友だちとチャットしたりインスタントメッセージ（IM）やeメールを送り合ったり、ケータイで通話したり写真を送り合ったりしている。通常、子どもたちはこれらの営みを親からの抵抗を受けながら行っている。「うちの両親ほどのゲーム嫌いには会ったことがない」と言う子はよくいる。もしこのような子どもたちのことを認め、正しく導いていけば、今よりもはるかによく学ぶ子になるのだ。

あなたにできることは何か？

いつもやっているように、子どもたちをあなたの世界に引き戻そうとするのではなく、あなた自身が子どもたちのデジタル世界に入っていくには、どうすればよいだろう？　どうすれば子どもたちのことをよく理解し、新たな関心を持つようにうまく導いて、学校の勉強もきちんとやりながら、より良い生活を送るように方向づけることができるだろうか？　今の教師たちが持つ知識を超えて、未来の科学技術、社会、倫理問題に答える新しいアイデアや知恵を生み出せるようになるだろうか？

とてもたいへんなことのように聞こえるが、実はそれほどでもない。やるべきことの大半は、単に子どもたちに心を開いて、聞く耳を持ち続けることだ。

その子のことをよく知る親のあなたにとって、このようなコミュニケーションを行って理解をすることが困難だと思うなら、そんな子どもたちを三〇〜四〇人もひとりで面倒見ている教師になったらどうだろうと想像してみると良い。だが、そんな混みあった教室でも、デジタルネイティブの子どもたちとうまくコミュニケーションを取って、上手に指導をしている優れた教師たちもたくさんいるのだ。

重要なキーワードは「対話（Dialog）」だ。

子どもたちの世界や興味のあることについての対話が深まれば深まるほど、子どもたちはあなたがそうやって聞いてくれることをうれしく思い、より心を開いて語り、共有してくれて、あなたのアドバイスや指導にも耳を傾けるようになるだろう。「でも、子どもたちのことを何も知らないのに、そんな対話をどうやって始めたらよいのか検討もつかない。日常生活や友だち、宿題のことを聞くのも大変だというのにテクノロジーの話なんて……」とあなたは思っているかもしれない。

本書があなたの力になろうとしているのは、まさにこの点だ。

次のことを考えてほしい――テクノロジーやゲームについて子どもたちと対話をすることの一番の長所は、学校や友だち関係などの日常生活の話題と違って、テクノロジーの話題は子どもたちにとって最も感情的な問題を含まないということだ。さらに良いことは、彼らはこの話題であれば、喜んで共有したがるということだ。あなたのすべきことは、適切な質問をして、あなたが彼らの世界を理解したいのだという真面目な姿勢を示すことだ。

あなたが今すぐ始めるべき「七つの長期的戦略」

あなたが本気だと子どもたちに信じてもらうには、かなりの時間を要するため、まず長期的な戦略として七つのことを始めることをお勧めしたい（短期的な戦略も本書の最後の方で述べるので心配しないで）。これらの戦略はすでにいくつもの家庭で実践されて効果を発揮しているので、あなたにもぜひ試してみてほしい。しかし言われたままそのとおりにやる必要はない。重要なのは考え方を身に付けて、あなたの普段のやり方のなかで応用することだ。

それから、これはひとりでやる必要はない。子どもを持つあなたの友だちやご近所にも気軽に紹介して、一緒にグループプロジェクトとして取り組んでもらいたい。

ステップ1——自分自身を教育する

あなたは、子どもたちと対話を始めようとしている。「やめた!」とか「もういいよ」とかいう事態で終わってしまうのを避けたいなら、子どもたちのデジタル生活やゲームについて多少予習する必要がある。最低限の準備として、次のことをやってみてほしい。

①子どもとゲームの関係やゲームから子どもたちが何を学んでいるかについて、ポジティブな視点で書かれた文献をいくつか手元に置く。参考になる情報は、本書の巻末またはウェブサイト www.GamesParentsTeachers.com からアクセスできる。

②ゲームで学ぶということがどういうことかを体験してみる。

いくつかの簡単な方法を紹介する。たとえば、ネットにつないで、www.popcap.com にアクセスして、ビージュエルド(シンプルで大人気のパズルゲーム)という無料ミニゲームをダウンロードしてインストールしてみてほしい(何のことを言っているのかさっぱりわからなければ、子どもに助けを求めよう。なぜかと聞かれれば、このゲームが面白いと聞いたから試してみたいのだと答えればよい)。

ゲームをインストールできただろうか? よろしい。では始めよう。二つのモードがあることがわかるだろう。ノーマルモード(時間制限なし)とタイムトライアルモード(時間制限あり)があるので、タイムトライアルモードを試してみてほしい。今までにこのゲームで遊んだことがなければ、すぐにゲームオーバーになるのは間違いない。だからしばらくノーマルモードをプレイしてみよう。何度かやれば次のレベルに進めるくらいには粘れるようになるだろう。

そして再びタイムトライアルモードでプレイしてみよう。少しはましになったのを感じるだろう。何か学んだ気がしないだろうか？　私は個人的に、この手のゲームをプレイした時の、何か学んだ気がする経験が好きだ。

ビージュエルドのようなミニゲームは、子どもたちにはややシンプルすぎる（なかにはこの手のゲームが大好きで何時間も遊んでいる子もいる）。だが、このゲームを少しプレイすることで、子どもたちの見ている世界が少しだけ見えてくるだろう。注意してほしいのは、これですべてわかった気にならないことだ。子どもたちのプレイしている人気ゲームの多くは、このゲームよりも何百倍もはるかに複雑なのだ。

ステップ2――子どもたちに適切な質問を投げかける

背景となる知識を持った気がするようになったら（子どもたちのことを理解するには、学ぶべきことがあるとわかっただろう！）、子どもたちとコミュニケーションをとり、そのデジタルライフを理解していくうえで最も重要なことは、彼らのプレイするゲームやオンラインでやっていることについて聞いてみることだ。

だが、子ども部屋に飛び込む前に、何をどのように聞くのかを注意して考えた方がよい。反対の立場にいると言っているような愚かな質問の仕方はすべきでない（たとえば、「何でそんなひどい暴力ゲームで遊ぶんだ？」などと聞いてもダメだ）。そうではなく、あなたが子どもたちのやっていることについて本当に興味を持っているのだという気持ちが伝わるような、制約のない質問をすることだ。ひとつのアプローチとしてはこういうものが考えられる――

「テレビゲームについての本を読んでるんだよ。それによると、最近のゲームは知恵のない暴力的なものばかりではなくて、子どもたちはゲームから多くのことを学んでいると多くの研究者が言っているそうだ。お前はどう思う？」

あわてずにやることだ。わが子が、急に親の一方が（またはとんでもないことに両親とも）ゲームで遊ぶことを前向きに捉えるようになったのに驚いて、心臓発作を起こすのを見たくないだろう。それに尋問されているようにとられるのもダメだ。

最初の質問で、ポジティブな反応が返ってきたら、続いて次のような質問をすることだ――

- どんなゲームが好きなのか？
- なぜそのゲームが好きなのか？
- そのゲームから何か学んでいると思うか？

あなたが辛抱強くて、本当に興味を持っているのであれば、たいていの子どもたちからは話が聞けるだろう。結局のところ、彼らがゲームにかける時間が多ければ多いほど、話すことがたくさんあるのだ。

子どもたちからお気に入りのゲームの情報が得られたら、本書のウェブサイトGamesParentsTeachers.comにアクセスしてみよう。おそらくあなた自身はそのゲームを知らないと思うので、子どもたちがよくプレイするゲームの多くについて、そのゲームにちなんだ質問をこのウェブサイトで提供している。さらに参考トピックとして、学校の科目と関連して子どもたちが学べるゲームも紹介している。

（注――これらの情報を本書でなくオンラインに掲載した理由は、ゲームの世界は目まぐるしく変化しており、最新情報を保つのが重要だからだ。あなたも子どもたちがとっくにプレイしなくなった古いゲームのことを聞きたくはないだろう）

このウェブサイトで得られる質問例は、次のようなものだ。必要に応じて改変しながら、あなたの子どもの年齢や理解のレベルに合わせて使ってほしい。

- 「グランド・セフト・オート」について、ゲームのなかでやらないことや、やると悪い気がすることは何だろう？　それはなぜ？
- 「トゥーンタウン」について、コグは何を表したものだろう？　コグについてどう思う？
- 「シムズ」について、良い人生とはどんな風に表現できるだろう？　どんな家族を作ってみたいと思う？　それはなぜ？
- 「シビライゼーションⅢ」について、どんな種類の文明を作ってみた？　なぜそのやり方を選んだ？　そこから何を学んだ？

●「ブラック・アンド・ホワイト」について、善と悪どちらをプレイした？　それはなぜ？
●「デウス・エクス」について、戦闘的な戦略と隠密的な戦略のどちらを選んだ？　それはなぜ？
●「メダル・オブ・オナー」について、第二次世界大戦のどんなことを学んだ？
●「エバー・クエスト」について、どんなタイプのキャラクターをプレイした？　そのキャラクターのどんなところがプレイしていて楽しい？
●スポーツゲームやゲーム全般について、カメラをどのように操作した？　それはなぜ重要？　プレイヤーとマネージャーとオーナー、どの役割をプレイしていて一番楽しいと思う？　それはなぜ？

もしこれらの質問が変な風に感じられる場合は、GamesParentsTeachers.comにあなたの子どもたちと一緒にアクセスしてみてほしい。ほかの子たちが言っていることを読んで楽しむかもしれないし、自分のコメントを投稿するかもしれない。多くの質問はゲームデザイナーたちからのものだが、ゲームプレイヤーからの質問もたくさん寄せられている。

（注——ここでの議論がうまくいって盛り上がっていたら、そのままステップ４に進んでもよい。）

ステップ３——記事や引用を使って、あなたの家族を教育する

もしあなたが、子どもたちとの対話を始めるのに苦労しているなら（または苦労していなくても）、もうひとつの追加オプションとして、あなたが（それにあなたの子どもたちも）尊敬できるゲームデザイナーや学者たちの考えにみんなで触れてみるというアプローチをお勧めする。これも取

り掛かりにちょうどよい資料を前述のGamesParentsTeachers.comで提供しているので、子どもたちや家族みんなで共有すれば、おそらく得られるものがあるだろう。次のような一言の引用から始めてみるとよいだろう――

●「なぜ『教育ゲーム』なんてわざわざ言っているのだろう？　まるでゲームが教育的ではないと言っているようなものじゃないか！」（ウィル・ライト、「シムシティ」、「シムズ」のデザイナー）
●「教育とエンターテインメントを区別する人は、そのどちらについても理解していない」（マーシャル・マクルーハン）
●「ゲームデザイナーたちは、インストラクショナルデザイナーたちよりも学習についてはるかによくわかっている」（シーモア・パパート、ＭＩＴ教授）
●「学習とは規律からではなく、熱意から生まれるものだ」（ニコラス・ネグロポンテ、ＭＩＴメディアラボ創設者）
●「優れたゲームをデザインすることは、人類が実行可能な最も難しい仕事のひとつだ」（カール・ユング）

ウェブサイトでは、このほかにも優れた論文や、記事の長いものから短いものまで、数多く紹介している。子どもたちが読むのに適した読み物も紹介しており、字が読めない子どもには聞いて学べるお話プログラムを用意している。

いくつかの論文については、家族みんなで読んで、議論する時間をとれるようにグループで読みたいと思うかもしれない。友達の家族を巻き込むのも良いかもしれない。

ステップ4——子どもたちがゲームで遊ぶ様子を後ろから観察する（きちんと許可を取って）

ある時点で（今すぐではない）、子どもたちのゲームをプレイする様子を見てみたいと興味を持つかもしれない（無難な尋ね方は「今度ゲームする時、ちょっと一緒に覗いてみていいかい？」）。

子どもの肩越しに覗いて見ながらやるべきことは、見てわからないことを尋ねてみることだ。子どもたちに敬意を持って接することだ。ゲームの盛り上がっているところを邪魔されてうれしいとは誰も思わない。多くの推測をめぐらしながら見る必要があるかもしれないし、後で聞くために質問をメモする必要もあるかもしれない。

あなたが見たいと思っていることで、おそらく驚かされることは、ゲームの持つ、あるいはゲームプレイに含まれる深みだろう。第八章で学んだことを思い出すと思うが、ゲームのペースや適応性、報酬、深みと複雑さ、それにプレイヤーを引き込んで夢中にさせる力だ。

子どもがそうしろと言わない限りは、「アイキャンディ」に目を奪われすぎないように心掛けることだ。グラフィックが美しくて見事なのは間違いないし、そのおかげでゲーム世界に引き込まれるのは確かだ。だが、それだけで子どもたちはプレイし続けるわけではない。それは子どもたちがゲームから得られることのごく一部にすぎない。

子どもがゲームをするのを見ていて、どこに面白さがあるのかを理解できるだろうか。すぐにわからなければ、聞いてみることだ。「このゲームの何が一番面白いところなの？」と。

子どもの目線で捉えようとするのと同時に、大人の目線も忘れてはいけない。それぞれのゲームがどんなゲームなのかを理解できるだろうか？　第八章で議論したような（How, What, Why, Where, Whether）のそれぞれのレベルでできるだけ考えてみよう。

これらのことをしていくうえで、重要なのは性急な判断を下さないことだ。あなたの子どもが「クエークⅢ」や「アンリアル・トーナメント」のようなファーストパーソン・シューティングゲームをプレイするのが好きであれば、この手のゲームがどんなにひどいものかをコメントしないようにすることだ。その子はゲームをゲームとして認識しているだろうから心配はいらない。その代わりに次のような質問をすることだ。「このゲームで勝つにはどんなスキルが必要なんだい？」、「それをどうやって学んだの？」、「そのスキルを身につけるにはどれくらいかかったの？」、「この手のゲームでの人間同士の関係をどう思う？」、「それらは暴力的なもの？」、「このゲームをしていて何か考えさせられたことはある？」、「それはどんなこと？」

私が勧めていることは本当にうまくいくのか？

ここにある親からの報告がある――

「私はティーンエイジャーの息子を持つ母親です。私は、うちの子がなぜこれほど自分がオンラインゲームに夢中になるのか、私に理解してほしいと強く思っていたことを知りました。そして、この子がプレイするどんなゲームからも学んでいることを理解しました。彼は喜んで、私が隣に座ってゲームをするのを横で見るのを許してくれて、私のたくさんの質問にも我慢強く答えてくれました。ゲームの様子を見ながら、いくつも質問をしたおかげで、私は息子のプレイするゲームがいかに複雑なものかを理解し、この子をはじめ幅広い年齢の多くの人々に、なぜゲームが人気なのかを理解しました。息子のゲームマシンと、私のコンピュータは同じ部屋に置いていたこともあり、彼がオンラインゲームでほかのプレイヤーの人たちとやり取りするのをよく目にしていたので、オンラインゲームのコミュニティについても理解を深めることができました。彼らは仲間の誕生日を祝い、日常生活の良い知らせや悪い知らせを共有し合い、よくからかい合ったり冗談を言い合ったりしています。彼らはゲームを真剣に捉え、多くのことを捧げていますし、ゲームをしない人からすれば、文通くらいでしか経験できないような深い人間関係を共有しています。この彼らの「憩いの場」では、複数のことを同時に行う必要のあるとても忙しい環境で、多くの仲間と上手にコミュニケーションをとっています。交わされる会話は、ゲームの戦略やゲームとは関係ない話題などさまざまです。ほかのプレイヤーがゲーム世界に入ってくるのを歓迎し、ヒントや戦略を教えたり、武器やアイテムを分け与えたりして、喜んでほかのプレイヤーの成長に手を貸しています」

これはあなたの子どもたちにも当てはまるだろうか?

自分は「元アンチゲーム主義者」だと称するもうひとりの母親は、次のようにコメントしている——

「グランド・セフト・オート」をうちの息子がプレイするのを見ていて、私はゲームというのは、これほどまでに機知に富んだものなのかと驚きました」

ステップ5――子どもと一緒にゲームを買いに行く

もしあなたが今まで子どもたちと一緒にゲームを買いに行ったことがなければ、特別な処置が必要だ。とにかく、ゲームの品揃えが豊富な大型家電店へ子どもを連れて行ってみることだ。そして少し時間をとって、いくつかゲームを手に取って、その箱に書いてあることを読んでみてほしい（ゲームの箱に戦闘や戦争の絵が描かれたものを目にするだろう。それらが気になるなら、その手のゲームは放っておいて、それ以外のゲームを当たってみることだ）。その子が好きなゲームを見つけてもらい、それがなぜ好きなのかを聞いてみよう。ゲームレビューを読んだり、そのゲームについて友だちとオンラインチャットしたりしたのだろうか？

もし二人とも興味を持ったゲームを見つけることができたら、すぐに買わずに家に帰ってそのゲームについてリサーチしてみよう。オンラインでゲームレビューを読み、そのゲームの評判がどんなものかを調べることだ。このリサーチは、子どもと一緒にやることだ。その子の方があなたよりもそのゲームのオンラインコミュニティをよく知っている。子どもの様子を見て学ぶことだ。

ステップ6――ゲームをいくつかプレイしてみる

ここからの残り二つのステップは、私からのやや急進的な提案に類するが、もし時間と興味があれば、子どもたちと一緒に実際にいくつかゲームをプレイしてみること以上に得られることはない。子どもたちにやらせて見ていてもよいが、もしあなたが賢明であれば、子どもがいない時にじっくり自分でもやってみることだ。そうすれば恥をかかずに試すことができる。でも子どもたちに助けてもらいながらの方がおそらくうまくいくだろう。（挑戦的な人たちへは、第二六章「あなたは子どもたち並みに勇気がある？」でさらに多くの提案をしているのでそちらを参照）。

おそらくコントロールがマウスとキーボードのパソコンゲームの方が、複雑なコントローラーを操作するコンソール機のゲームよりもあなたにはとっつきやすいかもしれない。だが、あなたの子どもがゲームキューブやPS2、Xboxなどを持っているなら、気軽に試してみてほしい。ゲームキューブの「どうぶつの森」や「ピクミン」のようなゲームは手始めにはとてもよい。――これはあなたがゲームを持ち出すことを子どもが認めてくれると仮定しての話だ。

もしあなたがこの急進的なステップを取ってみれば、それらのゲームをマスターするために、わが子が学んだことのすごさをすぐに思い知ることだろう。

あなたのゲームの旅にガイドが必要であれば、ジェームズ・ポール・ジーの著書『What Video Games Have To Teach Us About Learning and Literacy』を開いてみるとよい。ウィスコンシン大学教授で言語学者のジーは、本書の前書きを寄せてくれた人であり、とても頭のよくて人望の厚い人だ。その本には、彼自身がいくつもの複雑なゲームに挑戦して最後までクリアした経験が記されている。ジーはゲームをプレイしている時に生じている、とても多くの重要な学習の様子を描写している。

残念なことに、ジーの本は学術書として書かれていて、多くの学術的な専門用語を使っているため、読みやすくないところもあるが、がんばって読むに値する。私が難しい専門用語をわかりやすく説明しながら書いた同書のレビュー『Escape From Planet Jar-Gon（学術用語プラネットからの脱出）』も要約として利用できる。www.marcprensky.com/writings/に掲載している。

ステップ7――LANパーティの開催を手伝い、ゲームクラブを開設する

これは、ゲームにハマった人々向けの、もうひとつの急進的な方法だ。もしうまくやれば、子どもたちはとても感謝してくれるであろう。LANパーティとは、ゲームプレイヤーたちが集まって、持ち寄った自分のパソコンをローカルエリアネットワークに接続し、インターネットを介すよりも高速で快適な環境でマルチプレイヤーゲームを楽しむ集まりのことだ（第二〇章にLANパーティの写真を掲載した（二一五ページ））。ちょうどボーイスカウトやチェスクラブ、科学クラブなどの課外クラブ活動に親たちがボランティアで世話をするように、子どもたちのLANパーティに付き添いで参加するか、あるいは子どもたちがゲームクラブを始めるのを手伝うことだ。あなたがエキスパートでなくても心配する必要はない（あなたはデジタル移民なのだから！）。ほとんどのことは子どもたちの方がよく知っているし、年長ゲーマーやゲーム会社の知り合いがいれば、彼らに話をしに来てもらうのもよいだろう。

そのようなパーティで何が起きているのだろうか？　子どもたちが自発的に参加する他の課外活動と同じようなことが起きている――子どもたちは自分の好きなことについて詳しく学び、仲間と情報交換をする。子どもたちの興味によって、競争してプレイすることもあるし、おそらく自分たちのゲームを作ることに夢中になることもあるだろう。年齢によっては「ゲームメイキング」プログラム

を使ってゲームを作ったり、前に述べたような市販ゲームを使ったモッドゲームを作ったりもできる。

いくつかの先進的な学校や学区では、すでにクラブ活動やサマースクールで子どもたちがゲームをプレイしたり作ったりできる場を年間通して提供している。

そのメリットは何か？　まず、子どもたちは自分たちが本当に好きなものを大人が真面目に考えてくれるということを理解する。そして、どんなキャリアであれ、その子たちが将来進む道で役に立つとても有用なスキルを身に付けられることだ。

第20章

新しい言語――デジタル移民再教育のためのボキャブラリー

「この子たちはいったい何を言っているんだ?」
――ある親

デジタル生活を送りながら、子どもたちはまったく新しい「デジタル言語」を発明しており、それらの多くはゲームに根ざしたものだ。子どもたちへの責任として、私たち大人も彼らの言語をできるだけ学ぼうと努力をすることは大いに有効だ。

インスタントメッセージ(IM)のように、私たちのほとんどが馴染みのある言葉もいくつかある。彼らの編み出した言葉のいくつかはすでにあなたも使っていることだろう。たとえば、G2G、GTG(Got to go=行かなくちゃ)、CUL8R(See you later=あとでね)、LOL(Laugh out loud=大笑いだ)、小学五年生になる私の甥は、WTF(What the fuck?=なんてこった)のような感嘆詞を知っており、喜んで使う。このようなネット上で飛び交う略語のリストは、http://www.dating

again101.com/shorthand_im.html のようなウェブサイトに掲載されている。普通に英語で文章を書くと、中学生がＩＭで書きそうな文章に変換してくれるウェブサイトまである。

このような新しい言語は果たして良いものか悪いものか？　それにゲームと何か関係があるだろうか？　確かなのは、スペリングは苦痛であり（常に苦痛を強いられてきた）、ＩＭのようなインフォーマルなツールやスペルチェッカーの普及はこの問題の悪化につながった。

ところが、面白いことにゲームはこの問題の悪化には影響しておらず、実はその逆の影響を生んでいる。多くのゲームは、子どもたちに字を読ませ（大量の文章で、学校で学ぶレベルをはるかに超えた内容であることが多い）、画面上の文字はすべて正しくスペルされている。スペリングとゲームが一緒になる関心もある。数年前の全米スペリング・ビーコンテスト（英単語のスペル暗記コンテスト）に優勝した男の子に、賞金の使い道を尋ねたところ、彼は「ゲームをたくさん買いたいです」と答えた。

あなたと子どもたちのよりよいコミュニケーションを助けるために、少しボキャブラリーのレッスンをしよう。クイズもあるので、ノートを取ってほしい。あとで子どもたちにコーチしてもらってほしい。

アルタネート・リアリティ・ゲーム（Alternate Reality Game =ARG）

ＡＲＧとは、ヒントやパズルがウェブサイトやｅメール、電話、ビデオやファックスを通して提供されて行われるオンラインゲームのことだ。たとえば、マジェスティック（Majestic、エレクトロニック・アーツから提供されたゲームで現在はサービス終了)、ザ・ビースト(The Beast、スピルバーグの映画「AI」のプロモーション)、ロックジョー(Lockjaw)、アンキャップ・ザ・ライド(Uncap the Ride、優勝賞品にBMWがかかったプロモーションゲーム)、ノアバディ(Noahbuddy)、サーチ・フォーE(Search4E)、アイ・ラブ・ビー(I Love Bees)などがある。これらのゲームは大勢で協力する必要のある「生活のなかの」パズルゲームだ。プレイヤーは必要に応じて、パズルを解くためのオンラインディスカッションに参加する必要がある。

アバター(Avatar)

アバターとは、バーチャル世界のプレイヤーの分身だ。オンラインゲームなどのオンラインでの活動は、まずプレイヤーは自分自身のアバターを作る。人間のようなものも、そうでないものもさまざまな形がある。他のプレイヤーはこのアバターをあなただと認識する。アバターを作るには、通常はゲームに付属のツールを使う。プレイヤーはアバターをとても真剣に作り、時には何時間もかけて見栄えをよくしたり、実験的に変わった見栄えを試してみたりする。テキストチャットの純粋な匿名性を一歩超えて、ユーザーはアバターを使って自分を好きな見た目にして、他人がどういう反応をするかを実験することができる。それほど遠くない未来、単に見た目だけでなく、アバターの声などの他の要素も調整可能になるだろう。

ブログ、ブロッギング（Blogs, Blogging）

「ブログ」は、ウェブログの略語であり、「ブロッギング」は、ブログを書いて管理することだ。ブログとは、「日記」タイプのオンラインサイトのことで、個人やグループによって継続的（毎日、毎週、あるいは数時間ごとの場合もある）に新しいエントリーが掲載されている。ブログを書く人々は、学者や技術系企業の社長から普通の一個人までさまざまだ。戦場にいる兵士たちもブログを書いている。通常、ブログに書かれる内容は、個人的な考えやウェブサイトのリンクなどが混ざっている。ブログには他のブログやウェブサイトへのリンクがたくさん張られており、興味深いアイデアネットワークを形成している。誰でも手軽に使えるブログ管理のためのオンラインソフトウェアが提供されており、ごく簡単に設定と発行を行うことができる。多くの賢い子どもたちは、そのようなソフトウェアを利用してブログを日々書いており、他のクラスメートが（時には親たちも、本書の趣旨としては願わくばこっそりではなく、子どもから許しを得て）読んでいたりする。「大人の」ブログも存在していて、一般に政治的な話題などが多い。ブログは、ウェブ上に自分のデータや考えを表明する手段を人々に提供し、それらは集積してひとつの巨大な検索可能な会話ログやデータベースとなっているところが特筆すべき現象になっている。

チートコード（Cheat Code）

「チートコード（不正コード）」とは不運な名前で、それだけで大人たちの気分を害してしまう（「ほら、ゲームで不正をするんじゃないの！」と反応する）。だが実際には、武器を増やすとか、難しいところですぐに死なないようにするような、ゲームのルールを変える以上のことではない。これらのコードは、プログラマが開発時のテスト用に使っていたもので、テストする必要のある地点までゲームを素早く進めるために使われていた。プレイヤーのなかには、難しいゲーム（またはパートを）をやさしくするためにコードを使う者もいる。長くて時間のかかるゲームを短くして楽しむために使うプレイヤーもいる。時には「イースターエッグ」のようにゲームのなかに隠されたお楽しみを見つけるためのコードもある。

エモティコン（Emoticon）

エモティコン（顔文字。「エモーショナル・アイコン」の略語のこと）とは、文章を書いていて、書き手の感情を表現するために使われる記号のことだ。簡単なボディランゲージが視覚的に表現される。最も有名なのはスマイリーフェイスで、:-) と横書きで表されていたが、今では☺とプログラムによって自動的に変換される。これらは何百種類も存在しており、子どもたちは日常的に利用している。どんなものがあるか知りたければ、グーグルで「Emoticon（顔文字）」で検索するとすぐに見つかる。厳密に言えばエモティコンではないが、書き手のなかには（特にデジタル移民に多いが）、感情やボディランゲージを表現する際にカッコを使ってそのなかに書き込む人たちもいる。あなたもそうじゃないですか？（笑）

グリッドコンピューティング（Grid Computing）

グリッドコンピューティングとは、ひとつの複雑な問題を処理するために、ネットワーク接続した多くのコンピュータのリソースを同時に利用する技術のことだ。今や多くの企業が小規模なコンピュータを何百台もグリッドにリンクさせて、巨大コンピュータ並みの処理能力を低コストで利用している。個人のパソコンのプロセッサの未使用領域をリンクさせて、スーパーコンピュータでも不可能なほど大量の電算処理を行うこともできる。興味を持った子どもも大人も、地球外知的生命体の探査や気候分析プロジェクトに、自分のコンピュータを使って協力することもできる。

ファンタジースポーツゲーム（Fantasy Sports Games）

ファンタジースポーツゲームとは、プレイヤーが好きな選手（実在するプロスポーツリーグ）を選んで、自分のお気に入りの仮想チームを作り、翌日の実際の試合結果に基づいて自分のチームの成績が集計され、その成績を競うという統計ベースのゲームだ。メジャーリーグベースボール、サッカー、ホッケーなど、ほとんどあらゆるプロスポーツのファンタジーゲームが提供されている。プレイヤーたちは賞品や名誉をかけて競争する。

インスタントメッセージ（Instant Messaging=IM）

ＩＭは、パソコンやケータイのソフトウェアを利用して、画面に表示される小さなウィンドウにテキストを入力してメッセージを送り合うものであり、「オンラインチャット」と同様に、世界中の

LAN パーティ（Credit : Paal Christian Bjønnes）

人々と同時に文字で会話を行うことができる。その会話は「A：…、B：…」という形で表示されるので、スクロールして前に戻って見直すこともできる。経験豊かなIM使いは、複数のIMウィンドウを同時に立ち上げて、複数の人々と同時に会話を進めることができる。

LANパーティ（LAN Party）

LAN（ローカル・エリア・ネットワーク）パーティは、よく学生やゲームファングループによって組織され、一〇～一〇〇人がコンピュータを一か所に持ち寄ってLAN接続してマルチプレイヤーゲームをプレイするイベントのことだ。ローカルネットワークを利用することで、ネットワークのタイムラグや設備的な制約を解消し、プレイヤー間の条件を整えて快適にネットワークゲームがプレイできる。LANパーティの大きな魅力は、同じ場所にいるプレイヤーたちがネットワーク上でゲームを一緒に楽しむことだ。

大規模ゲーム大会（Credit : Paal Christian Bjønnes）

大規模ゲーム大会（Large Scale Gaming Competitions）

ＬＡＮパーティのなかには、スタジアムを借り切って六〇〇〇人以上のプレイヤーが自分のパソコンを持ち寄り、参加全員のパソコンをローカルネットワークに接続してプレイするような極端に大規模なものもある。プレイヤーたちはこれらのイベント（QuakeCon, The Gathering, World Cyber Games など）に世界中から参加し、三〜六日連続、朝から晩までずっとゲームをし続ける。これらのイベントはプレイヤーたち自身が開催しているものも多い。大会は賞金稼ぎの「サイバー・アスリート」たちの独壇場になることがよくある。

レベルエディター（Level Editor）

レベルエディターとは、ゲームのプレイ空間つまり「レベル」をデザイン、構築するためのソフトウェアだ。モディング（二一八ページ参照）や多くの無料ゲームを作るためのツールとして利用されている。

論理プログラミング言語（Logical Programming Languages）

プログラミングは訓練を受けた専門家だけのものだったのが、徐々にデジタルネイティブの一般的なツールとなりつつある。マイクロソフトオフィスなどのマクロや、ウェブサイトを構築するためのジャバスクリプトやHTML、ユーザーフレンドリーな言語が利用できるVisual Basic, Director, Authorware, Flashや、それにパワーポイントやグーグル検索も論理プログラム言語の仲間だ。これらの言語はゲームにも付属されるものもあり、ノンテクニカルな人たちをプログラマに変えてしまった。多くのデジタルネイティブのパソコンユーザーたちは、何らかの形で論理プログラミングを行ったことがある。

マシネマ（Machinima）

これはモディングツールを利用して作られるオンラインムービーのことだ。プレイできるモッドとは異なり、マシネマは見るためのものだ。とても複雑で感情をかきたてる作品が数多く制作されており、それらはwww.machinima.comなどで見ることができる。

多人数参加型オンラインロールプレイングゲーム（Massively Multiplayer Online Role Playing Game=MMORPG）

MMORPGは、数百人から数百万人もの人々が同時にオンラインでプレイするゲームだ。エバー・クエスト（Ever Quest）やウルティマ・オンライン（Ultima Online）、アシュロンズ・コール（Asheron's Call）、ダーク・エイジ・オブ・キャメロット（Dark Age of Camelot）、ワールド・オブ・ウォークラフト（World of Warcraft）、リネージュ（Lineage）をはじめ、次々に新作ゲームが登場している。このタイプのゲームは、スキルを高めたり、グループを組んで「クエスト」を重ねたりしながら、自分の「キャラクター」を育てることに特に焦点が置かれているものが多い。通常、MMORPGは「永続的な」世界であり、プレイヤーがログオフしても常に世界は動いている。プレイヤーたちはゲーム世界のアイテムや資産を活発に売買するため、ゲームを取り巻くひとつの経済世界が形成されている。シムズオンラインやアメリカズ・アーミーなども、オンラインでプレイできるが同時にプレイする人数は少ない。

モッド、モディング（Mods, Modding）

第一六章で議論したように、多くの複雑な市販ゲームは、プレイヤーにゲームのモッド（Modification）を作るためのツールを提供し、モッドゲーム開発を奨励している。ゲーム世界の環境やキャラクター、ゲームプレイなどのさまざまなモッドが可能だ。改変したゲームのことを「モッド」と呼び、改造ゲームを作ることを「モディング」と呼ぶ。作り手であるモッダーたちは、モッドによって元のゲームとはまったく異なるまったく新しいゲームを作り上げてしまう。ゲーム会社は、モディングに必要なツールをゲームパッケージに含めたり、オンラインで配布したりして提供している。このようなツールはある種のマーケティングツールとして機能しており、モッドによってプレイヤーはゲームへの興味を保ち、関わり続ける。たとえば、シムズオンラインは、ゲームが発売される四か月も前にモディングツールが配布されたことが話題となった。

オンライン人探し（Online People-Finding）

これは、ウェブやケータイを使って共通の関心や求めるスキルを持つ人を探すことだ。オンラインゲームでは「ゲームロビー」があり、一般にはコミュニティサイト、ゲームポータル、チャットサイト、出会い系サイト、就転職活動支援サイト、www.meetup.com のような組織サイトもある。

オンライン評価システム（Online Reputation Systems）

オンラインのみの人間関係は、人々の信頼関係を維持するための新しい仕組みを必要とする。イーベイなどのオークションサイトで買い物をする際、その売り手が信頼できて、きちんと品物を送ってくれると判断するには、どうすればよいだろうか？　売り手の側にしても、あなたが代金を支払ってくれることをどうやって信頼できるだろう？　さまざまな「オンライン評価システム」が、こうした売買における売り手や買い手の評価情報や商品情報を提供する手段として提供されているようになった。よく用いられるアプローチは、売買に関わる人同士がお互いに評価し合い、その評価の蓄積を履歴情報として提供する形のものだ。このような評価システムを取り入れているウェブサイトとして、www.epinions.com, www.amazon.com, www.google.com, www.slashdot.com, www.rateyourprofessor.com などが挙げられる。

パッチ（Patch）

「パッチ」や「ソフトウェアパッチ」と呼ばれるプログラムは、ゲームなどのソフトウェア製品の発売後に、元のプログラムに含まれるバグを直したり、デザイン上の問題などを改善したりするために提供元から追加で提供されるものだ。

ピア・トゥ・ピア（Peer-to-peer, P2P）

P2Pソフトウェアは、ユーザー同士が音楽、動画、ゲームなどのあらゆるファイルを、メインサーバーやデータベースを介さず直接他のユーザーと交換する仕組みを提供するソフトウェアだ。ナップスターが初期の例として有名だ。通常P2Pソフトウェアは、ファイルの所有者が共有を認めたファイルが保管された個人のマシンを直接検索してダウンロードできる仕組みになっている。

ポッドキャスト（Podcast）

イベントやインタビュー、ラジオやテレビ番組などの音声ファイルをオンライン上に置いて、誰でもダウンロードして聞けるようにすることだ。特定のサイトでファイルが提供されるたびに自動的にダウンロードするためのソフトウェアが提供されている。ビデオポッドキャストも存在している。

スマーフィング（Smurfing）

スマーフィングとは、同じゲームで二人目のキャラクターを作って、こっそりとプレイの様子を観察することだ。

スポーニング、リ・スポーニング（spawning, Re-spawning）

スポーニング（またはリ・スポーニング）は、自分のキャラクターが死んでしまった後に再びゲームに復活すること。死んだ場所とは別の場所に復活することが多く、（ゲームによっては）死んだ時に失ったアイテムを他のキャラクターに奪われる前に、元の場所に戻って取り戻さなければならなくなる。

ストーキング（stalking）

ここでは必ずしも悪い意味ではなく、誰かと直接会う前に、マイスペース（Myspace.com）のようなソーシャルネットワーキングサービスなどを利用して会う人の事前情報をチェックすること。

タートリング（Turtling）

（ネットゲームなどで）ゲームの動きが亀のように遅くなること。

トゥインキング（Twinking）

経験豊かなプレイヤーが初心者プレイヤーを助ける現象のこと。ディズニーのトゥーンタウン（第一三章を参照）などのゲームでは、トゥインキングには報酬が出る。

ウェブカム（Webcam）

映像をネット上で常に提供するために設置されたビデオカメラ（通常は個人の小さなカメラ）のこと。ウェブサイトの制作者たちは、ウェブカムを遠隔でのデータ収集や交通整理、情報交換、自然観察などに利用している。ウェブカムの設置は簡単で低コストであり、何万ものウェブカム映像がネット上で常時提供されている。

ワイ・ファイ（Wi-Fi）

Wireless Fidelity の略で、無線ＬＡＮのこと。フリースペクトルの無線ＬＡＮ標準規格で、802.11（この数字の後にタイプを示すアルファベットが表記される）として知られている。Wi-Fi によって、数十メートル離れた地点からでもコンピュータなどの機器をワイヤレスでインターネット接続でき、相互通信を可能にする。学校でも Wi-Fi 接続が可能なコンピュータを利用して、生徒たちに学校内のどこからでもネットワークを利用できる環境を提供するようになってきている。Wi-Fi ホットスポットは、無料または有料の Wi-Fi 接続ポイントで、スターバックスのような喫茶店や公園、書店、マクドナルドのようなファーストフード店でも提供されている。

ウィキ（Wiki）

ウィキとは、誰でも（またはグループ内の誰でも）編集できるウェブサイトのことだ。オンラインウィキを作るには簡単で、ものの数分もあれば立ち上げることができる。手っ取り早くグループでの情報共有や共同作業の場をネット上に作る手段として利用されている。

Wikiと言う名称は、ハワイの言葉で「早く」を意味する「Wikiwiki」からきている。誰かがウェブを修正した場合、その前のバージョンは保管されていて、修正が間違っていたり不適切だったりした場合など、必要であればすぐに元のバージョンに戻すことができる。

ウィキペディア（Wikipedia）

ウィキペディアは新しい形のオンライン辞書であり、ウィキベースで構築されていて、ネット上の誰もが執筆や編集に参加できる。誰もが編集できるウィキの特性により、そのトピックに関心の高い人たちが継続的に編集を行うことができるため、常に誤った記述を修正することができ、ひとりの編集者が担当するよりもより良い内容を保つことができると期待されている。ウィキペディアは、特に新しいものやごく最近起きた事象について調べるためのよい情報源として利用されている。

ワイ・マックス（Wi-Max）

ワイ・ファイよりも広い帯域で無線LAN接続を可能にする、次世代の無線接続規格のひとつ。

ワイヤレス・ゲーミング（Wireless Gaming）

ケータイや携帯機器用のゲームや、そのゲームをプレイすることを指す一般的な用語だ。ゲームの世界において、ワイヤレスゲーミングは急速に成長を続ける分野であり、毎年何百もの最新ゲームが登場している。簡単なミニゲーム（ワリオウェア（メイド・イン・ワリオ）のような一分以内でプレイできるもの）から何世代も続くキャラクターをプレイするような複雑で長大なものまでさまざまだ。シングルプレイゲームから、対戦ゲーム、マルチプレイヤーゲームまでタイプはさまざまだ。ワイヤレス機器の小さな画面上で、コンソールゲーム並みの高度な3D画像を駆使するものも多く、非常に創造性の高い開発スキルが求められることもある。思い当たるあらゆるジャンルのワイヤレスゲームが存在し、ワイヤレスゲーミングの教育・学習利用の可能性は巨大だ。

最新情報の提供

もちろんこれらのデジタルテクノロジーとそれに関連するボキャブラリーは、常に変化し続けるものだ。本書のウェブサイト www.gamesparentsteachers.com を参照して、最新のものを確認してほしい。ではクイズをしようと思うがよろしいか？（まずければ、本章を再読すること☺）

次の章では、本書のメッセージを真剣に受け止めた多くの親たちの意見を聞いてみることにしよう。この人たちは、ゲームが子どもたちのためになると真面目に考えて子育てに取り組んでいる。彼らがどんな経験をして、どんな考えを持っているか、自身が語ったことをありのまま紹介する。

第21章

ゲームが役に立つと理解した親たちの教育法

「私は娘とゲームをするのが大好きです」

——リンダ・ポリン、教育学教授

「子どもたちはゲームに真剣になった時、自分の読解力を超えるものでも読むようになる」

——ジェームズ・ポール・ジー、教育学教授

子どもたちが学校に通っている以外の時間は、子どもたちを教育する責任は親の私たちにある。家庭での教育にゲームの力を活かそうとする試みは増えてきている。そのような試みを行う親たちは、子どもたちと一緒にゲームで遊ぶことは読書と同じく、子どもたちの発達において価値があると認識している。

私は子どもの読書をやめさせるべきだとか、教育や親子のコミュニケーションにおける読書の重要性が下がっているなどと主張しているのではない。読書は今も変わらず重要だ。だが、「今や読書だけでは、二一世紀を生きていくために必要な将来への準備を子どもたちにさせてあげることはできない」ということを理解してほしい。

ＳＦものや予言もの以外、書物のほとんどすべては過去について書かれたものだ。過去について知ることが重要であることには今も変わりはないが、以前ほどには過去を学ぶことで未来に役立つことが少なくなってきている。今の子どもたちの未来は、これまでに書かれた書物で述べられていることとはだいぶ異なっていることだろう。これが私がこのような主張をする理由のひとつだ。

もうひとつの理由は、今どきの子どもたちは前の世代よりもはるかに双方向性を求めており、何かをしたり、作ったり、プログラミングしたりしながら学ぶことを好んでいることにある。ゲームはいかなる書物にも与えられないことを子どもたちに与えるのだ。

ある親とゲーム

まず、ひとりのユニークな父親を紹介したい。その人はジェームズ・ポール・ジーという名で、本書の序文を書いてくれている。ジーは大学の教育学部の教授（特にリーディングが専門）で、サムという九歳の息子がいる。以下はジーとサムの話だ――

私がサムにコンピュータを買い与えたのはだいぶ早い。たしかこの子が三歳になる前だった。サムはマウスを動かすことができず、何も動かすことはできなかった。私は彼をひざの上に座らせて、一緒にプーさんの絵本をコンピュータ上で読んだ。子どもにコンピュータを使わせる年齢についてさまざまな議論があるなかで、私がこのようなことをした理由は、コンピュータというものが特別なものではなく、彼の育つ環境のなかに自然にあって、何かをするための普通の道具として捉えてほしいと考えたからだ。私たちは本を同様に扱っている。子どもと一緒に読書をして、好きに触らせたり放り投げたりさせるのは、子どもの身の回りや家族の生活のなかで、本が普通のもので生活の一部として自然に存在するものとして子どもに捉えてもらいたいからだ。当然彼もプーさんの本も読んでいるので、コンピュータ上で同じものを見せることで、そこにつながりを見出せる。

マウスを彼に与えて画面を操作させる。ちょうど読書を一緒にしていて、本を読み聞かせる時に母親か私のひざの上にのせるのと同じように、私は彼をひざの上にのせている。するとしだいに、彼はマウスの動かし方を覚え、コンピュータがそれで操作できることを学ぶ。画面上に見えるものがクリックできるということも理解するようになる。

私にとって重要なことは、コンピュータをベビーシッター代わりに使おうということではなく、両親と一緒にコンピュータを使うことを、読書を一緒にするように捉えてほしいということだ。どちらも物事の意味を理解したり作り出したりして、その意味を文字にして表現するものとして、彼にはそれらを同等のものとして考えてもらいたいのだ。それにプーさんやドクターゼウスの本をコンピュータで読ませることで、紙の本とのつながりを理解してもらいたいのだ。

この結果、彼はコンピュータを特別なものとしてみなくなり、私と同じように、本や鉛筆や電卓などと同じ何かをするための道具として見るようになった。コンピュータで遊ぶことを怖がらなくなり、実験的にいじってみることにも恐怖心を抱かなくなった。

しだいに、彼はゲームのコントロールをもっと自分でやってみたいと思うようになった。これは子どもたちが読書においてそう考えるのと同じで、自分が読みたいものを読めるようになることがお兄ちゃんやお姉ちゃんになることだと考え始めて、ある時急に自分で読み始めるのと同じだ。

この活動の妨げとなったのは、彼がポケモンに夢中になった時だ。私はスーパーマーケットで買ってきたプラスチックのポケモン人形を二体、彼に与えた（私はその時はその人形が何なのかさっぱりわかってなかった）。理由は何のことはない、単にかわいいと思ったからだ。彼はそのキャラクターを気に入って、とても夢中になった。

多くの男の子たちと同じく、彼も物を集めるのが大好きだった（日本人がゲームについてよく理解しているのは、小さい子どもたちは物を集めるのが大好きだということだ）。彼はすぐにポケモンをたくさん見たいがためにインターネットでポケモンを検索したがった。そしてポケモンの本や遊び方の本、ステッカー本などを何冊か見つけた。このことが彼のポケモン世界全体を広げた。ゲームも見つけ、私たちは彼にゲームボーイを買い与えた。ところが彼はまだ字が読めなかったので、それで遊ぶことはできなかった。

息子にとって第一の存在の母親が隣に座って、彼と一緒にポケモンゲームで遊び始めた。彼はそのキャラクターが自分の持っている人形やインターネットで見つけたものと同じで、自分がその世界について知っていると理解した。同時に、母子で一緒にゲームをしながら対話していくことで、ゲームのプレイ方法を理解し始めた。母親は字を読めるが、息子の方が当然ゲームについてはよく知っているため、彼の方が母親に助言しなければならなかった。

読むことへのモチベーション

ポケモンの名前を読みたいということで、こうして彼の読むことへのやる気はとても強力に高められた。そして私たち両親といつも一緒に、インターネットでポケモンを探してみることもさらに多くなった。しだいに彼は母親のスキルに疑問を持ち始め、一緒にゲームをするのにうんざりしてきて、自分ひとりでゲームをプレイしたがるようになった。この時の彼はまだ幼稚園に通っていて、読み方を習っていない。だがポケモンについて読みたいということで動機づけられたために、その年の終わり頃にはだいたい字が読めるようになっていた。

皮肉なことは、彼が幼稚園から一年生に上がって学校に通うようになっても、彼に与えられるのは単純な文字の列だけで、家に帰れば彼はポケモンゲームをしながら少なくとも小学五年生レベル、時には中学生や高校生レベルの複雑な言語を読んで理解していることだ。

私たち親の手を借りながら、彼はポケモンをプレイしていた。ポケモンはスタンドアローンのゲームではない。彼はすでにインターネットやプラスチック人形もあると知っていた。ポケモンカードも素早く見つけ、すぐにカード収集を始めた。ゲームをプレイするだけでなく、カードを集めてほかの子たちと交換していた。その子たちのなかにはポケモンゲームをプレイする子はいなかった（遊戯王をプレイする子はいたが、ポケモンゲームはいなかった）。

ポケモンは彼の読むことへのやる気を高めるだけでなく、意味の構築とはマルチタスクで、複数の様式があるというものの見方を促した。さらには、本でも、コンピュータでも、自分の描いた絵でも、カードでも、友だちとカードを交換する際の議論においても、ポケモンについて読むべき記述があり、それらを通して自分のポケモン世界を構築することを止めるものはないという考え方を促しているのだ。

書くことについても同様

彼はポケモンの物語を書くようになり、ネット上にもたくさんのポケモンの物語があることを見つけた。さらに彼は、任天堂のあらゆるキャラクターを使った、ポケモンと任天堂のキャラクターが一緒に出てくる「スーパースマッシュブラザーズ」というゲームも見つけた。この少し後にプレイしたが、もちろんこのゲームは彼にとって至福のゲームだった。

ポケモンがひとつの活動から次の活動へ、さらに別のタイプの活動へと、情報活動の間をつなぐものとなっていたが、それは情報活動の道筋を提供したと見るよりは、むしろ彼自身がポケモンの物語を生み出すゲームの一部として自分を捉えているというところがあった。

さらに、彼はほかのことへの関心を持つようになった。たとえば、進化という概念についてだ。少し前に私は彼から進化とは何かと聞かれて基本的なことを説明したことがあって、彼は進化について少しだけ知っていた程度だった。それがポケモンキャラクターが進化することで、進化という概念への関心を持った。そして以前彼は恐竜マニアだったことがあり、時代が経つにつれてある動物が形を変えていくことがどういうことにどういう意味があるのかを理解しようとしていた。だが彼には、鳥は恐竜から来たのかもしれない、ということが理解し難いままだった。ポケモンのおかげで、また進化の話を一緒にする機会ができたのだ。

私たちがいつも心掛けたことは、サムをゲーム以外のことに関わらせることだった。よくやったのは、ゲームについて会話をすることで、日常生活のことについて語るのとまったく同じようにゲームを扱った。ゲームがどのように作られているのか、どうやってゲームを理解しているのか、ゲームについてどう考えているのか、ゲームのなかの問題をどうやって解いているのか、などについて語り合った。

その後彼は、パジャマ・サムのようなシングルプレイヤーゲームをプレイするようになり、私たちは難しいところを助けてあげながら一緒にプレイした。また、彼が助けをほしくないところで余計なことを言うと、彼は私に一ドルの罰金を課すようになった。私は「ここで何が起きるんだい？どうやってそれがわかったの？」と、彼自身の問題解決の過程を考えさせるような質問をした。

私はとても早い時期から、彼にゲームがどのようにデザインされているかということを考えさせ始めた。私は彼に、そのゲームがなぜその形でデザインされていて、自分ならほかにどんなやり方が思いつくかを考えてもらおうとした。彼は学校の宿題でゲームのストーリーボードをデザインすることになり、一緒にやる友だちを連れてきたので、私たちはその宿題について語り合った。

分岐させる

まだこの頃には、ゲームボーイが彼のお気に入りだったが、ある時ゲームキューブを買い与えた。さらにたくさんのファンタジーによってゲーム世界が広がったため、ゲームキューブのゲームがとても気に入った。ゲームキューブを手に入れた頃には、ゲームはとても社会的な活動だということを彼はよく認識しており、友だちを連れてきて一緒に遊ぶことが多くなった。同時にプレイしたり、お互いにコツを教えあって交代でプレイしたりしていた。友達同士の家を行き来して一緒にゲームをプレイし、その誰もがネット上でゲームを進めるために必要な情報が手に入るということをよく知っていて、チートコード、戦略ガイドのようなゲームを進めるための情報もあれば、そのゲームを題材とした物語やゲームについて議論するオンライン掲示板があることも熟知していた。

そして、彼ら自身もそのゲームに本当に夢中になると、物語を書いたり絵を書いたりもしていた。

ある日サムが私に、「エイジ・オブ・ミソロジー」をプレイしたいと言って来た時、彼はたしか六歳か七歳だったと思うが、その時私は、「そのゲームをやってみたけど、お前には少し難しすぎてまだ早いと思う」と伝えた。小学一年生だった彼は、同じ一年生のクラスメートにこのゲームをプレイしている子が何人かいると言う。私は「それは信じられないな。サム、これは一年生がひとりでプレイできるゲームじゃないよ。たぶんお父さんかお母さんが一緒にやっているんだよ」と答えた。

ところが彼はそれでもやってみたいと言うので、私はゲームを買ってきた。一時間ほど一緒にプレイしてみて、彼は何の問題もなくプレイできることを理解した。実際、彼は友だちと一緒に会話しながら、長いことそのゲームを徹底的にプレイした。その結果、彼は神話に関心を持つようになった。友だちと連れ立って学校の図書館に行き、神話の本を借りて読み始めた。学校図書館というのはそれほど新しいものではないので、なかにはすごく古い本もあった（幸い、神話というのは昔からそんなに変わってはいない)。こうして彼らは、まだ一年生なのにも関わらず、五年生か六年生レベルの本を自宅に持ち帰って読むようになった。

子どもたちが普通なら理解できないレベルの本でも、ゲームによって強い関心を持った分野であれば読めるようになる――私たちはこんな現象をしょっちゅう見かけるようになった。

彼らが持ち帰った神話の本は、必ずしもゲームに出てくる神話と同じではなく、その本はアメリカンインディアンの神話についての本だった。彼らはたくさんの神話のウェブサイトを調べ、ゲームのウェブサイトも、神話そのものに関するウェブサイトも調べた。神話に関するものを置いてあるミュージアムに行きたいと言い出した。彼らの関心のあるスーパーヒーローと神話が結びつき始めていた。

もちろん、エイジ・オブ・ミソロジーはとても面白い問題解決のゲームなのだが、同時に複雑なゲームで、とても複雑な空間を有している。サムたちはお互いにプレイのコツを教えあったが、プレイスタイルはそれぞれに持っていた。サムは自分のプレイの仕方に強いこだわりがあり、私の助けを借りたいとはまったく考えなかった。彼はあっという間に私よりもそのゲームが上手になり、学校では友だちとの間で、神話を取り巻く共同体のようなものができていた。

継続的なメリット

今ではサムもそのゲームをプレイしなくなったが、今でも神話への関心はとても高い。実際、今年の彼へのクリスマスプレゼントのひとつは、神話の本だった。つまりゲームの世界を越えて、神話は彼の人生のテーマのひとつとなったのだ。想像できると思うが、神話は後々の学校での勉強のためにもなるので、学ぶのによい分野だ。とても高い言語レベルが必要となり、人類学や歴史学、考古学などさまざまな分野が関わり、社会的な議論の的となる話題も含まれている。

ゲームは彼にとっての主要な活動だったものの、ゲームに異常に取り付かれるということはなかった。スポーツもやるし、作文もする。ちゃんと学校にも行く。私たちはいつも彼がそうあるように気をつけてきた。ゲームは他の多くの活動を結びつける重要な活動だと私は捉えている。

ゲームがサムにそのような影響を与えたのは、彼がゲームボーイで遊戯王ゲームを始めた時のことだ。彼はダンジョンズ・アンド・ドラゴンズに興味を持つようになり、私があげた古いボードゲームを喜んでプレイした。キャラクターを作り出すということが好きで、実際にゲームをプレイするよりもキャラクターを作るところで長い時間をかけてたくさんのキャラクターを作っていた。

私たちは、近所の店でダンジョンズ・アンド・ドラゴンズのゲーム大会をやっているのを発見した。サムはそこへ出向いてリアルのカードゲームをプレイした。ダンジョンズ・アンド・ドラゴンズを生身の人々とプレイすることは、彼にとってコンピュータでゲームするのと同じように重要なものとなった。年上の子どもたちや大人たちと一緒に交流していて、見守ってくれる人のいる環境だったのでまったく問題なかった。そこでは非常に高度なレベルの思考と言語が扱われていた。彼は多くの戦略や言語を年上の子や大人たちから吸収した。キャラクターを作り、システムについて学び、そのシステムの運営の仕方を学んでいるのだ。

サムと友だちが一緒に遊戯王をプレイしているのを見ていた。そう、遊戯王カードというのは一万枚もある！　そのカードの裏に書かれた情報を読むと大学生レベルの内容で、ゲームではカードを読んでどんな行動を取るかを考える。ゲームに要求されるリテラシーはとても高度であり、とても社会的な環境でプレイされている。それに子どもたちは大学生レベルの文章を読んでいるなどとまるで気づいていない。

似たような話はいくつもある

このジム・ジーの素晴らしい話は、私が親や子どもたちから聞いた数多くのゲームに関するポジティブな話のなかのほんの一例にすぎない。実際、本書のタイトルは、ニュージーランド在住のある母親の話から聞いている。彼女が息子のゲームをやめさせようとした時に、息子が答えてこう言ったそうだ。「ママ、ボク勉強してるんだから心配しないで！」

教師を指導するスーザン・アメリアンは、私に次のようなeメールを送ってくれた――「私にはティーンエイジャーの息子がいて、喜んでゲームを買い与えています。あるゲームは、農耕から始まって、道具作りや武器作りを行うために、数々の選択をし、文明を発達させるというものでした。そのゲームで勝つには、百科事典のようなマニュアルを読まなくてはいけません。以前は「本なんて読まないよ」などと言う子でした。たしかに彼は本を読んでいるのではなく、目的のために情報を入手していたのです。そこに書かれている用語や概念は、書かれたものを使えるようになるためにとても重要なものでした」。

ペパーダイン大学の教授、リンダ・ポリン（ジーと同じく、教育学の教授）は、娘を育てている。

一一歳になる娘は、ゲームボーイのポケモンゲームや、パソコンゲームのトゥーンタウン、ゲームキューブのどうぶつの森やピクミンなどに夢中になっている。リンダは娘の経験を分かち合うために、できるだけ一緒にプレイするように心掛けている。

子どもが何をやっているかを常に見届けることはとても重要だ。それが私たちをゲームに対する無用な恐れや偏見をなくし、子どもたちが二一世紀を生きるために必要な社会性や知識をゲームから得る営みを妨げないために必要なことだ。

もしあなたの子どもが学校を辞めたいと言ったら

本書の草稿に目を通したある親が、多くの親たちが抱えている次のような懸念を打ち明けてくれた――ゲームばかりやっているうちの子が、もし学校を辞めたいなんて言い出したらどうすればいい？

その子がどんな子かによるので一概には言えない。私は生徒たちを三つのカテゴリーに分けて考えている――

「学びたい」生徒は、とても知的で成功への意欲があり、成績も良い。「学校は遊ぶところ」な生徒は、システムの動かし方を学び、そのなかでどうにかやっていける程度には学ぶ。「何も聞きたくない」生徒は、常に心は学校にあらず、時には身体も不在だ。成績は押しなべて悪く、品行にも問題を抱えている。

もちろんこれらの三つは、一番目と三番目のグループが最も懸念されるところだ。

（前に述べたように、今では全米で数百万人にまでのぼるほど、ますます多くの親たちが子どもに学校を辞めさせて、ホームスクールを選択する例が増えている。ホームスクールを選ぶ理由として、当初は宗教的な理由が最も多かったのだが、現在ではダメな学校や落ちこぼれの子ども、あるいは両方が原因でホームスクールを選ぶ親が増えてきている。ホームスクールを行う親たちを支援するツールが豊富になってきたとはいえ、どんな親にでもうまくやれるものではないのは明らかだ。ホームスクールは片方の親、または両親に求められる負担はかなり大きく、普通の親にはなかなか難しいものだ。この辺りの詳しい話は本書のウェブサイト、GamesParentsTeachers.com で紹介している)。

「学びたい」子どもたち

「学校では何も学べないから学校を辞めたい」と主張する賢い子どもたちは、筋が通っていることが多い。すべてその子が言うとおりとは限らないが、彼らが求めるものが学校になくて、教室で過ごす時間がとてつもない浪費に感じるということは大いにありえる。

これは二つの側面から社会との関係において問題が生じる。まず、高校卒業の学歴は、米国において何をするにしても必要とされるものだ。良い高校での成績と高いＳＡＴスコアは、難関の優れた大学（残念なことに多くの大学は難関ではない）に入るために必要となってくる。次に、いかに学力的に優れていて大学でも十分やっていける子であっても、社会経験の面でまだ準備ができていないこともある。私は一六歳の時に家を出て大学へ通い始めたが、ほかの子たちも年齢以上にできる子たちばかりだったので、追いつくためにやらなければならないことが多かった。

もしあなたの子どもがこんな子だったらどうすればよいだろう？　あなたはその子が学校を辞める

必要がないように、その子に適切な知的な刺激を与えて助けてあげる必要がある。次のようなことを試してみてほしい――

①ゲームを許容すること。おそらく子どもたちがプレイしているゲームのなかにはとてもチャレンジングなものが含まれていると思うが、シド・マイヤーの「シビライゼーション」シリーズや、南北戦争ものの「ゲティスバーグ」、「アンティータム」などをプレイしているかを確かめてみることだ。マルチプレイヤーゲームもよい選択肢となる。それらのゲームをプレイするには、シューティングの技術ではなく、とても高度な戦略思考スキルが必要とされる。

②子どもたちが何に対してやる気を感じているかをよく聞くこと。何に関心があるのか？　科学、数学、エンジニアリング、いずれもとても良いゲームや専門的なソフトウェアが存在している。コンピュータ・エイデッド・デザイン（CAD）ソフトウェアのAutoCadや、Mathematicaのような専門性の高いソフトウェアの使い方を学ぶのもよいだろう。

③子どもたちはゲームに本当に夢中だろうか？　前の世代の時には映画制作を教えるコースがあったように、今日ではゲームデザイン・開発を教えるコースを提供する大学は増えてきている。高校生にも受講できるコースもあるし、オンラインコースや高校生対象のコンテストも数多く存在する。C＋＋などのゲーム開発に使うプログラミング言語、人工知能、3D Studio MaxやMayaのような複

雑な3Dデザインソフトウェアは、賢い高校生や中学生にも利用でき、オンラインコースやチューター、オンライン掲示板などの助けを借りることもできる。第一六章で議論したようなモディングもひとつの手段として考えられる。

④（仕方なく問題に荷担しているだけかもしれない）学校の先生だけでなく、校長や学区の教育行政官などの学校当局者と話をする。上記のオンラインコースなどで学校の単位を取れる手段がないか相談してみることだ（多くの学校ではカリキュラムに対応していれば認めてくれることもある）。そして子どもたちが関心を持ちそうな、科目のオンライン飛び級コースが利用できないか、それらの履修で卒業単位が認められないかを調べてみることだ。

⑤その子の持つ優れたスキルで稼ぎを得るようなことの可能性を議論してみる。ほかの子のチューターをやったり、ひとりまたは友達と協力して、プログラミングやウェブデザインの技術で企業を相手にビジネスをしたりできないかを一緒に検討してみることだ。もちろん、そのための交換条件として、最低限必要な学校の成績を維持することを課すことだ。

「何も聞いてないよ」な子どもたち

このタイプの子どもたちは学校からは何も得ていない。彼らの心は学校にはない。概して成績は悪く、品行も良くないという形で現れる。友だちとの悪さやゲームやドラッグ、あるいはこれらすべてにエネルギーと時間を費やす。彼らの示す問題は特に深刻だ。というのも、学校では「役に立つことは何も学べない」という彼らの主張は本質的に正しい一方で、「学びたい」子どもたちのように、いったんやる気を感じる課題を与えれば夢中になって学び始めるようなモチベーションには欠けている。

あなたの子がこのタイプなら、学校を辞めさせないことはとても重要だ。なぜなら、このタイプの子が学校を辞めると、失うものが多すぎるからだ。その一方で、彼らは説得するのが最も大変な子どもたちだ。あなたには二つのゴールがある――

●「学校は遊ぶところ」グループに移ることが自分自身のためだから、少なくとも落第しない程度に勉強するよう説得すること
●彼らが学校の外で夢中になれる学習機会をできるだけたくさん提供すること

彼らが求める経験としてどんなものが考えられるだろう？　驚くまでもなく、ゲームはよい選択肢となる。あなたの子どもに本書の第八章を読ませてみてほしい。その子が好きなゲームがあれば、そのゲームについて知ること、そしてその子がゲームから受ける刺激を方向付けることだ。チーム経営をするタイプのスポーツゲームや戦略的要素の強い戦争ゲーム、「ミスト」や「リヴン」のような視覚的に美しいパズルゲーム、「ワールド・オブ・ウォークラフト」のような他者との協力的な要素が強いマルチプレイヤーオンラインロールプレイングゲーム、ピーター・モリニューの「ブラック・ア

ンド・ホワイト」のような倫理的な問題を問い掛けるゲーム、あるいはウィル・ライトの「スポア」のような、生物の進化を細胞レベルから惑星や宇宙レベルまでたどることのできるゲームなどが良いかもしれない。

ゲームだけでなく、ネット上にも子どもたちが学習意欲を高めるような経験は数多く見つかる。繰り返すが、親のあなたが子どもに例を示したり、一緒に探索したりしながら、インターネットのネガティブなものを避け、ポジティブなものに向かえるようにしっかり導いてあげることだ。その子の本当に関心のあることを見つけてしまえば、それに関連した情報を探して学ぶことができる。先ほど述べた、学校では問題児だったのに、どんなタイプのペットを飼いたいかを親に説明する二〇ページものレポートを書いた子の話を思い出してほしい。もしあなたの子がそんなことをしてきたら、真面目に受け止めるべきだ。学校の先生に見せてみて、そのような従来学校で教えないスキルが学校の勉強のなかで何らかの形で活かせないかを一緒に検討してみることだ。

もうひとつの可能性としては、その子が関心を持って夢中にやれるようなカリキュラムや学校を探してみることだ。第二三章でもカリキュラムに対応したゲームについて議論する。まだいくつかのゲームしか世に送り出されていないが、確実に存在している。NASAなどが提供する革新的なカリキュラムもある。繰り返しになるが、GamesParentsTeachers.com にも関連情報を掲載している。

子どもと一緒にこの真面目な問題を考えていくことでコミュニケーションが損なわれることはない。むしろ子どもと話し合うために役に立つ新しいボキャブラリーを身に付けることも有効だ。第二〇章に関連したことを述べているので、まだ読んでなければ、ぜひ読んでおいてほしい。

第22章

みんなのゲーム——女の子、男の子、老いも若きも、家族みんなで

「おじいさんやおばあさんが孫たちと一緒にゲームしているというeメールをいつも受け取っています」
——ウィスコンシン大学の研究者たち

「インターネットでカジュアルゲームをプレイする四〇代女性が、ゲーム人口の最も多い層である」
——ジュピター・リサーチ調べ

今日のテレビゲームはとてつもなく多様で、年齢や性別、人種、収入レベルなどに関わらず、どんな人へも何らかのゲームが提供されている。だが、自分にあったゲームを見つけるのはやや手間がかかるものだ。

ここまで読んでくれているのだから、自分にあったゲームを探してみようというやる気が多少なりともあるのだと思う。だから、ここではあなたに合ったゲームを見つけるための基本的なガイドラインを年齢や性別などのタイプ別に示しておこう。

前に述べたように、近所のゲームショップに行ってみることはとても有意義な経験となるだろう。子どもと一緒に行けばなおさらだ。ただし、近所の店をひとつ二つ回っただけで世のなかのゲームタ

イトルをすべて把握できたような気になっているとしたら、考え直した方がよい。ゲームショップには数百タイトルものゲームが並んでいるとはいえ、そこに置かれているゲームはいずれもベストセラーやロングセラーの人気ゲームばかりだ。それに、ほとんどは複雑なゲームばかりで、カジュアル（ミニ）ゲームはそれほど置いていないし、オンラインのみで提供されているゲームも売っていない（前の章を飛ばしてきたのであれば、ミニゲームと複雑なゲームについて第七章で述べているので、そちらを参照のこと）。

コンソール、パソコン、モバイル？

また、ゲームショップに行ってみると、ゲーム機器のタイプ（「プラットフォーム」と呼ばれている）ごとにコーナーが分かれていることにも気づくだろう。テレビにつなぐゲーム専用のコンピュータボックス、つまり「コンソール」用ゲーム、パソコン用ゲーム、それに子どもたちがよく手にしているようなゲームボーイ、あるいはニンテンドーＤＳ、ＰＳＰなどのモバイルゲーム機用ゲームなどのコーナーがある。多くのゲーマーたちは二つや三つ、またはそれ以上のゲームシステムを所有している。

「なんでそんなにゲームプラットフォームが何台も必要なんだ？」と疑問に思うかもしれない。もちろんその答えは、それぞれのプラットフォームには一長一短があるからだ。コンソール機はアクションゲームやグループで一緒にプレイするのに向いている。パソコンゲームは、ゲームタイプによって選択肢が多く、ネットワークゲームにも強い（最近はコンソール機もネットワークゲームの領域に入ってきつつある)。モバイルゲーム機はゲームから手を離したくない子どもたちから人気がある。そのほかの違いとしては、ゲームキューブは低い年齢層、PS2やXboxはそれよりも高めの年齢層をターゲットにしていることなどがあげられる。

何やら複雑に聞こえるかもしれないが、あなただって似たようなシステムを家庭に持っているだろう。書籍で言えば、レファレンス用の本(辞書など)、ハードカバー本(最新のベストセラー本など)、ペーパーバック本(旅行の時に持っていく本など)の違いのようなものだ。お気に入りの著者が新刊を出したら、まずハードカバーを買うこともあれば、ペーパーバックが出るまで待つこともあるだろう。子どもたちもそんな風にゲームを捉えているというだけのことだ。

ジャンル

ゲーム情報サイトのゲームスポット(www.gamespot.com)などにアクセスすると(ぜひ一度アクセスしてみてほしい)、左側のメニューにゲームの「カテゴリー」がいくつも並んでいるのを目にするだろう。スポーツ、アクション、ストラテジー、ロールプレイング、ドライビング、アドベンチャー、シミュレーション、パズル、それに子ども向けゲームなどだ。これらの「カテゴリー」あるいは「ジャンル」には、それぞれに特徴となるゲームのスタイルなり様式があって、いずれも数多くのゲームが存在する。書籍にもお気に入りのジャンルがあるように、プレイヤーたちは自分のお気に入りのジャンルをひとつ二つ持っている。

ところが、ゲームデザインの技法が発達するにつれて、ジャンルのクロスオーバーが進んできており、ひとつのゲームをひとつのジャンルにのみ分類するのが、だんだんと難しくなってきている。たとえば、ドライビングゲームともシューティングゲームとも言えるゲームがある。スポーツゲームだがストラテジーゲームと言ってよいゲームもある。ロールプレイングゲームで格闘ゲームというものもある。「グランド・セフト・オート――ヴァイス・シティ」のようなゲームはアクションゲームかロールプレイングゲームに分類されるかもしれない。だが、ゲームをプレイしてみると、実はドライビングゲーム的な要素が強かったりする（それもいいラジオがついた車だ）。

ジャンルだけでは、子どもたちがプレイしているものが良いか悪いかを判断するためには、さほど参考にならない。いかなるジャンルも、それが格闘ゲームであろうと、何らかの見るべき価値のあるものを含んでいるゲームもあれば、そうでもないゲームもある。だから子どもたちはウェブサイトや雑誌のゲームレビューをたくさん読み（そう、たくさん「読書」している）、ゲームショップや友達の家で試せれば、実際にゲームを試してみようとするのだ。限られたお小遣いで三〇～四〇ドルもはたいて買ったゲームが「クソゲー」だった場合の無念さは計りしれないものとなる。忘れないでほしいのだが、今どきの子どもたちは忙しくて、くだらないゲームで遊んでいるような暇も興味もないのだ。

再生したゲーム――オールディーズとクラシックス

本当に優れたゲームは消えてなくなることはない。新しい環境のなかで生まれ変わって再び登場する。私の母は孫娘がモノポリーを私の世代がやっていたようにダイニングテーブルに広げてプレイするのでなく、オンラインでしかプレイしないことを嘆いていた。だがある意味では、その方が賢いプレイの仕方だ。オンライン上の他のプレイヤー、またはコンピュータ相手で、少なくともいつでも対戦相手がいるのだ。チェスやポーカーなどの他のボードゲームやカードゲームでも同じことだ。オンラインでもオフラインと同じ楽しみが得られ、たくさんの場が提供されており（たとえば、www.game-zone.com のようなゲームサイト）、そこではたくさんの人々がプレイしている。少し以前、ＡＯＬの役員たちは、オンラインゲームプレイヤー人口は四〇歳以上の女性が最も多いという調査結果に驚いていた。

そのため、オンラインゲームサイトは、あなたが子どもたちの経験の一部を味わってみるのに良いところかもしれない。何かひとつ好きなゲームを選んで自分で試してみることだ。私がオンラインスクラブル（Scrabble、ワードパズルゲーム）で経験したような、楽しい驚きを得られることだろう。

若者たちにすれば、「クラシック」や「オールディーズ」に位置づけられるゲームは、パックマンやアステロイド、センチピード、フロッガーなどのアーケードゲームかもしれない。これらのゲームも消えてしまうことはなく、さまざまなコンピュータ機器やモバイル機器（ビジネス用ＰＤＡでも）向けのソフトウェアとして提供されている。クラシックゲームは、オンラインで見つかるし、ゲームショップに行けばとても安価でＣＤ-ＲＯＭが売られている（「その他」のコーナーに置かれていることが多い）。

さらにカジュアルゲームについて

もしあなたが今までに、あるいは今でも、「ソリティア」のような暇つぶしやリラックスのためのカジュアルゲームのファンで、最近プレイしていないとすれば、その変わり方にきっと驚かされるだろう。昔ながらのソリティアは今も変わらず存在しているが、真のファンたちは「スパイダーソリティア」のような、いくつものカードデッキを使った難易度の高いソリティアをプレイしているのだ。

コンピュータでゲームをするのが良い理由は、人が手計算するにはとても複雑で面倒なものであっても、コンピュータは問題なくゲームを管理できるということにある。

このことが意味するのは、プレイする子どもたち（それに大人たち）の熟練度に合わせて、カジュアルゲームの難易度が上がっていき、より高い知的努力を要求されるようになるということだ。子どもたちとこれらのゲームをプレイすれば（子どもたちが興味を持てば一緒にプレイすべき）、ついていくのが大変なくらいだ。

スティーブン・ジョンソンが著書『Everything Bad Is Good For You（邦訳『ダメなものは、タメになる』）』のなかで「最近のゲームが持つ暗い秘密は、ものすごく難しいということだ」と言っている。言い換えれば、大変な精神的労力を要求されるのだ。

ギャンブルゲーム

ギャンブルは、二一世紀になって米国に驚くべきカムバックを果たしている。ロトくじで公立学校の財源を確保するような取り組みもある。テレビやネットはこのトレンドに乗り、他人が大金をせしめるのを見ているだけでなく、視聴者にも大金を掴むチャンスを提供している。ポーカー、特に「テキサスホールデム」というタイプは大変なことになっている。ポーカーの世界大会がテレビで放送されている。子どもたちはクレジットカード番号さえ手に入れれば同じゲームをオンラインで金を賭けてプレイできる。こんな状況に親としてどう対処すべきだろう？　これは親として深刻に捉えるべき問題であろう。子どもたちがプレイしていたとしても（実際にたくさんいる）、金を賭けていない限りはまったく問題ないと言ってよい。ただ、金を賭けている場合は、ギャンブルに手を染めているということであり、事実を突き止めなければならない。オンラインギャンブルは子どもには不適切な習慣だ。いかに私がゲーム擁護論者だとしても、これだけは、どんな子どもにも強く「ノー」と言う。

年齢別の区分——幼児期

ゲームのタイプを把握した次に、年齢や性別による違いについて議論していく。まず、最も幼い、幼児期の子どもたちについてだ。ジー教授によると、この段階の子どもたちにとっては、ゲームは読書と多くの点で共通しているという——

何十年もの研究の結果、子どもたちが読むことを得意になるためには、早い時期から読み聞かせをすることが有効だとわかっている。子どもをひざに乗せてコンピュータに向かうことは、もうひとつの読み方を教える方法だ。これはコンピュータリテラシーであり、心理的なリテラシーでもある。印刷メディアとしての要素も多く含んでおり、従来のやり方で子どもたちに読み方を教えることと実質的には同じだ。読んで聞かせ、内容について質問して、他の本と関連づけ、現実世界と関連づける手助けをすることに変わりはない。それに読むことだけさせるのではなく、経験もさせたいと思うのはもちろんのことだろう。理屈としては、読み方を教えるのと同じように、従来のやり方を適用していけばよいのだ。

トゥイーンズ

ゼルダの伝説のようなゲームを小学生と一緒にプレイすると、両親や祖父母たちにはとても楽しい時間となる。幼児と違って、小学生の年齢層である「トゥイーンズ（'tweens）」は、大人の意見にも筋が通る限りは耳を傾ける。トゥイーンズの時期は、ゲームプレイの移行が起こる時期でもある。幼い子どもたちと一緒にゲームをする場合、ほとんどの操作は親がしてあげることになるが、子どもの方がゲーム内容については詳しいことが多い。ところが、ゲームが高度になるにつれて子どもたちはコントローラーを親から取り上げ、自分で操作をするようになる。親たちはゲームの戦略や現実社会の常識のような知識を子どもに提供するようになる。

これは子どもと一緒にいなければできないことだ。

ジーは言う――

私はある家族を訪ねて、ある幼い女の子と緒に夕食を食べていた。その子はとても賢い子で、彼女の両親はちょっと頭が変なくらいに過度に健康志向な人たちで、彼女に何も買い与えない人たちだった。その子に一〇歳くらいのいとこがいて、ゲームボーイアドバンスよりも古い型の「ゲームボーイカラー」本体と、「ポケモンゲーム」と「ハーベスト・ムーン」の二本のゲームソフトを、以前に彼女にあげたのだそうだ。この夕食の時、彼女はそのいとこからもらったポケモンゲームで遊んでいた。私がこの子の家族を訪ねていたのは、母親が応募していた大学の職に関する採用面接のためで、その時英語教師の父親も一緒にいた。その子は私の隣に座っていて、私もポケモンはずいぶんプレイしていたので、その子とゲームの話をした。私はすぐに、彼女が達人中の達人のレベルに達していることに気づいた。彼女はレベル八〇で、私はレベル四〇だった。私も七〇時間以上プレイしている。両親はこう言った「よくわかりません。この子もゲームは好きみたいですが、そんなに遊んでませんよ。あまり時間をかけていないみたいです」。私は彼らに伝えた「彼女はレベル八〇なんです。それは一二〇時間以上プレイしているということですよ」。彼女は完全にエキスパートの域に達していて、ゲームの世界のことは何でもわかっている。なのに両親はその子がそんなにプレイしていないって！　まったくこの両親には何も見えてないんだ！　これは子どもが一〇〇冊本を読んでいるのに「うちの子は本を読まなくてね」と言っているのと変わらない。彼らはその子に起きている学習の多くをまったく見逃しているんだ。

あなたにトゥイーンズの子どもがいたら、まずその子がどんなゲームで遊んでいるかを確認するのがあなたの仕事だ。知らなければ、尋ねてみることだ（丁寧に）！

ティーンエイジャー

ジーは続ける――

もう少し大きな子どもたちを相手にする場合は、大事なのは、その子たちがどんなことをしているかを知ることだ。彼らに文句を言ったり怒鳴ったりする前に、ゲームの何が子どもたちを夢中にさせているのかを理解しなければならない。子ども部屋に行って、批判的にならないように気をつけて話をすることだ。そして彼らがエキスパートだと認め、批判しに来たのではなく、彼らの扱うテクノロジーの持つ力についてもっとよく理解したいと本気で思っているということを、敬意を持ってはっきり伝えることだ。彼らがどんなことをしているかを見せてもらい、その価値を理解することだ。話を聞かせてもらい、何をしているか実演してもらうことだ。もし誘われれば、少し一緒にプレイしてみることだ。

さらにジーは続ける――

子どもたちに「将来のために大事なことを最もよく学べるのはどこだと思う？　ゲーム？　それとも学校？」と聞けば、みんなゲームだと答える。彼らは時に、ゲームでの経験を他のテクノロジーに持ち込む。ウェブサイト制作、ギルド運営、他者とのコラボレーション、ＬＡＮパーティ運営など多くのことを学ぶ。それに、コンピュータの扱い方やネットワーク接続、チャットのようなアプリケーションの設定、人工知能の扱い方など、コンピュータサイエンスに関する多くのことも学んでいる。

ある時、五人のコンピュータサイエンス専攻の大学一年生と話したところ、その五人とも、大学のコンピュータサイエンス入門の授業では何も新しいことは学べなかったと言っていた。

五〇人以上のティーンエイジャーとその親たちにインタビューをしたが、子どもたちがどんなことをしているかを把握している親はひとりもいなかった。

親たちのうち何人かは、何か複雑なことをしていることは理解していた。「息子が何か難しいことをやっているのは知っているけど、それが何なのかはまったく理解できませんでした。でも尋ねたりはしませんでした」という具合だった。他の何人かの親たちは、子どもが何か悪いことをしているのではないかと考えていたし、残りの何人かは、何か良いことかもしれないと考えていた。だが何をしているかは誰も知らなかった。

ティーンエイジャーたちがゲームにとても興味を持っているなら、ゲームのテクノロジーが持つ別の側面に目を向けさせてみることだ。たとえば、モッドゲームの開発などがよいだろう。プレイするだけでなく、その領域についての知識を深めていけばいくほど、重要なスキルとなる。そしてそれは子どもたちが将来に向けてよりよい準備をしていることを意味する。

性別の問題

多くの人は「ゲームは男の子たちのものでしょう?」と考えているが、まったくそんなことはない。

同じゲームとは限らないが、男の子も女の子もゲームをプレイする。ゲームはいまだ女の子たちにとっては、男の子たちの間ほど一般的でもなく、よくプレイされるものでもないかもしれないが、ゲームプレイヤーの女の子の数は急速に増えてきている。ゲームをまったくしない女の子はまだたくさんいるが、それは大事な学習機会を逃していると言った方がよい。

男の子はスポーツゲーム、アクションゲーム、ミリタリーゲーム、格闘ゲームなどを好み、女の子は生活シミュレーション(シムズなど)や、パズルゲーム(テトリスなど)、キャリアシミュレーション(ペット・イマージェンシーなど)をより好むと言って差し支えないだろう。女の子向けのゲームで一番売れているのは、マテルが出している「バービー」シリーズ(とても多様なラインナップが出ている)や、ミステリーアドベンチャーゲームの「ナンシー・ドリュー」シリーズだ。PS2のアイトーイカメラを使ったスノーボードゲームなどの体感ゲームを楽しむ女の子も多い。ウェブゲームの「ネオペット」やニンテンドーDSの「ニンテンドッグス」のようなバーチャルペット育成ゲームも、女の子からの人気が特に高い。

オンラインロールプレイングゲームのように、性別に関わらず人気の高いゲームもある。むしろそれらのゲームのなかで性別によってプレイの仕方に違いがあって、男の子の方が戦闘系の職業を好むといった傾向として現れてくる。

重要なのは、クロスオーバーして重なり合っているところが大きいこと

男の子たちも生活シミュレーションやパズルゲームを楽しむし（バービーゲームを好む男の子がというのはあまり聞かないが）、男のファンタジーにあふれた格闘ゲームやスポーツゲームを楽しむ女の子もいる。バービーゲームでも遊ぶしファンタジーMMORPGの「ワールド・オブ・ウォークラフト」もするという小さな女の子もいる。バービーはひとりで、ワールド・オブ・ウォークラフトは家族でプレイしているそうだ。どちらもゲームのファンタジーの要素が彼女をひきつけている。

そして興味深いことに、友だちからゲーマー呼ばわりされるのが嫌で、ゲームをこっそり趣味にしているという女の子は多い。「私はクローゼット（押入れ）ゲーマーなの」と自称してこっそりゲームを趣味にしている女の子は中学生から大学生まで、世界中にいると聞く。男の子ゲーマーと同様、彼女たちのゲームの好みも年齢によって変わる。最近話したある女の子は「昔はシューティングゲームが好きだったけど、今はアドベンチャーゲームが好き」と言っていた。

最近は、女の子たちが好むような、安価または無料のオンラインゲームが増えてきている。たとえば、www.neopets.com/gameroom.phtml にあるようなゲームはその良い例だ。

結局のところ、女の子ゲーマーたちは男の子たちと同じくらいにゲームに情熱を持っている。www.girlgames.com のようなウェブサイトはそれを良く証明している。

このような状況だからこそ、あなたの子どもたちがどんなゲームをプレイしていて、なぜそれがその子たちにアピールしているのかをきちんと把握する必要があるのだ。「自分が面白いと思うから、この子たちも面白いと思うはずだ」とか「女の子（男の子）は、この手のゲームが好きなはずだ」などという誤った仮定をしてはいけない。

性別の境界線を超えて

性別に関するゲーム選びのガイドラインをいくつか示しておこう。注意――これらはだいたいの傾向をステレオタイプに示しているだけで、必ずしもすべての状況に当てはまるとは限らない。あなたの子どもたちの好みをしっかり聞いて、それを尊重することの方が大事だ。

1. 父親と息子	2. 母親と娘
3. 父親と娘	4. 母親と息子

よくあるのは次の四つのシナリオだ――

あなたが父親で、ゲームをプレイする息子がいるのであれば、「マッデン」のようなフットボールゲームをはじめとするスポーツ、飛行機ゲーム、あるいは戦争ゲームなどが手軽な共通の話題になるかもしれない。

あなたが母親で、ゲームをプレイする娘がいるのであればシムズ、娘が幼ければバービーゲーム、ポケモン、ネオペット、ニンテンドッグスなどがよいだろう。

あなたが父親で、娘のゲームプレイについて理解しようとしていれば、その子がどんなゲームを気に入っているかよく見る必要がある。おそらくナンシー・ドリューや、ダンス・ダンス・レボリューションのような体感ゲーム、もしくは娘の好きそうなオンラインゲームなどが手始めには良いかもしれない。

あなたが母親で、息子がいて、その子がティーンエイジャーという場合は一番大変なカテゴリーになるが、うまくやるのは不可能ではない。まずはその子がどんなゲームを気に入っているかをよく見ることだ。あるいは第一九章で説明したように、子どもにうまく質問したり、その子のプレイの様子を見せてもらったりしながら、その子が好きなゲームを把握していくことだ（ところで、あなたはもう何かゲームを試してみただろうか？）。

親（あなたのこと！）

多くの親たちが子どもたちと一緒にゲームをプレイしている。あなたにもできるし、ぜひそうすることをお勧めしたい。ゲームの操作には子どもたちに一日の長があるとしても、ゲームの戦略を考える点については、あなたが有利な場合もあることを知っておくと役に立つだろう。それに、少し続ければ素早いプレイにも対応できるようになる。もし子どもが二人以上いるのであれば、チームに分かれてプレイするのはとてもよい方法となる。子どもたちはコントローラーを持ってプレイし、親たちは戦略的なアドバイスをするなど工夫してみるとよいだろう。

祖父母

お祖父さん、お祖母さんたちはいつも孫との関係を持つことに関心を持っており、そのための時間も豊富なことが多い。よく見落とされているが、ゲームを一緒にプレイすることは、孫とのよい時間を過ごすためのとても素晴らしい方法だ。

家族の結びつきを深めたい？　では、月に（あるいは週に）一度、スクラブルやマージャンなどのオンラインゲーム大会をやるのがお勧めだ！　オンラインチェスをお祖父さんと娘がやる様子は、とてもほほえましい光景になるだろう！

ある大人のゲームプレイヤーが、第二次大戦を戦った退役軍人の父親と一緒に戦争シミュレーションゲームをプレイした時、いかによいつながりを持つことができたかをとても感傷的に語ってくれた。このようにゲームを介することで、父親や祖父の持つ朝鮮戦争やベトナム戦争の貴重な経験を、子や孫たちと共有する機会を作ることもできるだろう。

実際、子や孫たちがプレイしている複雑なオンラインゲームを年配の親や祖父母たちが楽しむことはそれほど難しいことではない。そのうちあなたの年老いた親から、「このゲームはあの子にはそんなに悪いものでもないよ」という意見を聞く日もあるかもしれない。

さて、次の章ではゲームと学習について議論しよう。

第23章 過去の「エデュテインメント」からの脱却——カリキュラム対応型ゲームの到来

「ぼくは学校で古代ローマ史なんて「勉強」したくないよ。うちで毎日「シーザーⅢ」をやって古代ローマを作っているからね」

——ある高校生

多くの親たちにとって、「教育的」なゲームに心ひかれるものがあるのは理解できる。学校の勉強に関係する内容だったり、教育的なタイトルだと箱に説明していたり（社会科学習ゲーム「オレゴン・トレイル」など）、ゲームレビューに書いてあったりするからだ。

そのような「教育的」なゲームをたくさん買い込んで武装して、多くの親たちは子どもとの間に「自分の買い与えた教育用ゲームを一時間やったら、自分の好きなゲームを一時間やってよい」というようなルールを作る。そんなルールを作る時点で、それらの教育用ゲームは面白くないと言っているようなものだ。そして多くの場合、それは本当だ（幼児向けのものには例外もある）。大半のいわゆる「エデュテインメント」プログラムと呼ばれるものは単なる「絵柄のついたドリル」や「ミニゲーム」、「ミニシミュレーション」の類であって、子どもたちが複雑なゲームから得られる経験やスキルとはほとんど（おそらく絵の綺麗さという以上には）関係ない。

実際、私が以前「ゲームデベロッパーズ・カンファレンス」でパネルディスカッションに参加した時、あるゲームデザイナーが次のようなコメントをした。「インストラクショナルデザイナーをゲームデザインチームに加えると、彼らはゲームの面白さを奪い去ってしまう」

ゆえに、あなたが子どもたちに良かれと思って教育用ゲームを買い与えていたとしても、それは子どもたちにすれば、宿題を無理やりやらされているのと何ら変わりはない。彼らのためにはなるかもしれないが、あなたに感謝をするような性質のものではないし、自ら進んでやろうとはしないだろう。

私が言うと少し変に聞こえるかもしれないが、そんな理由から、子どもたちが名指しでほしいといわない限りは、「教育的」なゲームを買い与えることは避けることを私は強くお勧めする。それよりもはるかによい戦略は、今子どもたちがプレイしているゲームを手にとって、そのなかにある教育的な要素はどんなものかを調べることだろう。

なぜなら、学校での経験から、多くの子どもたちは教育の臭いがするものを毛嫌いする（あるいは信用しない）からだ。ゲーム会社が教育用ゲームの企画からなるべく遠ざかっていようという態度をとり、教育的な要素があるなどと言われるのを嫌ってきたのもこのためだ。ソニーや任天堂、エレクトロニック・アーツ（EA）をはじめとするエンターテインメント企業は、新しいゲームの企画の際にはこの点を明確に強調してきたのだ。

これにはビジネス上の理由がある。まず、ＥＡの重役はこのように苦言を呈している――「私たちのビジネスは五〇ドルのゲームタイトルを一〇〇万本以上売ることだ。教育用ゲームでは、せいぜい三〇ドルで三〇万本がいいところだろう」次に、さらに重要なことだが、ゲーム会社は子どもたちに教育的な印象を少しでも持たれることで、会社の楽しさを売りにするイメージが損なわれ、売上に深刻な打撃を受けることを恐れている。どのゲーム会社も教育的というラベルを貼られたいとは思わなかった。

このような状況が長年続いてきて、ゲームと教育が本当の意味で融合することが重要なステップとなると考えている私たちのような人間には苛立たされる思いだった。だがありがたいことに、状況は徐々に変化してきている。今日では、ゲームと学習のポジティブな発達要素が多く現れてきている――

●複雑なゲームがより洗練されて深いものになるにつれて、学習要素もより含まれていく。
●優れたゲームデザイナーたち、たとえば、ウィル・ライト（シムズ、スポア）、ピーター・モリニュー（ブラック・アンド・ホワイト、フェイブル）、ウォレン・スペクター（デュース・エクス、シーフ）、シド・マイヤー（シビライゼーション）、ブルース・シェリー（エイジ・オブ・ミソロジー、エイジ・オブ・エンパイア）たちは、ゲームの人工知能やフィードバックのデザインなどに明確な学習要素を組み込んでいる。モリニューのゲームでは、プレイヤーは教師となり（ブラック・アンド・ホワイトで生物を育てる）、自分の教育方針や自分が人から受ける扱いを試してみた結果を見ることができたりもする。

●ゲーム業界で成功した多くの人々は、今や自らが子の親となり、新たな子育ての方法を見据えている。
●多くのゲームデザイナーは、エンターテインメントゲームを学習活動や学校カリキュラムに対応させようとしている。
●以前に使われなくなったゲームプラットフォームが教育用ゲームに利用されようとする動きも日本などで起こっている。

Social Impact Games（www.socialimpactgames.com）にアクセスしてもらうと、（学校教育には限らず多様な分野の）教育に対応した数多くのゲームタイトルを見ることができる。代数、アメリカ史、ラテンアメリカ史、ヨーロッパ史、アジア史、コンピュータ、英語教育、環境科学、家屋建築、職業体験、社会学、文化人類学（生命シミュレーション）、リスニング、数学、物理、プログラミング、読み方、科学、シェークスピア、遠隔通信、大学経営など、さまざまだ。「教育」以外のカテゴリーに分類されているゲームも、教育的な利用が可能だ。これらの多くは「本物の」ゲームであり、エデュテインメントではない。

これだけでカリキュラムになるくらいだ！　大きな議論の的になるのは、ゲームで学べるカリキュラムは、必ずしも学校で教師が教える標準カリキュラムと同じものになるとは限らないということだ。これは米国でも他の国でも共通している。

今日では、教師たちは次の疑問を持つことになる――「ゲームを授業時間で利用するとして、ちゃ

アルジェボッツ画面

んとカリキュラムを消化できるのだろうか?」」。ゲームに慣れていない教師の多くにとっては、その答えはノーだ。詳しい授業計画を提供されても難しいだろう。ジョージ・ルーカス監督の教育会社、ルーカス・ラーニングは、ゲームを利用した授業計画をひとつにまとめている（www.lucaslearning.com に掲載されている）。だが、この会社は今までに二度も失敗して会社をたたんでいる。

この状況も次第に変わっていくだろう。よくデザインされた教育用ゲームは、子どもたちをエンターテインメントゲームのように夢中にさせながら、学校の学習を補うだけでなく、カリキュラムの一部、さらには全部を教えることができるだろう。将来、エンターテインメント性の高い教育用ゲームがあなたの近所の学校で利用されることも大いにありえる。

たとえば、法廷ゲーム「オブジェクション!」は、法廷における異議申し立てのスキルを学ぶために、米国のロースクールの学生たちから利用されている。全米五〇州の法律や、連邦法、軍法などに対応していて、ボタンひとつで個々の法律に対応した形で学べる。「メイキング・ヒストリー」は、マジー・レーンソフトウェアが開発した歴史学習のためのシミュレーションゲームで、第二次大戦史上の異なる時期に特化して利用できる。ゲームズ・トゥ・トレイン（Games 2 train）はアルジェボッツという「ゲームで勝てばコース修了」をモットーとした代数学習ゲームを開発している（写真）。タブラ・デジタという会社も同じく代数の学習ゲームを作っている。

現在、学校教育におけるゲーム利用は、教育の豊かさを高めるための利用方法を模索している。カリキュラムを教えるためにゲームを学校で使うことも可能ではあるが、それは時間をかけて進んでいく取り組みだろう。

いずれにせよ、近い将来のゲーム利用は、教室の外での学習、課外プログラム、家庭学習のためのものが多くなるだろう。当面、今の子どもたちは、手に入るもので学ぶことになる。ゆえに、子どもたちがすでにゲームから学んでいることの価値を理解させ、学校の勉強とつなげる責任は親の私たちにかかっている。

そのような状況のなかでも、すでに進んだ考えを持つ教師の皆さんは、すぐにゲームを教室で利用したいと考えているだろう。そんな勇気ある教師の皆さんへ、次の章をご提供したい。

第24章

教師の皆さんへ——カリキュラムや教室で使えるゲーム

「生徒たちが難しいと思う問題を解く手助けをするゲームを作っています」
——マーク・グリーンバーグ、アリゾナ州フェニックスの学校教師

優れた教師たち、困難を乗り越えながら長年にわたって生徒たちを個人として尊重しながら、学習に夢中にさせようと取り組んでいる教師たちを私は敬愛している。優れた教師たちは、常に教室での学習と実世界の経験やスキルと結びつける方法を探している。

あなたが教師なら、カリキュラムに対応したゲームがまだ先の話だとしても、今の自分の教育にゲームの力を活かして、生徒たちにより良い学びを提供することに意味があると理解してもらえたと期待している。では、ゲームと教室での授業を統合して教えるには、どうすればよいだろうか？

私からいくつかあなたにお勧めしたいことがある。だがその前に、すでに優れた実践をしている教師たちのアイデアを紹介したいと思う。

アリゾナ州フェニックスにある中学校の英語教師、マーク・グリーンバーグは、自分でプログラミングして学習ゲームを作っている。彼は生徒たちが従来の指導方法ではうまく学べないところでそのゲームを使う形をとっている。マークは、ボキャブラリーヘルパー、数学ヘルパーなどのゲームを作っていて、彼自身その多くは「砂糖で甘くしたドリル教材ミニゲーム」だと認めている。ところが、彼の生徒たちはそのドリルがゲームだから気に入っているのではなく、その内容がニーズにあったものなので気に入って使っているのだ。創造性に長けた教師たちの多くと同様、マークも世の中ではあまり知られていない存在だった。ある時彼が私に、その授業実践の様子をeメールで知らせてくれて、私は彼の許しを得て、先進的な授業実践例を探していた記者に彼の名前を伝えた。その記者はカメラマンと共に授業を取材した。彼のクラスの授業の様子は、ニューヨークタイムズ紙のサーキット面のトップで紹介されて、彼の取り組みは多くの人々から知られることとなった。

イギリスの小学校教師、ティム・ライランズは、ゲームを利用した先進的な授業実践によって、BECTA（British Educational Communications and Technology Agency＝英国教育工学通信協会）の賞を受賞した。ティムのウェブサイト（www.timrylands.com）には、その授業の様子がビデオで紹介されている。美しい3Dアドベンチャーゲーム「ミスト」の画面を教室のプロジェクターで映し出し、クラスみんなでそのゲーム世界を探索する。ティムはその画面に映る風景を生徒たちに描写させ、口頭表現や作文のスキルを身に付けるための授業を行っている。このゲームを利用した授業方法を取り入れた結果、生徒たちの成績は劇的に向上している。

テキサス州オースティンの中学校教師、マリアンナ・フセインはサマープログラムで、Flash などを使ったゲームプログラミングコースを提供した。

マサチューセッツ州マーサズ・ヴィンヤードで小学校の技術の教師をしているビル・マッケンティは、ゲームを使った授業実践の経験や資料を自身のウェブサイトで紹介している。

あるウィスコンシン州の中学校教師の女性は、英語の授業でキャラクター描写や論理的思考、ストーリー作成などを教えるためにロールプレイングゲーム「モローウィンド」を利用している。その授業のひとつでは、盗みをした結果がどう展開しえるかを議論するためにゲームを題材として利用している。

最初のゲーム世代の若者たちも、大学院でゲームに関する研究に取り組んでいる。

ウィスコンシン大学マディソン校の助教授、カート・スクワイアは、博士論文で文明構築シミュレーションゲーム「シビライゼーションⅢ」を授業に利用する実践研究を行っている。彼の論文はオンラインで公開されている（巻末の注釈を参照）。

デンマークの大学院生、サイモン・エジェンフェルドーニールセンはデンマークの学校でゲームを使った授業を行う研究をしており、ゲームを利用した教育活動について素晴らしい文献研究を行っている。

英国の研究者、ジョン・キリミュアはウェブサイトで、ゲーム利用教育を実践している英国の教師のリストを提供している。

ゲームを教室で利用する方法

このように、授業にゲームを取り入れたいと考える人たちはすでにいて、あなたは独りではない。

だが、どういう方法があなたにとって適切な方法なのだろう？　一般的な利用方法としては次の四点があげられる。

①家庭でプレイしているゲームの話題でディスカッションする。

②優れたゲームの持つ要素を応用して教え方をゲーム的なものにすることで、生徒たちを授業にひきこむ。

③その科目の教育のために作られたゲームを使う。

④市販のエンターテインメントゲームを教室でプレイする。クラス全体（プロジェクターを使って全員でひとつの画面を見る）でも個別に画面に向かうのでもよい。

家庭でプレイしているゲームの話題でディスカッションする

最も手軽な方法で、取り掛かりとしては最も大きな成果が期待できる方法は、すでに子どもたちが家庭でプレイしているゲームの話題を取り上げ、クラスみんなでディスカッションすることだ。

だがこれも、あなたがゲームを知らないとなかなか大変だ。その場合は、子どもたちにリードさせてはどうだろう。子どもたちがゲームをプレイすることを認め（現実に向き合うことが大事）、彼らのゲーム経験をクラスに持ち込んでもらうことだ。

ゆっくり深呼吸して、あなたの教える科目が何であれ、子どもたちにゲームのことを尋ねる時には次のような質問をすると良いだろう——

●今の議論に関係すると思うゲームはある?
●この点について、ゲームをプレイしていて気がついたことがある?

これらの質問は、教師のあなたが得意とする、生徒たちの議論をリードして、論拠を求め、異なる視点を掘り下げていく際に役に立つだろう。

もちろん、あなた自身が時間をとって、世に出回っているゲームを調べて、授業の内容と関係のありそうなゲームを見つけてくることができるなら、さらにディスカッションは有意義なものになるだろう。www.gamesparentsteachers.com、www.teem.org.ukなどのウェブサイトには、個々のゲームが授業でどのように使えるかを考えるうえで参考になる情報が掲載されているし、一般のゲーム情報ウェブサイトでゲームレビューを読むのも良いだろう。

それぞれのゲームについてよく知っていれば、授業でディスカッションする時により具体的な質問ができる。たとえば、社会の授業であなたはこういう質問ができる「シビライゼーションⅢかライズ・オブ・ネイションをプレイしたことのある人は?」、「では、そのゲームはどんなゲームで、どんな共通点があると思いますか?」

もし何か面白そうなゲームを見つけたら、買ってみるか、デモ版をダウンロードしてみるかして実際に試してみることだ。もし身近に子どもがいれば(自分の子でも、生徒でも、近所の子でも構わない)助けを借りるとよいだろう。

ゲームで宿題？

自分でさまざまなゲームをプレイできるようになれば、ゲームをプレイすることを関連づけた宿題を出せるようになる。たとえば、計画について学んで、関連した例を見つけてくる宿題を出す時に、参考文献として書籍や記事と一緒に「シムシティ」や「ローラーコースター・タイクーン」などのゲームもリストに加えておくこともできる。

「授業で人気ゲームの名前を出すだけで、生徒たちの私への敬意は急上昇します」

——ある教師

悲しいことに、すべての生徒が十分なテクノロジーにアクセスできるわけでないことから、ゲームを宿題にすることに乗り気にはなれないという意見もある。もしそうだとしても、あきらめることはない。

子どもたちを小グループに分けて、少なくともグループにひとりはゲームができる環境を持った子どもがいるようにして、グループ課題を与えるという手もある。それも難しいようであれば、適切なゲームを数本買ってきて、学校のコンピュータにインストールしてみることを検討してみてほしい（パスワードで保護すれば、関係ない生徒がプレイしないようにできる）。そのコンピュータを使って、生徒たちは放課後に宿題ができる。創造的に考えることだ。いろいろな障壁があなたの前に立ちふさがってくるのだから、いちいち否定的になってはいけない。

優れたゲームの持つ要素を授業に取り入れる

私たちがいつも目の当たりにしているように、子どもたちがゲームの虜となっているのは、ゲームにとても多くの学習原理が含まれているからだ。だから「私の授業にゲームの持つ要素を取り入れて、もっとゲームのような感じで教えられないだろうか、実際にゲームを使わずに」と考える人もいるだろう。

それはもちろん可能だ。

まず第一の原理として、重要なのは、あなたのマインドセットを少し方向修正することだ。教科書を消化して前に進もうとするのではなく、まず生徒たちを夢中にさせることを最優先に考えることだ。

誤解をしないでほしい。私たち教師はみんな生徒たちを夢中にさせようとしているし、教えなければならないことはある。そんなことは私も知っている。だが、より効果の高い授業をするためには、優先順位を変える必要があるのだ。ゲームデザイナーたちがうまい理由はここにある。彼らはプレイヤーを引きつけることを最優先に考えているのだ。

授業プランを並べてみて、まずこう考えてみよう。「三〇分（あるいは四五分なり六〇分）の授業の間、クラスの生徒全員をずっと座らせておいて、教科書を教えていられるだろうか？」。大変だが実行可能ではある。

ゲームから応用できる二つ目の原理は、授業のなかで意思決定のペースを上げることだ。もちろん、ゲームは意思決定がすべてだ。プレイヤーは、プレイの間ずっと、秒単位以下の速いペースで常に意思決定していくことを求められる（ゆっくりなペースのゲームでもこれは起きる。チェスでも時間制限を設定して意思決定を早めている）。

では、どうすれば授業中の意思決定の場面を増やすことができるだろうか？　テクノロジーが利用できれば、質問をするたびに投票をさせることができるし、これはテクノロジーがなくてもできる。「誰か知ってますか？」と尋ねて手が挙がるのを待つのでなく（こうすると同じ生徒ばかりになることが多い）、全員に手を上げさせて投票する形にすればよい（「これがローマだと思う人はどれくらいいる？　カルタゴは何人？　イタカは？」というように）。もうどんな感じかわかっただろう。

もしこれが性に合わなければ、別の方法もある。難しすぎず、やさしすぎない問題であれば、子どもたちは楽しみながら意思決定に参加する。

教科教育用に作られたゲームを利用する

教育用であれ娯楽用であれ、ゲームを教室で利用するときに生じる最大の問題は、教室や授業はそれに合った形でデザインされていないということだ。うまくやることも不可能ではないが、おそらく少しばかり準備が必要になる。

最も簡単な方法は、プロジェクターで画面を映し出して、クラスみんなでゲームをプレイすることだ（プロジェクターが利用できることを前提で！）。多くのゲーム、たとえば、社会科で「オレゴン

・トレイル」を使う場合などは、このやり方がとてもよく機能する。最近の教育用ゲーム、たとえば、「メイキング・ヒストリー」やMITの作ったモッドゲーム「レボリューション（現時点ではプロトタイプ段階）」は、授業時間に利用しやすいようにデザインされている。インターネットにアクセスできるなら、教師たちの制作した多くの学習ミニゲームも利用できる。あなたにもちょっとしたスキルがあるなら、マーク・グリーンバーグのようにゲームを自作する教師たちの仲間に加わって、自分のクラスの生徒のニーズに合ったゲームを作るとよい。

クラスでテクノロジーが利用できる場合は、生徒たちにゲームをプレイさせる方法もある。個別でも良いし、数人のグループでプレイさせるとなお良い。この方法で成功するためには、あなた自身がゲームとテクノロジーについてよく知っておく必要がある。子どもたちから質問の集中砲火を受けることは間違いないからだ。

市販のエンターテインメントゲームを授業に利用する

生徒たちの学習を豊かにする優れたゲームは数多く存在しているので、この方法はとても魅力的だ。最もシンプルな方法は、経験のある生徒に自分のゲームを持ってきてもらい、クラスで他の生徒たちの前でプレイしながら説明をしてもらうことだ。パソコンとプロジェクターが利用できるなら素晴らしいし、できなければテレビを教室に運んできて、生徒にコンソールゲームを持ってきてもらえばよい。

ゲームを実演してくれる生徒には、なぜそのゲームが好きで、その科目について何を学べると思うかを質問してみよう。他の生徒でプレイしたことがある人がどれくらいいるか聞いてみよう。教師としてのあなたの役割は、いつもと同じく、ディスカッションを先導し、子どもたちの思考を促し、事実とフィクションを分けて考えさせることだ。

このアプローチの大きな長所は、教師のあなたがゲームをプレイできなくても構わないということだ。だが、もしあなた自身がプレイできるゲームがあれば、そのゲームに関連した授業計画を事前に準備して、あなた自身が生徒たちの前で実演しながら授業することもできる。これはイギリスの教師、ティム・ライランズや、「モローウィンド」を使って、盗みを働くことで生じる結果について考える授業を行っている女性教師が実践しているアプローチだ。

彼女はこのやり方で生徒たちがとても夢中になって授業に参加し、ゲームを使う次の授業をとても楽しみにしていたと報告している。あなたの受け持ちの教科に関連した市販ゲームの詳しい情報は、GamesParentsTeachers.com を参照してほしい。

ここまで議論してきたように、利用の仕方の判断のしどころのひとつとなるのは、個々の生徒にプレイさせるか、グループにするか、あるいはクラス全員でプレイするかという点だ。すでに述べたように、あなた自身がそのゲームに詳しいのでない限りは、三〇人もの生徒を別々にプレイさせるのを管理するのは大変だ。カート・スクワイアがシビライゼーションⅢを授業に使った研究論文を参照すると、参考となるアイデアが得られるだろう。

教室の配置を変えることができるなら、机の配置をひとつの大きな円を描く形にして、机にコンピュータの画面が内側に向くように配置し、生徒たちを円の内側に座らせる形をとってみることだ。こうすることで、あなたはその円の中心にいて、すべての生徒のコンピュータ画面を一望でき、助けが必要な生徒のところにすぐに駆けつけることができる。そして全体に何か話したい時には、生徒たちに椅子を内側に向けて座らせれば、コンピュータに邪魔されずに注目させることができる。

ゲームをデザインする

本章の最後の提案として、教室でゲームを利用するうえでとても有効な方法として、生徒たち自身にゲームをデザインさせるというものがある。個別またはグループで、その教科に関連したテーマのゲームをデザインさせるのだ。テクノロジーを利用させる必要はなく、アイデアを考えさせるだけでも十分に機能する。

ゲームデザインを行ううえで役に立つ質問は次のようなものだ——

- この教科に関わる意思決定で一番おもしろいところは何だろう。
- どんなゲームプレイが楽しくて、かつ教育的だろうか?
- どうすれば単なる単調なドリルゲームでなく、「こっそりと」学習を起こすようなゲームにできるだろうか?

当然、これらの質問に答えるためには、その教科に対する深い洞察と学習が必要となる。

個別またはグループに分かれた生徒たちは、クラスで自分たちの考えたゲームのアイデアを発表させ、どのアイデアが一番良かったかを投票したり、良いアイデアを整理してひとつのゲームにデザインさせたりすることができる。おそらく追加点を期待して、自らそのゲームを開発しようと名乗りを上げる生徒たちもなかにはいるだろう。

そしてもちろん、教師のあなたに興味とスキルがあれば、さまざまなゲーム開発ツールを利用してゲームを作ることも可能だ（あなた自身でなくても協力者や生徒たちの助けを借りてもよい）。とても有名なゲームとなった「オレゴン・トレイル」は、ある代行教員のアイデアで始まり、彼のルームメイトのプログラマーがそれを形にしたことで生まれた。あなたにアイデアがあるなら、恐れずに挑戦してみてほしい。私にメールを送ってくれれば（marc@games2train.com）、www.GamesParentsTeachers.com の教師フォーラムに投げかけて、サポートグループを作ろうという教師仲間を探す協力をしたい。

リソース

他にも、GamesParentsTeachers.com には、次のようなリストがある――

- 英国のＴＥＥＭ（Teachers Evaluating Educational Multimedia）などのこの領域で活動している組織
- 生徒たちの学習を高めるのに役立ち、授業に利用できる、数多くの市販のエンターテインメントゲーム

●多くの教師たちから集めた、個々のゲームを授業で利用するためのアドバイス
●単純なものから複雑なもの、無料から有料の、ゲーム開発に利用できるツール
●ゲームを利用した授業を行っていて、リストに名前が載るのを同意してくれた教師

もしあなたが「ゲームは生徒たちを夢中にしている」と思う教師であれば、今こそアクションを起こす時だ。

第25章 子どもたちが自ら学んでいること

「ぼくはゲームから読み方を学んだ。学校では教えてくれなかったもの！」
——ある生徒

さて、ここからは少し微妙なところだ。私は優れた教師たちが子どもたちの教育において重要な役割を担っていることを信じているが、それと同時に、従来のように教室に座って学ぶだけが子どもたちの教育ではないという信念も持っている。学校でのやり方だけが、必要なことを学ぶための唯一の方法である必要はない。実際、生徒たちは適切な方法を提示しさえすれば、自分からより速く、より効果的に、さらにより楽しんで学ぶことができるのだ。

過去においてさまざまな試みが行われ、失敗が繰り返されてきたものの、利用できるテクノロジーは急速に変化してきている。良くデザインされたゲームが適切に社会システムに結びつけば、それ自体が優れた教師となり、学習者たちは自ら必要なことを学ぶようになることを、今私たちは目の当たりにしている。

これは教師たちにとって悪いニュースではない。ゲームを通して学んだ方が良いものもたくさんある（読み方の初歩、足し算表、日付やスペリングなど）。それらの初歩的なものは教える方もそれほど楽しいものではない。

中抜き

私はなるべくジャーゴン（難解な専門用語）は使わないようにしているが、時にはそうしたジャーゴンが理解を促すので知っておくとよいものもある。ここにひとつ、そういう理解を促すジャーゴンがある。

それは「中抜き（disintermediation）」という言葉で、「中間業者を排除する」という意味だ。ビジネスの世界では、中抜きは大幅なコスト削減や顧客サービスの向上を促している。たとえば、ネット社会の今日では、株式ブローカーに高い株式売買手数料を払わなくてもよくなった（ブローカーのアドバイス機能を必要としない場合を前提として）。以前は株式取引に七五ドルも手数料を払って、何日も待たされていたところを、イートレードのようなネット証券会社が現れたおかげで、たったの五ドルで即座に取引できるようになった。Expedia や Orbitz，Travelocity，Cheap Tickets. com のようなところで同じチケットを安く買えると知った人は、今さらわざわざ旅行代理店に出向いて割高な手数料を払ってチケットを買おうとは思わないだろう。中抜きは不動産業にも現れて、オンラインで建物の内覧ができて、余計な仲介業者を通さなくてもよくなっている。

教育の世界の中抜きとは、学習者とその学ぼうとしているものの間にあるものを取り除くことだ。すべての分野で起こるわけではないが、多くの教育分野ではそれが来るべき時代の波だ。

最も単純な意味では、ある分野では人間の教師が不要になることを意味する。だがどうかこれを教師がまったく不要になるとは受け取らないでほしい。少なくとも今必要としているだけの教師の数は、これからも必要となるだろう。将来における教師の役割として、今までとは違った教え方が求められるようになる点が大きな違いとなってくる。

究極的には、次のようになるだろう――将来において、教師の協力が欠かせないことは変わることはない一方で、その役割や教える内容が変わっていくのだ。そして、さまざまなことがゲームや他のテクノロジーを通して教えられるようになっていくであろう。

将来の教育のあり方を予測している人たちのなかには、教師たちが最新のテクノロジーを常に率先して学び、少なくとも教えられる程度には習熟することで、生徒たちよりも進んだ存在であり続けるというシナリオを描いている人たちもいると耳にすることがある。だがそれを聞いて私は苦笑するしかない。私が思うに、生徒たちはすでにはるか先を行っていて、教師たちが先を行くために学ぶ以前の問題だからだ。

ところが、子どもたちは大人ではないということも同時に留意する必要がある。どんな優れた教師も口を揃えて言うように、子どもたちが明確な思考の方法を身に付け、良い分別を持ち、自己表現力を付けるためには、良いガイドが必要なのだ。この教師の役割は将来にわたり変わることはないだろう。子どもたちがいかに学習のための調べ物がうまくなろうとも（教師よりうまいことも多い）、それを学習の文脈のなかにうまく位置づけるためには教師の助けが必要なのだ。この要素を中抜きすることは非常に難しい。

個々の生徒たちの関心や能力、その日の気分、生活状況などを把握する教師の役割を中抜きすることも、不可能ではないがとても困難だ。このような教師の持つ「共感的な役割」は非常に重要であり、おそらく中抜きされることはないだろう。

生徒たちを理解して、個々の生徒に共感を持つことも、努力のいる仕事だ（第一章で引用した、全米科学者協会長のヘンリー・ケリーのコメント「娘のコンピュータの Cookie の方が、教師よりも彼女の好みをよく知っている」を思い出してほしい）。大変な仕事だからこそ、それが自然にできる教師は、いつまでも「お気に入りの先生」として記憶にとどめてもらえるというご褒美を手にできる。「エキスパートとしての教師」よりも「共感を持った教師」を見つけて採用していく努力をする方が、子どもたちのためだし、私たちの社会はより良いものになっていくだろうと私は思う。カリキュラムの中身の学習にゲームなどのテクノロジーを利用することを進め、生徒たちが自分で学べるようにすることで、そのような努力も可能となるだろう。技術的にはそれほど高くなくても、より共感のできる教師がガイドし、生徒たちを適切な場所で適切なツールを使わせることで、それが可能となるのだ。

中抜きも最初は脅威として捉えられがちだが、究極的には人々の生活を良くするものだ——

● 今日私たちが苦労して教えていることを、生徒たちは自分から喜んで学ぶようになる

●教師たちは、生徒個人に目を向ける余裕ができ、単純な繰り返しでない、より特別な学習に時間を割くことができるようになる

●親たちは、ゲームをプレイする子どもたちが学ぶ様子を見ることができ、怒鳴ったりせずに子どもたちにゲームを奨励するようになる

そんなことが本当に起こるのだろうか？　すでに起こっている

第六章で、デジタルテクノロジーがいかに子どもたちが自発的に、教師や親のいないところで学習しているかを示したリストを提供している。

わざわざ読み返さなくても良いように、ここに少し要約しておこう。子どもたちのコミュニケーション方法として次のようなものを紹介した——IM、チャット、ブログ、ウェブカム、ネットオークションでの売買、ピア・トゥ・ピアソフトウェアによる音楽・動画・ユーモアネタなどのファイル交換、開発ツールを使ったウェブサイト、アバター、モッドゲーム制作、3Dチャットルームや出会い系サイトでの交流、さまざまな趣味や勉強のためのデータ収集、オンラインでのプロジェクト運営、MMORPGでのクランやギルドの運営、Epinionやアマゾンのオンラインでの他者評価システム、複数人でのゲームプレイ、興味を持ったものについてのオンラインでの学習や情報収集、SETIなどの大規模データ分析プロジェクトへの参加、モバイルブログ、カメラ付ケータイ、オンライン世界での社会的交流、影響の与え合い、逸脱行動……ずいぶん長いリストだ！

かつて、子どもたちはさまざまなことを学校で先生から学んで、練習したものだ。だが、二一世紀に入ったばかりなのに、このなかには学校で先生から習っているスキルはほとんどなく、まさに教育の中抜きが起こっている。教師は存在せず、コミュニティの仲間がいるだけだ。

良い知らせは、これらの活動を通して子どもたちは自分自身で学び、仲間同士で学び合っているということだ。

誤解しないでほしいが、すべての子どもたちが当てはまるということではないし、自分たちだけでどんな複雑な思考法もスキルも簡単に身に付けられるということではない。学習者は常にその学習のための助けを得ることでより良く学ぶことができる。ただ、その助けには必ずしも従来の教師や学校が含まれる必要はないということだ。

実際、ゲームのなかに多くの学習プロセスが埋め込まれている。ゲームのなかで子どもたちは、誤った判断をした時に悪い結果を受け取りながら、失敗を通して繰り返し挑戦するなかで、賢いやり方を学んでいる。これは、毎学期末に試験をして成績を付けられて成績表を持ち帰るという繰り返しよりも、子どもたちの学習（子どもたちの精神的発達にも）にはよほどよい。

優れた教師たちは、生徒たちによっては、自分の授業の進め方は早すぎか遅すぎで、中間にいる生徒に合わせて進んでいるという現実に気づいている。コンピュータベースの個別学習にゲームプレイのモチベーションの要素を取り入れることで、中間以外の生徒たちにも対応できるようになる。「ゲームだと、先生がぼくの頭についてくるのを待たなくて済む」と言う子がいたり、あるいは（先生についていきたいと思っているとして）その反対だったり、誰もが個別化の恩恵を得ることができる。複雑な人工知能を持つゲームは、個別化学習により効果的であり、教師が一部の生徒の相手をして他の生徒が置いてけぼりを食うようなリスクもなくなる。

ゲーム上で行われるいかなる学習も、ゲームと一緒にプレイする仲間がいるだけで、教師は介在していない。実践的なゲームガイドはあるが、教科書はない。講義もなければ宿題もないし、テストもない。その代わりに、生き残るための競争や協力、それに勝利がそこには存在する。

ところが、子どもたちもよく指摘しているように、ゲーム中の議論やフィードバックだけでなく、ゲームの後にも学習は起こっている。軍隊では「アフター・アクション・レビュー」と呼ばれるような、事後の振り返りを行っており、これは活動を通して学ぶ上で最も効果的な方法のひとつだ。

急進的な思考実験——学習カウンセラー

もし教師がいない学校を作ったとしたらどうだろう。何かを教えるための教師の代わりに、「必須科目」を教えるのではなく、子どもたちのことをよく理解して助けることのできる親身な「学習カウンセラー」の人々を同じ人数だけ配置するとしたら？　学校運営職員と学習カウンセラーだけでも次のことができる——

- 子どもたちに学習目標やゴールを与え、自らの努力でそこに到達するように促す
- マルチプレイヤー形式の、創造的で協調的、挑戦的で競争的なグループ活動を行わせる
- グループプロジェクトやクリアしたゲームのなかでの仲間同士の協力について子どもたち同士で相

互評価させて進歩の度合いを評価する

●グループでお互いが向き合う緊張感によって、逸脱行動をコントロールしながら、必要に応じて態度を改めさせるために介入する

今利用可能なツールや環境のみでも、このようなやり方で進めていけば、どのようなレベルの子どもも自分自身でとてもよく学ぶようになる。

さらに考えを進めて、もしも……

●幼稚園児や小学一年生が読み方を自学できる無料の学習ゲームを作る

●カリキュラム学習ゲームでもどんな店頭に並んでいるゲームでも、何を学んだかをレポートしさえすれば、子どもたちにどんなゲームでも選んで買ってよいことにする

●ハリーポッターのような適切な物語やSF小説、ゲーム雑誌、遊戯王カードであっても、読み方を学ぶ良い教材になると子どもたちに伝える

●Flashプログラミングや、グーグルなどのツールを使いこなせるように、授業時間にお互いに教え合えるように手助けする

●宿題の半分を、マルチメディアコンテンツやゲーム、マシネマ（第二〇章を参照）などの制作物として出すように課題を与える

●アラン・ケイのスクエーク（www.squeakland.com）などのオンラインツールを使って、自分より

も下級生のためのゲームを作らせる

●Apolyton U（apolyton.net）のようなファンによって作られた、ゲームスキル学習ウェブサイトに役に立つ情報を投稿したら点数を与える

●すべての科目・レベルを対象に、子どもたちに全校・学年・地域・世界レベルでのチーム対抗試合を企画・運営させる

これらはいずれも今日から実行可能だ！

学校の再生

デジタルネイティブの子どもたちがオンラインで行っている新しい活動を観察すると、私たちは大きな変革、イノベーションの真っただ中にいるというのは明らかだ。私たちデジタル移民はそれほど大きな役割は果たさず、デジタルネイティブたち自身の手によって起こされるものだ。子どもたちはデジタルテクノロジーが非常に強力なツールだということを認識しており、私たちが想像もつかないような方法でそれらを最大限に利用しているのだ。

だから、いっそのこと彼ら自身に学校を再生させてみてはどうだろう？

すでに多くの子どもたちは、環境観測実験やデータ収集プロジェクトに参加していて、ウェブカムやセンサーの設定も自分でできる。自分が関心のあるテーマが目まぐるしく動いている動向を、ブログなどで最新情報を常に追っている子もいる。イーベイで自分の服やほしいものを安く購入する方法

も知っている。お気に入りのゲームを改造して新しい機能やマップを追加することができる。情報共有のための新しいシステムを作り出すこともできる。

もちろん、私が本書で述べていることは、必ずしもデジタルネイティブの子どもたちによる学校のあり方を示すものではない。これらは単にその導入となる提案にすぎない。すでにいくつかの学校や他の国では実験的に進められていることもある。

私の論点は、デジタルネイティブたちの考えに真剣に耳を傾ける必要があるし、学校の外で子どもたちが成し遂げている素晴らしい成果に対して、成績を加点するなどの評価を与えるべきだ、ということだ。

私は、子どもたちには学校を自分たちの手で作り直す力があると本気で考えている。テクノロジーの変化や発明が急速に進む今日にあって、自分たちにとっての最高の学習をデザインする方法を、子どもたち自身で考えるべきであり、大人がやってくれるまで待っているべきではない（大人にはできないのだ）と気づかせるべきだ。

実際のところ、デジタル移民の私たちにはとても追いつけないことがたくさんある。助けが必要なら、デジタルネイティブたちに先導してもらって、なるべく余計な口出しをしないことだ（息子のゲームの途中で、ジー教授が余計なアドバイスをしたら一ドル罰金を取られたというエピソードを思い出してほしい）。

分岐型の教育

さまざまな点において、私たちはすでに子どもたちの教育の中抜きを行っている。主に未来に関わること、子どもたちが将来活躍するために必要とするスキルなどについてはそれが進んでいる。これは学校が終わってからの子どもたちの学習だ。ゲームに熱心な子どもたちを見る時のもうひとつの見方はこうだ——子どもたちは、大人の助けを借りずに自ら学びながら、二一世紀の世界で生きていく準備をしているのだ。

まとめ

では最後にひとつ、「それほど急進的ではない」アイデアを提供しよう。そろそろ子どもたちに関する労働法を改正するべきかもしれない。そもそもこれらの法は、肉体労働での搾取から子どもたちを保護するためのものだ。ところが、未来の世界では知的労働が多くを占め、子どもたちはすでに労働力を提供している。ゆえに、彼らがデジタル社会の知識やスキルを使って稼ぎを得られるようにしてあげるべきではないだろうか。特に大学にかかるコストを自分で稼げるように。学校に通いながらでも、ビジネス世界が必要としているコンピュータを使った知的作業のスキルを提供して、対価を得られるようにするのだ。そうすればさらなる学習のインセンティブとなるだろう!

第26章

あなたには子どもたち並みに勇気がある？——自分で試してみよう！

「娘がゲーム「世にも不幸なできごと（A Series of Unfortunate Events）」をプレイしている時、残忍なギャング達をやっつけるのを助けたことと、「ポーラー・エクスプレス」で怪しいコックから逃げ出すのを助けたことで、娘から救世主のように見られました。「Mr.インクレディブル」で、交通規制を飛び越えるために必要なレベル9のインクレディブーストを見せた時は、娘が喜んで抱きついてきました。これらはもしかしたら、親として不可欠なスキルとなってきているかもしれません」

——ウォレン・バックレイトナー、ニューヨーク・タイムズ「子ども向けソフトウェアレビュー」編集者、二〇〇四年一二月二三日

子どもたちがしていることが本人のためになることかどうかを知るための最も効果的な戦略は、あなた自身が一緒に参加することだ。

おそらくゲーム以外のことでは、あなたもすでにさまざまなことを一緒にやっているだろう。子どもたちが見たいという映画が不適切かもしれないと感じられる時は、あなたが先に見に行って確かめているかもしれない。子どもがほしいといっている本が疑わしい時は自分が先に目を通しているかもしれない。あるいは一緒にそれらの映画や本に触れて、その後にそのことを話題にしているかもしれない。

ところが、「アンリアル・トーナメント」や「エバー・クエスト」、「デュース・エクスⅡ」や「グ

ランド・セフト・オート――サン・アンドレアス」のような、あなたが（ここまで本書を読んだあなたはそう無闇に心配してはいないと思うが、もし）心配に感じるゲームを子どもたちがプレイしていても、映画や本の時のようには行動できないことが多いだろう。

あなたが子どもと同じくらいに勇気があるのでない限りは。

最近のゲームのプレイの仕方を学ぶことはもちろん可能だ。五五歳のジー教授にはそれができた。多くのお祖父さん、お祖母さんたちも次々に始めている。もしあなたに興味があって、忍耐力があるなら、最近のゲームを自分で試して見ない理由はない。

「最近のゲームはやっぱり難しい」とか「これらのゲームは私向きではない」などと触りもせずに考えるような状態からは最悪でも抜け出せるだろう。

むしろ、とても幅広いタイプのゲームがあることだし、あなたが興味を持てるゲームがひとつか二つ、あるいはお気に入りのジャンルがひとつ見つかる可能性は大いにあるだろう。

そんなことが起こった時（これは仮定の話ではなく）、あなたは子どもたちとのまったく新しいコミュニケーションの世界への扉を開くことになる。私の書いた「子どもたちがテレビゲームから学んでいるポジティブなこと」という（本書の第七章のもととなった）オンライン記事を読んで、ある父親が次のような感想をｅメールで送ってくれた――

件名――ブラボー

ついに真実を語る人が現れました。

私はマスメディアのテレビゲームに対するネガティブな反応には本当にうんざりしています。ひどいゲームがあるのは確かですが、誰もそれらを無理やり買わせようとはしていないし、誰も買わなければ何の問題もないのです。最も大事なのは自己改善です。質の良いもの同士はお互いに良い影響を与え合います。私はＩＴ業界で働いて一五年になり、今は管理職をしています。ｘ３８６の頃からゲームをプレイしていて（ウィング・コマンダーⅡでした）、二人の息子たちとネットワークでつながりながら良い関係を築いています。あなたの本で述べられていたことに付け加えれば、ゲームのおかげでコンピュータ好きな人たちはとても素晴らしい家族関係を築く機会を得ています。子どもたちとの親交を深めるうえで、ゲームで対戦する以上に良い方法はないと言ってもよいくらいです。子どもたちにコンピュータを一台ずつ与えてネットワークでつなぐのです。それに私は、自転車やハイキング、キャンプ、カヤック、ホッケー、サッカー、スキーなど、多くのアウトドアの活動も子どもたちと一緒に楽しんでいます。

もし「ディアブロ」、「バトルフィールド１９４２」、「エイジ・オブ・エンパイア」など、この手のゲームをやって同じチームにいれば、普段は気づくことのない互いの強みや弱みに気づくことでしょう。私の息子の一人は「ソロ船長」で、もう一方は味方の戦車を修理して、地雷を設置する前に死んでしまう献身的なエンジニアのようです。彼らは単に「自分の息子」としてでなく、ひとりの個人として見えます。共にやるべきことがそこにあり、何時間もの楽しい時間（雨の日に）と難しいシナリオをクリアした時の達成感がそこにはある。ゲームは何時間もの間、戦略や方針、難しいシナリオの攻略方法など、非常に濃い会話の機会を与えてくれます。長いドライブ旅行で会話がなくて退屈することもありません。そればかりか、普通は長い旅行では家族の絆を弱めるいろいろな局面がありますが、むしろ子どもたちとの絆は強くなります。シビライゼーションⅢやエイジ・オブ・エンパイアなどを授業の前にプレイさせれば、学校の歴史の授業で退屈することもなくなります。コンピュータもゲームも道具です。道具はいかようにもうまく使うことができます。素晴らしい記事をありがとうございました。とても楽しみましたし、あなたの考えにまったく賛成です。

お元気で。 －J

この父親からの2通目のメールではさらに詳しく書いてくれていた――

「……私は二人の息子たち（一七歳と一三歳）とMCSE（Microsoft Certified Systems Engineer）の資格を取るための勉強を始めました。学校の先生はうちの子たちがMCSEの分厚い教科書を抱えているのを見て、「君たちはほんとにそれ読んでるのかね？」と尋ねたそうです。ですが、ここに至る前にゲームがあったのです。たくさんのゲームをしました。それらのゲームが子どもたちにコンピュータへの関心をこのレベルまで高めたのです。

ゲームの環境が快適なものとなるように気を配りました。きれいに塗装した地下の部屋に、イーサネットLANに接続したコンピュータを設置して、白壁にクリーム色の磁器タイル、白い吊り天井で、地下室らしくない明るい部屋です。追加のHiFiサラウンドシステムを設置し、子どもたちが五年もかけて収集した五〇本の刀のレプリカが壁に飾られています。そこに各自同じタイプの小さなパソコンデスクと黒い革の椅子を置いています。息子たちと私は色合いの濃さを好んで一九インチのCRTモニターを使い、娘は一九インチの液晶ディスプレイを使っています。それぞれのマシンに高品質のサウンドシステムを接続しています。私たちはこの部屋を「武器庫」と呼んでいて、子どもたちは、ここで過ごすのがとても気に入っています。

地下室に降りてコンピュータの電源を入れるたびに、とても壮観な眺めになります。ライトがほの暗く部屋を照らし、コンピュータの電源を入れるとともにファンが回転し始め、ダイオード光がカラフルに輝き、ステータス表示のライトが点滅し、画面ではIDを尋ねてきます。私たち家族の強固なチームは、次なる困難なミッションの準備をするのです。異なる宇宙へテレポートします。想像できるかと思いますが、最近のゲームはとてもよく作られていて、始めから終わりまで一〇〇%関心をひきつけられっぱなしです。もし買ってきたゲームにチーム対戦モードがなければ、そのゲームはしません。お下がりの衣服と一緒に箱に詰めて、ポーランドにいる親戚に送ります。

プレイ中は、絶え間なく会話が続きます。熱心に、献身的にお互いがリソースを使って助け合いながら、敵の動きに合わせて助けを呼び合います。バトルフィールド1942のようなタイプの戦闘ゲームでは、ミッションは事前に各チームメンバーそれぞれに課されます。ゲームが進むにつれて目的は状況に応じて修正されます。みんなそれぞれに経験があり、どこへ行って何をすべきかを理解しているので、全体指揮官は必要ありません。対戦車砲が必要になれば、動けるメンバーが敵を掃討しながら取りに行ってくるような具合で進みます。

もし意見の相違があれば投票で決めます。意見の相違はプレイ中に起こるのでなく、通常はどのゲームをプレイするかで起こります。息子のひとりはバトルフィールド１９４２タイプのシューティングゲームが好きで、もうひとりはコマンド・アンド・コンカータイプのリアルタイムストラテジーゲームが好きです。みんな戦略系のゲームが好きな点が共通しています。以前「スタークラフト」をプレイしていた時は何か月もそればかりプレイしていて、他のゲームはまったくやらず、「ディアブロⅡ」が出た時も何か月もそればかりやって……という感じです。

四～五時間のプレイの後、私たちは上の階に上がり、料理をして食事をとります。みんなで協力して食事の準備をします。そしてまた地下に降りて違うタイプで再開します。雨の日はそんな感じで過ごしていて、バランスをとるために、天気の良い日は自然のなかで過ごします。

天気の良い日は、街から離れ、ミシガン州ヒギンズ湖の近くに私たちが所有している二〇エーカーほどある森へ出かけます。私たちの住むウェストランドから一八〇マイルほど北にあります。そこまでドライブしたくない時は、ホッケーやテニスなどをして過ごします。

うちの子たちには、良い成績は将来の成功や幸せのレシピではないことを言い聞かせていますが、学校の成績もとても優秀です。

要約すると、テレビゲームは私たちの生活の大きな部分を占めていて、個性の発達を助けてくれています。お互いの理解を深め、驚くほどに家族の絆を強めます。言葉を交わさなくても目を向けるだけで、お互いが何を考えているかわかることもあるくらいです」

もちろん、すべての家族がこんな感じなわけはなく、ゲームがここまで家族の協力と理解を促す重要な存在となるわけではない。だが、この家族のようになりたいと思えば、ゲームを自分でもプレイすることが必要になる。

子どもたちに内緒で特訓して、あなたの新しい知識と特技で子どもたちを驚かそうというのでない限り（怖がらせてしまうこともあるので、気をつけたほうがいい）、子どもたちと一緒に座って、ゲームの作戦を一緒に練りながらプレイすることをお勧めする。あなたが望むなら、子どもたちにメンターやチューターとなってもらうこともできる。バカにされていると思わないでほしい。ＧＥの伝説の経営者として有名なジャック・ウェルチは、上級の重役たちに新しいテクノロジーを学ばせるために、デジタルネイティブの新卒社員たちをメンターとして付けたのだから。

ガイドとして、GamesParentsTeachers.com や www.gamasutra.com などのゲーム情報ウェブサイトを利用して、ゲームの概要やレビュー、評価点などを参照すると良いだろう。

あなたの都合のつく時間に応じて、週に何時間かゲームをプレイする時間をとるように計画することだ。チュートリアルモードから始めてみよう。興味があれば、ジー教授のライズ・オブ・ネイションに関する論文を読んでみると、ゲームがどのようにあなたを教育してくれるかを知ることができる。この論文もGamesParentsTeachers.comに掲載している。

それと、ぜひゲームの様子を日記に付けてほしい。紙のノートでも良いし、ワード文書でも良い。あるいはあなたか子どもがセットアップできるならブログも良いだろう。どのゲームをどれくらいプレイして、楽しかったことやイラついたこと、特にどんなことを学んだか、時間の経過と共に上達している感じがしているか、特にうまくなっていることがあるか、そのゲームのどんなところが好きで嫌いか、といったことを付けていくのだ。

そして、その日記を子どもたちと共有してほしい。

もしイラつくことがあれば、それもよくあることなので、子どもたちに助けを求めることだ。オンラインでガイドやヒントがどこで入手できるかを聞き出すと良い。もし片手に持って常に参照できるようなガイドが必要なら、「完全攻略情報」をウェブ上で探すか、市販の戦略ガイド（通常は大判のペーパーバックだ）を買ってくると良いだろう。どんなゲームでも、ステップ・バイ・ステップで丁寧にどうやって進めばよいかを教えてくれる。人によっては、それらのガイドがとても助けになることもあれば、ゲームが単に手順をたどる訓練のように感じられることもある（そのように感じたら、ガイドブックは閉じてしまった方がよいだろう）。ストレスを溜め込んだままプレイを続けてはいけない。誰かに助けを求めるか、その日はやめて次の日にまたあらためて挑戦することだ。

もしあなたの経験を私にメールで聞かせてくれたら、オンライン掲示板で紹介させていただき（ご希望なら匿名で）、みんなで共有して励ましのひとつとしたい。親子でゲームをプレイする家族はどれくらい増やせるだろうかと考えている。

それに、これはどんな年齢でも可能だ。父親たちが自分の子どもでなく、自身の父親との新たな関係構築の方法として一緒にゲームをしているという話も聞く。

だから、あなたもゲームプレイヤーになってはどうだろうか！　なろうとなるまいと、あるいは今なろうと後でなろうと、このほかにも、ゲームプレイヤーの子どもたちとの関係を改善していくためのより簡単な方法はいくつもある。

第27章

今すぐやるべきこと

「あなたの話を聞いたあと、うちに帰って私は子どもを抱きしめました」
――ある母親

第一九章で、ゲームをプレイする子どもたちとあなたが関係改善していくための戦略をいくつかリストアップした。いくつかは確実に機能するはずだが、いずれもすぐには効き目はない。どれもある程度の時間が必要になる。では、今すぐにはあなたができることは何だろう?

もし近くに子どもたちがいたら、あるいはうちに帰ってきたら、すぐに彼らのところへ行って、ハグしてあげるか、肩を軽くたたいてあげてほしい。もちろんこれは普通に愛情表現として良いことだが、ここにはとても深い意味がある。次ページのマンガで父親が送っている「父さんも少しお前のことをよく理解して、お前のゲームが悪いことじゃないんだと、ようやくわかってきたよ」というメッセージなのだ。

Responsibility
Copyright 2004 Jason & Nicole Stark
Hey Alia. You're up early this morning.
Er, actually, I haven't gone to bed yet.
WHAT? Why the hell not?
I didn't mean to. I just needed another two levels of Rogue and then I'd qualify for the Shadowdancer class and when I finally got it I had to go up a few more levels so my summoned shadow was strong enough and then when I looked up it was morning.
Are you... crying?
I'm just... I'm just so proud.

「責任感」

（1コマ目）

「おい、アリー。朝早いじゃないか」

「うん……実は寝てないの」

「何だって？何で寝てないんだ？」

（2コマ目）

「そんなつもりじゃなかったんだけど、ローグであともう2レベル上げて寝ようと思ったら、シャドウダンサークラスに上がれそうだったから、もう少しやったら上がれたの。でも私が召還したシャドウが十分強くなるように、もう少しレベルを上げなきゃいけなくて、気がついたら朝だったの」

「パパ……泣いてるの？」

（3コマ目）

「パパはただうれしくて……お前を誇りに思うよ」

by Jason and Nicole Stark, www.starkrealitycomics.com（許可を得て掲載）

それが済んだら（それにあなたは本書でどんなことを学んだか、少し説明もするかもしれない）、次に一緒に座って、その子がこれまでにどんなゲームをプレイしてきたか、一緒にリストアップしてみよう。

別に検閲するつもりでそんなことをしているのではなく、本書でゲームが良いものになりえると学んで、それをもう少し学んでみたいのだと説明しよう（子どもたちは最初はまず信じないと思うので、本書を手にとって見せるとよいだろう）。まだ取ってあるならゲームの空き箱を持ってこさせてもよい。

リストアップされたゲームのタ

イトルを見てみよう。おそらく本書で出てきたゲームもいくつか載っていることだろう。子どもの助けを借りて、ジャンルに分けてみよう。シューティングゲーム、格闘ゲーム、パズルゲーム、アドベンチャーゲーム、シミュレーションゲーム、ストラテジーゲームなど、どのジャンルに入るだろうか？　ジャンルがミックスされたゲームだろうか？　そこからあなたの子どもの興味が読み取れるだろうか？　さらに大事なのは、子どもたち自身、そのリストについてどんな感想を述べるだろうか。

次に、「今度買うゲームはどうやって選ぶ？」と聞いてみよう。ジャンルで決めるのか、ゲームレビューの評判か、友だちの持っているゲームを参考にするのか？

ゲームの空き箱が手元にあれば、箱に書いてある説明書きを見てみよう。ゲームが売りにしているのは何か？「ヒーローになろう（シティ・オブ・ヒーローズ）」、「ハリーを助けよう（ハリーポッター）」、「世界の運命はあなたが握っている（ライズ・オブ・ネイション）」などといった具合だ。

「今までで一番好きなゲームは何？」と質問して、その理由も尋ねてみよう。今もプレイしているゲームか？　今のお気に入りゲームは？　そのゲームを最後にプレイした時何が起きたのか？　上達したか？　何か新しいことを得られたのか？

一緒に座ってゲームしているところを見ていてもよいか尋ねてみよう。あなたと一緒にプレイしたいと思うだろうか？

素っ気ない返事しか返ってこない時はどうするか？

本書のことを話して、読んでみたいか尋ねてみよう。

あなたが本気だと伝え、（あなたのやり方によるが）協力してくれたらほしいゲームを買ってあげると伝えよう。

ゲームショップに一緒に行くなど、第一九章で述べたような方法に子どもたちが付き合う気があるかどうか尋ねてみよう。

子どもたちの強固な心理的バリアを破るための第一歩を踏み出しているということを忘れないでほしい。単にゲームがあなたにはより馴染みの少ない分野だというだけのことで、セックスやドラッグ、お金などの微妙な話題に触れているのと似たようなものだ。だがやるだけの価値は大きい。子どもたちが連れて行ってくれるところへ一緒について行けば、あなたの人生はとても豊かになっていくだろう。

重要なファイナルステップ

今、あなたはすでに次の段階に進んでいると期待したい。
●子どもたちはゲームから多くを学んでいることを理解した
●子どもたちとゲームについて会話する機会を作ることに成功した

ここから最も面白いところに進む。あなたとあなたの子どもたちはゲームから学んでいることを整理して、よく吟味し、その良いところをうまく利用する必要がある。これは重要で、継続的な活動となる。その方法は次のとおりだ――

①子どもたちがどんな知識を持っていて、ゲームのどんなところからその知識を得たのかを考えるよう手助けをしよう。子どもたちの言うことによく耳を傾け、決めつけるような質問をしなければうまくやれるだろう。

②学校で学んだ知識と、ゲームやそれ以外の活動で得た知識のどんなところに違いがあるか（あるいは補完し合っているか）を考える手助けをしよう。ゲームの内容について一緒に考えていくとできるだろう。

③彼らが興味を持っているのは、どんな領域なのかを考える手助けをしよう。彼らの話をよく聞いて、選択肢を提供しながら一緒に議論すればできるだろう。

④彼らの興味と楽しく学べる方法を、学校の勉強にうまく組み合わせる方法を考える。授業の宿題や課外プロジェクトに自分で決めた学習目標がリンクするように知恵を貸す。彼らがまだ知らない領域や、詳しく知る必要のある領域をよく知るための手伝いをする。いずれも、助言を与え、ガイドしてあげることが大事だ。

⑤自己評価こそが学習を評価するうえで最も重要なことだと理解させる。彼らはゲームを通して自己評価をすることに慣れている。いったんゲームでやっていることだと理解してしまえば、もう彼らは学校テストとは単に持っている知識やスキルを確かめるためのもので、恐れることはなくなるだろう。これを実行するには、子どもたちの言うことをよく聞いて、価値を認めてあげることが大事だ。

これらのステップはいずれも、子どもたちと会話をすることで実現できる。寛容さを持って耳を傾け、愛情を持って、彼らが気づいていないかもしれないが、行きたいと思っているだろう方向へ彼らを導いてあげることである。

新しい家庭学習カリキュラム

たとえあなたが全米で数百万世帯もあるホームスクールを実施している親のひとりでなかったとしても、あなたの子どもたちはすでに新しい家庭学習カリキュラムを始めようとしている。この家庭で利用できるカリキュラムは、あまり関心を持たれていないが、実際には学校で学べることよりも幅広い（そして深い）ことが学べる。これは子どもたちに、教師たちをはるかに超える知識や能力を身に付けさせて、二一世紀へ送り出すための多くの可能性を秘めたカリキュラムだ。

これから少し時間をとって、この新しいカリキュラムのことを考えてみてほしい。これはフォーマルな教育とはまったく異なるものだと理解してほしい。むしろ、子どもたちの身の回りにあるものを見直すうえで、とても有意義な方法となるだろう。

子どもたちの興味は？

あなたは子どもたちの興味あることを、本当にわかっているだろうか？　どんなものであれ、ネット上だけが情報入手の方法ではないが、ゲームは間違いなくネット上で豊富に情報が得られる分野だ。多くの子どもたちはゲームで歴史を学ぶのが好きで、なかには数学や理科、コンピュータサイエンスなどを好む子もいる。

生物では、あらゆる詳細な人体の画像情報がオンラインで入手できる。生体解析プロジェクトに誰でも参加でき、自宅のコンピュータから、将来の薬品開発につながる解析作業に参加することもできる。謎を解き、プロフェッショナルとしての役割を担い、外国語も学べる。家庭学習カリキュラムに加える科目の候補と、それらへの関心を高め、学ぶ助けとなるゲームとしては次のようなものがある。

- アメリカ史――レボリューション（マサチューセッツ工科大で開発中のモッドゲーム、プロトタイプ段階）、シド・マイヤーのゲティスバーグ
- 古代史――エイジ・オブ・エンパイア
- 動物――ズー・タイクーン
- 生物と進化――スポア
- 化学――ケミカス
- エコロジー――シム・アース
- 中国語――好きなゲームの中国語版
- フランス語――好きなゲームのフランス語版
- 日本語――好きなゲームの日本語版
- 英語――スクラブルやブックウォーム

- 極東アジア史――アイ・ウィットネス
- 算数――グーグルで検索して見つかる算数ミニゲーム
- 技術――インクレディブル・マシン
- 物理――スーパーモンキーボール
- 読み方――遊戯王
- ロボティックス――マインド・ローバー

親と教師の連携

子どもたちにとっての授業中の最も嫌なことは、わからないことと混乱させられること、それにまったくついていけなくて退屈して時間を過ごすことだ。家庭学習カリキュラムはそのような状態から彼らを救い出すことができる。どんな分野でも、楽しくて学習を補完する素材がネット上にたくさんあって、毎日増え続けている。

もちろん、子どもたちの教育に最もポジティブなインパクトが起こるのは、学校と家庭学習のカリキュラムがひとつの学習システムとして機能する時だ。残念ながら、これは今の子どもたちが享受できるほど、すぐに起こるとは期待できない。

平均的な生徒に合わせた進度で進む学校の授業ではなくて、わが子のペースにちょうど良い学習を望み、学習のエネルギーがよりポジティブな方向へ向かうことを望むのであれば、あなたのやるべき仕事がいくつかある。

あなたはわが子がより良い人生を送るための良い手助けの方法を見出す必要がある。家庭でのゲームなどのオンラインでの活動を良いものにして、学校の先生と協力して家庭での活動と学校での活動がリンクする手助けをするのだ（もし学校との連携がうまくいかないようなら、それがうまくいく相手の教師を探すことだ）。

私たちは幸運にも、子どもたちがより良く学ぶために使えるリソースが無限にある時代に生きている。本書の一番重要なテーマは、子どもたちは本能的にそのことに気づいていて、学習のあるべき姿に自然と引き寄せられているという点にある。だが、私たち大人の務めは、私たちが子どもたちに学んでもらいたいことへやさしく導いてあげることだ。

あなたにはできる。私が約束しよう。もし助けが必要だったり、本書であなたの求めている答えが見つからなかったりしたら、ぜひ私宛て、marc@games2train.com にメールを送ってほしい。

まとめ

私が本書で提案したことを実行するには、かなりの努力が必要になるか？　おそらく必要だろう。努力をする価値があるか？　もちろん！わが子の将来のためになることをしてあげるのは親のあなたの仕事だ。

世界の変化、特に子どもたちを取り巻く世界の変化に学校がついていけていない状況のなか、親の私たちにかかる責任はますます大きくなっている。

ここまで本書を読んでくれたことが（どうもありがとう！）、その責任に応える気があって、その能力もあるということを示している。悲しいことに、すべての親がそうだというわけではなくて、そんな親を持った子どもたちは、助けてくれる大人やメンターグループを見つけるか、自分で道を切り開いて成功（あるいは失敗）に向かうしかない。もしあなたの周りに、親が十分に役目を果たしていない子どもがいる時は、どうかあなたがその子のメンターになってあげるか、少なくとも助けを得られる場を教えてあげてほしい。

わが子の成功を目にすることほど、親として満足感を得られることはない。ありがたいことに、あなたの方はそれほど苦労しなくても、主に聞き役になってあげさえすれば、子どもたちを正しい方向へ導くことができ、それが子どもたちの人生や学習への姿勢を大きく変えることにつながる。

繰り返し述べてきたように、子どもたちは自分が学んでいることに価値があることを知っている。ただあなたにもそれを知ってほしいのだ。これであなたも、もうわかっただろう。

あとがき

私と一緒にゲームをプレイしてくれた子どもたちに深く感謝している。私の甥っ子や姪っ子たち、友人の子どもたち、その他多くの子どもたちだ。それに私に多くのことを教えてくれた若者たちにもとても感謝している。

まだわが子はそのなかには加わっていないが、本書を書いている今、わが長男のスカイは生後七週間だ。

スカイは二〇〇八年に三歳になり、二〇一八年にはティーンエイジャーになる。大学を卒業するのは二〇二五年頃だろう。この子が将来プレイするゲームはどんなもので、彼はゲームからどんなことを学んでいるだろうか。願わくば、ゲームから得られることを（それに得られないことも）健全に評価できるようになってほしい。

願わくば息子には、バランスのとれた、よく話ができて、理解力のある、やさしい人間に育ってほしい。野外に出て、自然の不思議や美しさを味わい、楽しんでたっぷり遊んでほしい。そして、どんなゲームであれ、彼の時代で一番すばらしいゲームをプレイして、友だちをやっつけるくらいになってほしい。

私は特に、彼がどんなことでも自分のための時間を大事に過ごしてほしいし、それを私と一緒に共有し、語り合って一緒に楽しんでいけたらと願っている。

だがその一方で、変化の目まぐるしい二一世紀において、親の私が彼の興味や新たな楽しみを一緒に理解していくためには、相当な学習と大変な労力が必要になることだろう。

いいだろう、かかってこい！

訳者解説

テレビゲームを取り巻く状況の変化

「テレビゲームは子どもの脳に悪影響を与える」、「テレビゲームが子どもの暴力性を助長する」などの論調は、「分別のある」大人たち、特に教育者や親たちからの支持を得やすい。若者による凶悪事件が起こると、マスメディアは犯人の特定のゲームやアニメなどの嗜好に着目して、あたかもゲームがその犯行の主要因のような報道をして、ゲーム批判者層を煽る動きがよく見られる。政治家や教育行政にも、暴力的なゲームを青少年育成問題の中心的な問題であるかのように喧伝し、有害図書指定などの対策を講じる動きもある。

テレビゲームはわかりやすい攻撃対象で、ゲームを敵にすることで「教育熱心な」読者や有権者からは一定の支持を得ることができる。巨悪に立ち向かったり、利害関係の複雑な社会問題に取り組んだりするよりも、比較的安易にポイントを稼ぐことができると考えられている。しかもゲーム業界は政財界における地位や社会的影響度が高いわけではないため、ゲームを敵に回すことによる痛みは少ない。そのような状況下で、社会的な「アンチゲーム」の風潮はある意味野放しにされてきたような面があった。そのような日本の状況は、読者の皆さんもすでにご存知のことと思うが、本書で触れられていることを見れば、米国においてもほぼ同様の状況が続いていたとご理解いただけるだろう。

本書『テレビゲーム教育論――ママ！ ジャマしないでよ 勉強してるんだから』は、そのようなゲームの悪影響を過度に吹聴するマスメディアのネガティブな風潮や、その影響を受けた親や教師たちの過剰なまでの拒否反応に対して、ポジティブな面からゲームを捉えるためのひとつの考え方を提示している。

文中でも触れられているが、原著書は出版社がなかなか決まらず、苦労した末にようやく出版にこぎつけた。本書にもあるように、その理由は、米国の世論におけるゲームに対するネガティブな風潮が強いなかで、大手出版社は軒並み本書のようなメッセージを世に送り出す側に立つリスクを恐れたことが影響していると推測できる。実際米国でも、凶悪事件が起これればゲームの悪影響を取り沙汰する報道がよく見られる。

そのような状況下で、徐々にゲームの持つポジティブな側面に着目して語られた書籍も登場してきている。スティーブン・ジョンソンは『Everything Bad is Good for You（邦訳――『ダメなものは、タメになる』）』で、複雑なゲームやテレビ番組が人々を賢くしているという考え方を提示し、ジョン・ベックと、ミッチェル・ウェイドの『Got Game：How the Gamer Generation is Reshaping Business Forever』では、ゲーム世代がゲームと共に育って身に付けたスキルや思考形態が社会で生きていくうえで役に立っているという見方を掘り下げて考察している。本書もこれらの文献やゲーム研究の学術論文を参照しながら、プレンスキーの持論であるテレビゲームの学習ツールとしての可能性、特に子どもたちが将来のために必要なスキルを身に付けるためのツールとしての可能性について、多様な側面から解説している。

本書の著者、マーク・プレンスキーは、米国のシリアスゲームムーブメントの初期からの中心メンバーのひとりとして知られている。シリアスゲームを推進する非営利プロジェクト「シリアスゲームイニシアチブ」が設立される前年の二〇〇一年、プレンスキーは「学習のためのデジタルゲームの利用と開発」について体系的にまとめた著書『Digital Game-Based Learning（訳書は東京電機大学出版局より近刊）』を世に送り出した。同書はシリアスゲームの基本文献として扱われ、世界中のシリアスゲームに関心を持つ人々の間で広く読まれている。

同書出版以降もプレンスキーは、シリアスゲームコミュニティを代表する論客として、シリアスゲームの知識基盤を支える活動を続けている。ゲーム開発会社のGames2Trainの経営者としてシリアスゲーム開発に取り組む一方、シリアスゲームの重要性を説く論文の執筆を精力的に行い、シリアスゲーム事例ウェブサイト「Social Impact Games」や軍事関連のシリアスゲーム事例ウェブサイト「Department of Defense Game Developers' Community」を提供している。

プレンスキーらによるシリアスゲーム普及活動と、数々のシリアスゲーム事例の登場によって、米国におけるゲーム批判の矛先は弱まりつつある。大手マスメディアで、本書で取り上げているような「ためになるゲーム」、「社会で役に立つゲーム」の事例が紹介されることも年を追うごとに増えてきている。ほんの数年前までは、ゲーム業界は常に社会からの逆風にさらされていたが、シリアスゲームというコンセプトがひとつの新たな切り口となることで、深まっていた社会との溝を修復する糸口をようやくつかんだ格好となっている。

日本でも、ニンテンドーDSの大ヒットを契機として、ユーザーの裾野が広がり、ゲームというメディアの可能性が開かれ、ゲームを子どもの害悪の象徴として捉える風潮が弱まりつつある。米国ではシリアスゲームの普及が大きく貢献しているのに対し、日本での動きは、ゲーム業界の側が従来のエンターテインメントゲームの枠組を捉え直して、インタラクティブメディアとしてのゲームと社会との新たな関係を模索する動きのなかで起こっていると捉えることができる。

本書の提示する視点

本書は、主要な対象読者層のゲーム世代の子を持つ親や教師たちに向けて、平易な文章でわかりやすい事例を取り上げながら書かれている。これまでのゲームに対する否定的な見方に対する反論材料を示しながら、むしろゲームを子どもたちがより良く学び、育っていくのを助ける道具として積極的に利用しようという考え方を提案している。

プレンスキーは、ちょうど古い世代にとってのロックンロール音楽が、今の子どもたちにとってのゲームのように大人たちから忌み嫌われていたという例をあげている。ロックを聴くと頭がおかしくなる、ろくな大人になれないなどとガミガミ言われながら育った子どもたちが、大人になると同じようなことを自分の子どもたちのゲームについてガミガミ言っている、そんな不幸で皮肉な状況を指摘している。ゲームやロック音楽だけでなく、テレビも映画もマンガもケータイもインターネットも、いつの時代でも新しいメディアや文化が登場するたびに、若い世代は夢中になり、古い世代は否定しようとする。このような世代間の摩擦の歴史は延々と繰り返されている。

このような世代間の摩擦を生む背景には、二つの要素が大きく影響していると考えられる。ひとつには、「基本的に人は自分が理解できないものをほかの人が楽しんでいると疎外感を感じ、面白くないと感じる」という極めて単純な感情的な問題である。新興メディアやサブカルチャーに対して、古い世代が否定的意見を述べたり、悪影響を示す研究を行ったりすることはよく見られる。だがそれらをもっと注意深く見てみると、客観的な意見を述べているように振る舞っていても、根底には実はこの「面白くない」という主観的な感情が影響していることは多い。ゲームであれば、まったくゲームをやったことがないか、ちょっと触ってわかった気になっただけで、評論家や研究者がゲームについて頭ごなしに否定するような主張をしている場合は、この点に留意して話を聞く必要がある。

もうひとつには、親から頭ごなしに否定されて育った子どもは、そのような対応の仕方が刷り込まれてしまい、自分が親の立場になった時に他のやり方がわからずにそれが出てしまうという問題がある。子どもが夢中になっているものをよく理解しようともせず、頭ごなしに否定する親も決して幸せではないだろう。だが、よりよいやり方が身についていないために、自分が受けてきたようなやり方がつい出てしまって、親子の溝を広げていってしまうという不幸な状況が続いている。

子どもとの対話もスキルのひとつで、適切に実践するには訓練が必要となる。だが、そのスキルが備わっていない場合には、自分が最も影響を受けた振る舞いがそのまま出てしまう。スキルとして捉えると、「子どもとの対話教室」のような短期的な教育で習得できる性質のものだと誤解されることが多いが、そのようなものは実はほとんど役に立たない。親子の対話のようなコミュニケーションスキルは、文化的な状況やそのスキルを用いる文脈に依存するため、その文脈から切り離して効果がある形で教えるのは非常に長期にわたる困難が伴う。現在教育行政で提供されているような単発的な数時間程度の講座類の多くは、提供者と学びたい人の自己満足以上の効果が得られることはほとんどないと言ってよい。

その子が望むと望まざるとに関わらず、自分が生活のなかで毎日接する親や教師たちの影響を受ける面が非常に大きく、スキルだけを切り離して教えることの効果は、それに比べれば微々たるものでしかない。時には「反面教師」として作用して、よい影響をもたらすこともあるが、基本的にはよい振る舞いを示してくれる「ロールモデル」不在の環境では、どんなに教科書から学んでも限界があることを認識する必要がある。結局のところ、親や教師が言っていることを聞いて子どもは育つのではなく、古くから言われているように「親（や教師、あるいは周囲の大人たち）の背中を見て子は育つ」のである。

プレンスキーは、この親と子の間、教師と生徒の間の断絶が生まれる状況を理解したうえで、その断絶を埋めて、子どもたちとより良い関係を築いていくための道筋を本書で示そうとしている。子どもたちが享受している最新メディアの基礎知識や、子どもたちの利用の仕方、なぜ子どもたちがそれらに夢中になっているのかを理解するための考え方などを解説し、子どもたちと対話を進めるうえで参考になる方法やアイデアを提案している。

本書で取り上げられている最新メディアも、時が経てばさらに新しいメディアに取って代わられ過去のメディアとなってしまうし、子どもたちのメディアの利用の仕方は日々変わっていく。ゲーム世代の若者から見れば、プレンスキーのゲームや若者の理解が十分ではないと感じられるところもあるだろう。また、ここで提案されている方法やアイデアを「楽観的すぎる」、「アメリカと日本では家庭の事情が違う」とできない理由をあげて否定することはたやすいだろう。だが、本書の根底にあるメッセージは、子どもたちのためにもっと向き合うための基本的な考え方を持つことと、そのための準備を行うことの重要性である。子どもたちの将来の幸せを願い、その幸せのために今からできることを進めていくためには、まず親や教師である大人の側が変わる必要があることを、プレンスキーは繰り返し説いている。「こうすれば楽にうまくいく」と安易な子育てハウツー的処方箋を示すのではなく、「苦労と根気が伴う」と繰り返し念を押したうえで、ひとつの方向性となる考え方ややり方を示している。

本書を正しく理解するためには、「テレビゲームを子どもたちのために積極的に利用する」という一見センセーショナルなことを述べているようでありながら、実はテレビゲームを例にして、メディアをめぐる世代間対立の問題や、大人が子どもたちと向き合っていくことの重要性という、より普遍的な問題を議論していると捉えるべきだろう。

翻訳について

本書の原著書は、予備知識がなくても読めるように、なるべくわかりやすい表現を用いて、なるべく専門用語などを使わずに書かれている。翻訳においてはその読みやすさを重視して、平易な日本語を用いて表現することに努めた。ゲームのタイトルなど、日本の読者にはあまり馴染みのない用語が使われているところは、できる限り簡潔に理解できるように補助的な訳注を入れて対応している。また、論文的な硬い表現ではなく、軽妙な英語表現を多く使用して気楽に読めるように工夫している点にも留意し、なるべくオリジナルの文章の持つニュアンスやノリが日本語でも伝わるように翻訳することを心掛けた。しかし、本書で取り上げられている各分野を専門とする読者から見れば、用語の訳や説明の仕方が拙いと感じられるところもあるかもしれない。その場合は何卒ご容赦のうえ、ご指摘いただければ幸いである。また、残念ながら本書で引用されている参考文献のほとんどは英語のため、さらに詳しい内容を知りたい方へはご不便をおかけする点についてもご容赦いただきたい。拙著『シリアスゲーム――教育・社会に役立つデジタルゲーム』(東京電機大学出版局)でも、本書とは別の側面からゲームと学習について解説し、多くの事例を紹介しているので、本書の内容をさらに深めたい方は、そちらもご参照いただきたい。

末尾ながら、本書の企画を快く引き受けてくださり、丁寧な編集作業を進めてくださった東京電機大学出版局編集課の松崎真理さんに原著者とともに心から感謝申し上げます。

二〇〇七年五月

藤本　徹

付録——親と教師のためのツールキット

本書のウェブサイト、GamesParentsTeachers.com（www.gamesparentsteachers.com）で、次のようなものを含んだ親と教師のためのツールキットを提供している——

- 関連ウェブサイト
- 参考文献
- 助けを得る手段
- オンラインで学習する手段
- 他の親や教師たちとつながる手段
- 著者の私と連絡を取る手段

本書で取り上げたオンラインツールやゲームは、常にアップデートされるものばかりなので、引用した情報もどんどん変化していく。ゆえに最新の情報は、このウェブサイトを参照してほしい。いつでもどこでも誰でもアクセスできる。

ぜひ、あなたの子どもたちと一緒に見てほしい。

注釈

■第1章　もちろん心配でしょう——何が起こっているか知らないからです！

ゲームプレイ時間の統計

平均プレイ時間は一・五時間／日というデータがある（ソース：Interactive Videogames, Mediascope, June1996.）。この時間は五年後には多少増えると思われるので、一・八時間×三六五日×一五年＝九八五五時間と推計した。一方、二〇〇五年に行われたカイザーによる八～一二歳児のメディア利用時間調査によると、二一歳までの合計プレイ時間の平均はやや低く、約五〇〇〇時間と推計される。だがこれもかなりの量だ。これはこの調査でインタビュー対象となった男女をすべて含めた数字である。

■第2章　子どもとゲームについてのとてもいいニュース

ジェームズ・"ブッチ"・ロッサー博士は、自らが編み出したトップガンプログラムで、テレビゲームを使って外科医をトレーニングしている。さらに同じ仕組みを使った子ども向けの教育プログラムも開発している。詳しくは次の文献を参照。

Rosser, James, MD, et al. Are Video Game Players Better at Laproscopic Surgical Tasks? Online at http://www.psychology.iastate.edu/faculty/dgentile/MMVRC_Jan_20_MediaVersion.pdf

シリアスなゲーム研究者たち

ウィスコンシン大学のジム・ジー、MITのヘンリー・ジェンキンス、ヨーロッパのイェスパー・ユールをはじめとする人々だ。彼らの研究については、GamesNetwork や SeriousGames のメーリングリストなどで常に最新情報が得られる。

視覚的選択注意力研究

C. Shawn Green and Daphne Bavalier "Action video game modifies visual selective attention." In Nature 423, 534-537 (2003) Letters to Nature.

ゲーマーはリスクテイクに長けている

次の書籍に詳しく書かれている。

Got Game : How The Gamer Generation Is Reshaping Business Forever, by John C. Beck and Mitchell Wade, published by Harvard Business Scholl Press, 2005.

ＴＥＥＭ（Teachers Evaluating Educational Multimedia）プロジェクトのウェブサイト

http://www.teem.org.uk

ＭＩＴのゲーム

次の論文を参照。

"Electromagnetism Supercharged! Learning Physics with Digital Simulation Games" by Kurt Squire and others, online at http://labweb.education.wisc.edu/room130/PDFs/squire2.pdf

彼らの開発したゲーム「レボリューション」については、エデュケーション・アーケードのウェブサイトを参照。

http://www.educationarcade.org/modules.php?op=modload&name=Sections&file=index&req=viewarticle&artid=9&

page=1

ルーカスラーニングのウェブサイト

http://www.lucaslearning.com/edu/science_jump.htm

http://www.lucaslearning.com/edu/math_jump.htm

軍事関連ゲーム

Department of Defense Game Community のウェブサイトを参照。

http://www.dodgamecommunity.com

アメリカズ・アーミー

公式ウェブサイトは

http://www.americasarmy.com

ゲームの目的とその成功に関しては次のウェブサイトを参照。

http://biz.gamedaily.com/features.asp?article_id=10002&filter=hollywood&email=

教育のためのゲーム評価

Educational Software Alliance のウェブサイトを参照。

http://www.theesa.com

アルジェボッツ
このゲームは著者のゲーム開発会社 Games 2 train が開発中。www.games2train.com で最新情報を提供している。

バーチャルU
バーチャル大学経営シミュレーション。詳しくはウェブサイトを参照。
http://www.virtualu.edu

ライフ・アンド・デス
初期のパソコンゲーム（そして私のお気に入りゲーム）で、ソフトウェア・ツールワークス社がミオ・サントの企画・監修で開発。最初のバージョンは盲腸手術、次のバージョンは脳外科手術をテーマにしている。ずいぶん昔のゲームだが、今でも下記のウェブサイトでダウンロード可能。
http://freegamedownloads.mosw.com/abandonware/pc/simulations/games_i_o/life_and_death.html

非営利財団
スローン財団はバーチャルU、マークル財団はシムヘルス、リーマント財団は大学生対象の学習ゲーム開発コンテスト「ヒドゥン・アジェンダ」と、それぞれのプロジェクトのスポンサーになっている。

シリアスゲームイニシアチブウェブサイト
http://www.seriousgames.org

シムヘルス

このゲームはクリントン政権初期の健康保険論争の際に取り上げられた。下記のウェブサイトでダウンロードできる。

http://free-game-downloads.mosw.com/abandonware/pc/simulations/games_s/simhealth.html

国際会議

シリアスゲームサミットは年二回、カリフォルニアとワシントンDCで開催されている。エデュケーション・アーケード、ゲームズ・フォー・ヘルスなども各地で開催されている。

統計

エンターテインメントソフトウェア協会の出した二〇〇五年の統計データが下記のウェブサイトで利用できる。

http://www.theesa.com/files/2005EssentialFacts.pdf

数学ゲーム

ネット上に何百とあるミニゲームだけではない。私の会社、Games 2 train も代数のカリキュラムに準拠したゲーム「アルジェボッツ」を開発している。タブラ・デジタの開発した「ディメンジョン」もある。二つのゲームのビジネスモデルはまったく異なるが（タブラ・デジタはベンチャーキャピタルの出資を受けてゲームを一般家庭や学区に販売、Games 2 train は非営利財団から資金提供を受けて、無料でゲームを配布）、目的は同じだ。学校カリキュラムで教える代数をすべてこのゲームで学べて、修得できることだ。

■第3章　でも、マスメディアで騒いでいるゲームの悪影響についての話はどうなの?

ジャック・トンプソン

ジャック・トンプソンに関する情報は、グーグル検索して見つけられる。本書で参照したのは、次の二つのインタビュー記事。

Marc Salzman dated June2, 2005 at http://www.1up.com/do/feature?cId=3141144

CBS News Game Core at http://www.cbsnews.com/stories/2005/02/24/tech/gamecore/main67646.shtml

トンプソン自身の仰々しいウェブサイト、http://StopKill.com をみれば、彼がビジネス機会を求めていることは明らかだ。

デビッド・ウォルシュの組織のウェブサイト

http://www.mediafamily.org

クレイグ・アンダーソン

彼のウェブサイトに掲載されている経歴によると、クレイグ・アンダーソンは一九八〇年にスタンフォード大学で心理学の博士号を取得。ライス大学（一九八〇～八八年）、オハイオ州立大学（訪問講師一九八四～八五年）、ミズーリ大学コロンビア校（一九八八～八九年）に教員として在籍し、一九九九年よりアイオワ州立大学教授、心理学部長。彼が取り組んできた帰属理論、うつ、社会的制裁、共変動発見、バイアス、人間の攻撃性に関する論文は社会、個人、認知をテーマとする主要な学会誌に掲載されている。アンダーソンの著作物の情報は彼のウェブサイトを参照。

真面目にゲームを研究する人々の議論

ゲームがもたらす暴力性の研究は、ドミトリ・ウィリアムズが長期間にわたる研究を最初に行った。ジェフリー・ゴールドステインは、これまでに行われた研究はいずれも研究方法に問題があると指摘した。ＭＩＴのヘンリー・ジェンキンスは、米国議会で暴力とゲームを結びつける主張を批判する証言をした。

若者の暴力性

二〇〇四年に行われた米法務省と教育省の共同研究を参照。

Butterfield, Fox, "Crime in Schools Fell Sharply over Decade, Survey Shows" The New York Times, November 30, 2004.

http://query.nytimes.com/gst/abstract.html?res=F20712FF3A5A0C738FDDA80994DC404482&incamp=archive:search

楽しさの理論

『「おもしろい」のゲームデザイン』ラフ・コスター著、酒井皇治訳、オライリー・ジャパン。

カタルシス理論

Killing Monsters: Why Children Need Fantasy, Super Heroes, and Make-Believe Violence, by Gerard Jones (Basic Books, 2002.)

ニューヨークタイムズのチャールズ・ヘロルドの記事

"Fighting on the Screen, Out of Harm's Way" in The New York Times, March 24, 2005.

http://www.nytimes.com/2005/03/24/technology/circuits/24game.html?adxnnl=1&adxnnlx=1111760665-sY1bDImqhgZBFJq3rVJNHg

■第4章 子どもたちは私たちとは違う——彼らはネイティブで私たちは移民だ

利用時間の推計

ここで出した数字は、単にだいたいの傾向を示す推計値でしかないので、個人差が大きいのは明らかだ。次のような推計方法を取っている。

読書

旺盛な読書欲と細かいこだわりを持つ読書家のエリック・ルーリットは、大学在学中に読んだ一三〇〇冊もの本のリストをネット上に掲載している。およそ一冊二〇〇ページ、一ページあたり四〇〇語とすると、彼は一〇四億語を読んでいることになる。四〇〇語/分とすれば、二六万分、あるいは四三三三時間である。これはおよそ一冊当たり三時間となる。普通の人はもっとゆっくり読むと考えれば、普通はルーリットよりも読書量ははるかに少ない。

テレビゲーム

平均プレイ時間は一・五時間/日というデータがある（ソース：Interactive Videogames, Mediascope, June 1996.）。この時間は五年後には多少増えると思われるので、一・八時間×三六五日×一五年＝九八五五時間と推計した。一方、二〇〇五年に行われたカイザーによる八〜一二歳児のメディア利用時間調査によると、二一歳までの合計プレイ時間の平均はやや低く、約五〇〇〇時間と推計される。だがこれもかなりの量だ。これはこの調査でインタビュー対象となった男女をすべて含めた数字である。

ケータイ（携帯電話）

（八〜一二歳）一日三〇分×三六五日×四年＋（一二〜一五歳）一・五時間×三六五日×四年＋（一六〜二二歳）一日三時間×三六五日×六時間＝九四九〇時間となる。これはIMやテキストメッセージを含む。

テレビ

アネンバーグ・ポリシー・センターが一九八八年に出した「Television in the Home, 1998 : Third Annual Survey of Parent and Children」によると、一日二・五五時間というデータがある。M. Chen, in the Smart Parents Guide to Kid's TV, (1994) では、一日四時間となっているので、平均を取って一日三・三時間×三六五日×一八年＝二万一六八一時間となる。

市場規模推計

着メロ配信は、「年間二〇億ダウンロードと予測される」と次の文献に記載されている。

Anuj Khanna, marketing manger at Netsizequoted in

http://www.netimperative.com/2005/06/02/Peperami_Army

音楽ダウンロード

MGMの弁護士、ドナルド・B・ヴェリーリの書いた次の記事を参照すると、月間二六億ファイルがダウンロードされており、これはダウンロード数全体の九〇%を占める、と記載されている。

http://www.cs.princeton.edu/courses/archive/spring05/cos491/writing/index.php?p=250

テキストメッセージ

次の二〇〇五年のガイドによると、ヨーロッパ主要二〇カ国だけで月間二〇〇〇億件、一日当たり六〇億件以上のテキストメッセージが交換されている。

http://www.netsize.com/guide/TheNetsizeGuide2005.pdf

■第5章　ほんとに子どもたちの思考の仕方は違うのか？

利用時間の推計

前章同様、ここで出した数字は、単にだいたいの傾向を示す推計値でしかないので、個人差が大きいのは明らかだ。次のような推計方法を取っている。

eメールとインスタントメッセージ

平均四〇通／日×三六五日×一五年＝二一万九〇〇〇通。これはティーンエイジャーになる前の子どもたちにもそれほど的外れでない。一度の接続で一日一〇〇通以上もやり取りするし、多くの子たちは同時に複数人とやり取りする。

TVコマーシャル

一時間の番組を見ると、三〇秒スポットのコマーシャルをおよそ一八本程度見ることになる。一八本／時間×三・三時間／日×三六五日×二〇年（幼児はテレビコマーシャルが大好きなので）＝四三万三六二〇本となる。

ゲームプレイ時間、テレビ視聴時間、着メロ・音楽ダウンロード量、テキストメッセージ交換量、読書時間

前章の推計方法を参照。

白イタチの脳の研究

Dr. Mriganka Sur, Nature, April 20, 2000.

盲目者の脳の研究

Sandra Blakeslee, New York Times, April 24, 2000.

指叩きの研究

Leslie Ungerleider, National Institutes of Health.

日本人の聞き取り能力の研究

James McLelland, University of Pitsburgh.

第二言語の研究

Cited in Inferential Focus Briefing, September 30, 1997.

読み方の指導の研究

Virginia Berninger, University of Washington, American Journal of Neuroradiology, May 2000.

ミュージシャンの脳の研究

Dr. Mark Jude Tramano of Harvard. Reported in USA Today, December 10, 1998.

脳の可塑性研究

脳心理学分野のパイオニアで、「人間の脳と心理的過程」（一九六二年）著者のソビエト人研究者、アレクサンドル・ロマノビッチ・ルリア（一九〇二－一九七七）の研究や、最近ではミシガン大学のリチャード・ニスベットの研究がある。次の記事も参照。

"How Culture Molds Habits of Thought," by Erica Goode, The New York Times, August 8, 2000.

練習が必要

次の文献を参照。

John T. Bruer, The Myth of the First Three Years, The Free Press, 1999, p. 155.

G. Ried Lyon, a neuropsychologist who directs reading research funded by the National Institutes of Health, quoted in Frank D. Roylance "Intensive Teaching Changes Brain," SunSpot, Maryland's Online Community, May 27, 2000. Alan T. Pope, research psychologist, Human Engineering Methods, NASA., and Time, July 5, 1999.

ゲームによる思考力の増大

次の文献を参照。

Patricia Marks Greenfield, including Mind and Media, The Effects of Television, Video Games and Computers, Harvard University Press,1984.

セサミストリート研究

次の文献を参照。

Elizabeth Lorch, psychologist, Amherst College, quoted in Malcolm Gladwel's, The Tipping Point : How Little Things Can Make a Big Difference, Little Brown & Company, 2000, p. 101.

ライトスパン社の研究

次の文献を参照。

"Evaluation of Lightspan. Research Results from 403 schools and over 14, 580 students," February 2000, CD ROM.

クリックヘルス

次の文献を参照。

Debra A. Lieberman, "Management of Chronic Pediatric Diseases with Interactive Health Games: Theory and Research Finidings" in Journal of Ambulatory Care Management, 24 (1) (2001) pp.26-38.

軍関係者

私は前著のためにペンタゴン当局にかなり詳しい取材をしていて、その際に多くのコメントを得た。

■第6章 オンライン世界で生活するデジタルネイティブたち

ネットデイ・スピークアップデイ

二〇〇三年に始まり、二〇万人のアメリカ人学生にテクノロジーに関するインタビューを行っている。教師版もある。レポート全文は左記に掲載。

http://www.netday.org

ティーンの言葉

ヤフーがスポンサーとなって二〇〇三年に開催された "Born to Be Wired" カンファレンスウェブサイトに掲載されているビデオより。

http://webevents.broadcast.com/wsp/build_09/english/frameset.asp?nEventID=7332&loc=

LEET

http://www.bbc.co.uk/dna/h2g2/A787917

またはWikipediaの「Leet」の項を参照。http://www.wikipedia.org

ブログ

さらに詳しい情報はWikipediaの「Blog」の項を参照。

http://www.wikipedia.org

バーチャル経済

エドワード・カストロノバの研究で、「エバー・クエスト」世界を国として見ると、その国民総生産学は二二六六ドルで、実在の国と比較すると、ロシアの次、ブルガリアの前に順位づけられるほどの規模となる。詳しくは次のウェブサイトを参照。

http://news.com.com/2100-1040-823260.html

http://papers.ssrn.com/sol3/papers.cfm?abstract_id=294828

大規模データ分析

SETI@homeと呼ばれるスクリーンセーバー型の分析プログラムを使った地球外生命探索が行われている(http://setiathome.ssl.berkeley.edu/)。オックスフォード・センター・フォー・コンピュテーショナル・ドラッグ・ディスカバリーの科学者たちは、たんぱく質生成を阻害する可能性のある分子の発見のためのスクリーンセーバー型分析システムを開発した。このシステムを利用して、現在二つの研究プロジェクトが進行している。ガン細胞の発達を抑制、停止させる成分研究のプロジェクトで、がん細胞の発達に関連すると考えられている一二種類のたんぱく質を三五億種類の合成物データベースで解析する研究が進められている。もうひとつは、炭疽菌による炭疽中毒の発生を抑える合成物の発見のための研究プロジェクトが進められている。詳しくは次のウェブサイトを参照。

http://e-science.ox.ac.uk/public/eprojects/cancer/index.xml?style=printable

■第7章　複雑さに意味がある——ほとんどの大人はまるでゲームを理解していない

ミハイ・チクセントミハイの本には、次のようなものがある。

Flow：The Psychology of Optimal Experience, Harper & Row, 1990.

Finding Flow：The Psychology of Engagement With Everyday Life, Basic Books, 1997.

引用

ジーの次の本から引用。

What Video Games have To Teach Us About Learning and Literacy, Palgrave, 2004.

■第8章　子どもたちがゲームで遊んで学んでいるポジティブなこと

ミリタリーゲーム

米国で出されている軍事関連のゲームは次のウェブサイトで紹介されている。

http://www.dodgamecommunity.com

インスピラシー社のノア・ファルステインは、ルーカスアーツで出された数本のタイトルを含め、数々のゲームをデザインしている。

引用

"GTA is to games as Pulp Fiction is to films." From Frank "Candarelli" Multari, online review of GTA3より。

http://www.gta3.com/index.php?zone=review1

遺伝学者

マサチューセッツジェネラル病院のゲイリー・ルブクンのコメントが次の記事で引用されている。

Wade, Nicolas, “A Worm and a Computer Help Illuminate Diabetes” The New York Times, December 30, 1997, as saying “I think MTV is good training.”

医者のトレーニング

ニューヨーク市ベスイスラエル病院のジェームズ・ロッサーの取り組みがある。

http://www.usatoday.com/tech/news/2004-04-07-surgeons-video-games_x.htm

法廷弁護士

アシュレー・リプソンのデザインした「オブジェクション！」を参照。

http://www.lawof- ficecomputing.com/old_site/Reviewsdata/on98/Objection.asp

空軍

実際に研修現場で聞いたところ、ここで言及していることは公式の訓練ではないが、事前に期待されるものとして考えられている。

軍行政官

湾岸戦争で予期せぬ状況下での作戦行動をどう遂行したかを尋ねられ、軍の行政官が答えたコメント。

ビジネスでの成功と起業家

Got Game? How the Video Game Generation is Changing Business Forever by Beck and Wade, p. 10.

乳房X線検査結果の解析

二〇〇三年二月一九日のニューヨークタイムズの記事「Mammography Analysis Studied」に、「国立がん研究所の研究から、乳房X線写真を解析した量によって発見率が高まるという考え方に疑問が提示された。むしろ最近訓練を受けた技師によるがん発見率が高いことがわかった」

中毒的性格

次の文献を参照。

Craig Nakken, The Addictive Personality : Understanding the Addictive Process and Compulsive Behavior Hazelden, 1998, 1996 (paper).

そのプレイヤーは生活を失っているか?

ゲーム中毒の専門家で、ロサンゼルスにあるセダースーシナイメディカルセンターの精神科医ジャック・クオによれば、これが唯一ゲーム中毒者の定義として有効だそうだ。クオは、ホームレスのティーンエイジャーへのアウトリーチカウンセラーとして中毒問題に取り組み、カリフォルニア・ソサエティ・オブ・アディクション・メディシン、国立薬物中毒研究所、全米精神医学協会(APA)などからの数々の賞を手にした。二〇〇四年に彼は、「オンラインゲーム――精神病の原因か治療効果のあるものか?」と題したアメリカ精神医学協会のワークショップを共同開催し、オンラインゲームの潜在的なリスクと効能を議論した。同じく二〇〇五年にも、APAの実証研究を評価する年次会合の場で、テレビゲームとバーチャルリアリティの利用によって、よりよい診断、治療、精神障害の理解を行うための研究ワークショップを共同開催している。

■第9章　ゲームプレイのモチベーション

冒頭の引用

Things that Make Us Smart: Defending Human Attributes in the Age of the Machine, by Donald A. Norman, New York: Addison-Wesley, 1993, p. 38.

エレン・ランガー

The Power of Mindful Learning, Perseus Books, 1997 ,pp. 29 ,79.

■第10章　ゲームの適応性——本当の意味での「ノー・チャイルド・レフト・ビハインド」

ピーター・モリニューが手がけた「ブラック・アンド・ホワイト」、「フェイブル」などのゲームは店頭で手に入る。

ミリタリーゲーム

最初のゲームは「フルスペクトラム・ウォーリア」で、次のゲームは「フルスペクトラム・ウォーリア・コマンド」。

これ以外にも次のウェブサイトで紹介している。

http://www.dodgamecommunity.com

プレイヤーのタイプに逆適応するゲーム

「エンジェル・ファイブ」というビジュアルパープル社がＦＢＩのために開発したゲームがある。

http://www.visualpurple.com/cases/case_study_fbi.pdf

■第11章　ただのゲームではない——これはシステムだ

ポケモン

任天堂からゲーム、カード、本、人形などが豊富に出ている。

http://www.pokemon.com

アメリカズ・アーミーウェブサイト

http://www.americasarmy.com

■第12章　一〇歳の少年がゲームで学んだ経済とビジネスの教訓

ルーンスケープウェブサイト

http://www.runescape.com

■第13章　子どもたちはゲームからどのように協調性を学んでいるか

トゥーンタウンウェブサイト

http://www.toontown.com

■第14章　（あなたが信じようが信じまいが）子どもたちはゲームから倫理を初めて学ぶ

ＰＢＳの番組

The Values in Videogames, PBS Religion and Ethics Newsweekly, May 30, 2003, Episode no. 639.

http://www.pbs.org/wnet/religionandethics/week639/cover.html

■第15章　優秀な人間になるための七つのゲーム

「七つの習慣」by Stephen R. Covey, Fireside, 1990.（邦訳『7つの習慣――成功には原則があった！』スティーブン・コヴィー、ジェームス・スキナー著、川西茂訳、キングベア出版）

■第16章　自分のゲームを作ろう――モディング

シェル石油のモッドゲーム――このゲームを開発したPjotr van Schothorstは同社を退社してバーチャルリアリティを利用したトレーニングの会社VSTEPを設立した。

http://www.vstep.nl

ファイナンシャルトレーダー教育のためのモッドゲーム「ストレート・シューター！」は、Games 2 trainが投資銀行のバンカーズトラストのために開発した。

http://www.games2train.com/site/html/tutor2.html

MITとコロニアルウィリアムズバーグのモッドゲーム「レボリューション」

「ネバー・ウィンター・ナイツ」のモッドゲームで、ＭＩＴの学生が開発した。本書執筆の時点ではまだプロトタイプ段階。詳しくは次のウェブサイトを参照。

http://educationarcade.org/modules.php?op=modload&name=Sections&file=index&req=viewarticle&artid=9&page=1t

海兵隊モッドゲーム

http://dodgamecommunity.com の Mods セクションを参照。

モディングが可能なゲーム

本書を書いている時点では、次のようなゲームがある。

Baldur's Gate, Black & White, Civilization, Command&Conquer : Generals, Deus Ex, Dune, Halo, Neverwinter Nights, Sid Meier's Pirates, Quake, Rise of Nations, Roller Coaster Tycoon, The Sims, Star Trek, Star Wars, Unreal Tournament.

■第17章　テレビゲームで遊んで健康増進（そう、テレビゲームで！）

ゲームズ・フォー・ヘルス

肥満－「オビーズ・シティ」、栄養－「ハングリー・レッド・プラネット」、うつ・自殺問題－「インタラクティブ・ナイト・アウト」、若年糖尿病－「Bronchie the Bronchiosaurus」、恐怖症－恐怖症治療用に開発されたモッドゲーム、禁煙－「レックス・ロナン」、社会適応－「クララベラ・ゴーズ・トゥ・カレッジ」、セックスと性感染症予防－「キャッチ・ザ・スパーム」、「スーパー・シャグランド」、離婚－「アースクエイク・イン・ザ・ジップランド」。詳しくは次のウェブサイトを参照。

http://www.socialimpactgames

非営利財団

ロバート・ウッド・ジョンソン財団はこの分野で活発に活動しており、ゲームズ・フォー・ヘルス・イニシアチブのスポンサーとなっている。

トム・バラノウスキ

研究結果は次の論文に掲載されている。

Baranowski, T., Baranowski, J., Cullen, K.W., Marsh, T., Islam, N., Zakeri, I., Honess-Morreale, L., & deMoor, C.(2003). Squire's Quest! Dietary Outcome Evaluation of a Multimedia Game. American Journal of Preventive Medicine, 24(1) pp. 52-61.

デボラ・リーバーマン

次のような論文を出している。

Lieberman, Debra A."Health Education Video Games for Children and Adolescents: Theory, Design and Research Findings," a paper presented at the annual meeting of the International Communications Association, Jerusalem, 1998.

これ以外の論文も次のウェブサイトに掲載されている。

http://www.comm.ucsb.edu/faculty/lieberman/

ウィル・インタラクティブ

http://www.willinteractive.com

ポール・ウェッセル

二〇〇四年に行われたゲームズ・フォー・ヘルスで発表した。詳しくは次のウェブサイトを参照。

http://www.interguidance.com/prodover.htm

リ・ミッション

若いがん患者が病気と治療を理解するためのゲームとしてデザインされた。詳しくは次のウェブサイトを参照。

http://www.hopelab.org

http://www.rtassoc.com

ダンス・ダンス・レボリューション（DDR）

DDRは、音楽と運動を組み合わせたゲームで、アーケードゲーム版とプレイステーション版が出ている。選んだ曲のリズムに合わせて、ダンスパッドの上で前後左右のステップを踏んでプレイするゲーム。歌声でコントロールするカラオケ・レボリューションなどの派生形もある。質の良いダンスパッドはレッドオクテインが販売している。

http://www.redoctane.com/ignitionpadv3.html

アラン・ポープ

次の記事を参照。

"Videogames may Lead to Better Health Through New NASA Technologies"

http://oea.larc.nasa.gov/news_rels/2000/00-063.html

"Video games To Treat ADD"

http://mentalhealth.about.com/cs/biofeedback/a/videoadd.htm

離婚問題をテーマとしたゲーム

イスラエルのジップランドインタラクティブが開発した「アースクエイク・イン・ザ・ジップランド」

http://www.ziplandinteractive.com/erthqwak%20in%20zipland.swf

ワールド・サイバー・ゲームズ

http://www.worldcybergames.com

■第18章　子どもたちはケータイを使ってどんなことを学べるか

（注）この章の話題に関するさらに詳しい議論は、私が以前に書いた下記のオンライン論文を参照。

Marc Prensky entitled "What Can You Learn From A Cell Phone – Almost Anything!"

http://www.innovateonline.info/index.php?view=article&id=83

http://www.marcprensky.com/writing/

ケータイを利用した学習に関する記事

"BBC launches English University Tour in China"

http://www.bbc.co.uk/pressoffice/pressreleases/stories/2005/03_march/30/china.shtml

"UP group turns mobile phone into learning platform"

http://beta.inq7.net/infotech/index.php?index=1&story_id=3471

"German Students to Learn by Phone"

http://www.thes.co.uk/search/story.aspx?story_id=93337

http://mag.awn.com/index.php?ltype=Special+Features&category2=Technology&article_no=2207

ケータイ向けの学習関連製品

アルクのポケット英辞朗「歩きながら学べる語学学習Eラーニング」

http://ojr.org/japan/wireless/1080854640.php

エンフォーズ・タンゴ・タウン
http://tangotown.jp/tangotown/
MIGチャイナとファースト・インターナショナル・デジタル
http://www.fidinc.com/pr/pr_migchina.asp
エクタコ
http://www.ectaco.com/index.php3?refid=2280
ゴー・テスト・ゴー
http://www.gotestgo.com/store/product.php?productid=5&cat=13&page=1
バディバズ
http://www.buddybuzz.org/rel/Web/index.html
ブライアン・エドワーズ・パブリッシング
http://www.bryanedwards.com/Products/Categories/PDA/index.cfm
ケミカルアブストラクツサービス
http://www.cas.org/CASFILES/registrycontent.html
http://www.in-duce.net/archives/locationbased_mobile_phone_games.php
ArcheoGuide：http://www.cultivate-int.org/issue1/archeo/
エンバイロンメンタル・ディテクティブズ
http://www.educationarcade.org/modules.php?op=modload&name=Sections&file=index&req=viewarticle&artid=8&page=1

ケータイを使ったオーディオツアー

http://www.nps.gov/mima/CELLPHONEAUDIOTOURS.html

ボイスプリント――英国のウルトララボのｅＶＩＶＡプロジェクトとアングリア・ポリテクニック大学。

http://194.83.41.152/flash/projects/FMPro?-db=projects.db&-format=record%5fdetail.html&-lay=layout%20%231&-sortfield=project%20name&-max=200&-recid=4&-findall=

ケータイで読む小説

この技術は予期せぬ現象を生んでいる。人々はケータイで小説を読むようになり、自主出版で出された小説「ディープラブ」は、ケータイ用のウェブサイトで提供された。一七歳の少女、アユがあるきっかけで恋に落ちる話で、その後書籍として出版されて百万部を売るベストセラーとなった。

http://web-japan.org/trends/lifestyle/lif040310.html

日本の研究者

アルクと共に研究している森田正康が書いた次の記事を参照。

“The Mobilebased Learning (MBL) in Japan”

http://csdl2.computer.org/comp/proceedings/c5/2003/1975/00/19750128.pdf

■第19章　子どもたちと話そう――子どもたちの知識を尊重しよう

引用

マーク・Ａ・アンダーソンは、ストラテジック・ニュース・サービスを経営するフューチャリストだ。

http://www.tapsns.com/を参照。

子どもの言葉は、ヤフーがスポンサーとなって二〇〇三年に開催された“Born to Be Wired”カンファレンスウェブサイトに掲載されているビデオから。

http://webevents.broadcast.com/wsp/build_09/english/frameset.asp?nEventID=7332&loc=

母親の言葉は、ティーンエイジャーの息子を持つサンディ・オニールの言。

ゲーム開発ツール

次のウェブサイトに追加情報を掲載。

http://www.marcprensky.com/writing/TOOLS_FOR_GAMES.html

■第20章　新しい言語――デジタル移民再教育のためのボキャブラリー

さらに詳しい情報は左記を参照。

Alternate reality gaming

Herold, Charles, “It's a Fantasy, but Real Life is Always In Play,” The New York Times, March 6, 2003.

Also, http://www.unifiction.com

http://www.deaddrop.us

http://www.argn.com

http://www.Ilovebees.com

アバター

http://darkmods.sourceforge.net/mods/avagall_ex.htm

http://www.planetquake.com/polycount/cottages/cokane/polycounters/entries.html

ブログ

http://www.blogger.com/ (blogs of note)

http://cyberlaw.stanford.edu/lessig/blog/ (high end blog)

チートコード

"Enhancing gaming Experiences Around the World" is the motto of http://www.cheatcc.com/

グリッドコンピューティング

http://www.gridcomputing.com/

ファンタジースポーツ

http://www.addictfantasysports.com/

http://www.fantasysportshq.com/

インスタントメッセージ

http://computer.howstuffworks.com/instant-messaging.htm

LANパーティ

http://www.lanparty.com/

http://en.wikipedia.org/wiki/Lan_party

大規模ゲーム大会

http://www.marcprensky.com/writing/IITSEC%20Paper%202002%20 (536%20V2-Final.) pdf

MMORPG

http://www.everquest.com

http://www.mmorpg.net/

モディング

http://www.modding-universe.com/index2.htm

http://www.euro-morrowind.com/modding/

P2P

http://www.gnutella.com

http://www.kazaa.com

http://www.morpheus.com

ウェブカム

http://www.camcentral.com/

http://www.earthcam.com/

Wi-Fi

http://www.wififreespot.com/

ワイヤレスゲーム

http://www.wirelessgamingreview.com/gamedir/

■第21章　ゲームが役に立つと理解した親たちの教育法

ホームスクールの情報は下記を参照。

http://www.gamesparentsteachers.com

http://homeschooling.about.com

http://www.home-school.com

http://www.homeschooltoday.com

大学で提供されているゲーム関連学科

国際ゲーム開発者協会(ＩＧＤＡ)ウェブサイトでリストが提供されており、次々と最新のプログラムが追加されている。

http://www.igda.org/breakingin/resource_schools.php

■第22章　みんなのゲーム——女の子、男の子、老いも若きも家族みんなでオンラインゲームサイトの例

Gamezone　http://www.gamezone.com

Yahoo Games　http://games.yahoo.com/

MSN Games　http://zone.msn.com/en/root/default.htm,

Iplay Online Games　http://www.iplay.net/　他多数

『ダメなものは、タメになる——テレビやゲームは頭を良くしている』

スティーブン・ジョンソン著、山形浩夫、盛岡桜訳、乙部一郎監修、翔泳社

ゼルダ

任天堂から出ている人気ゲームシリーズ。いずれの作品も、主人公のリンクがゼルダ姫を救うというストーリーで展開されている。

■第23章　過去の「エデュテインメント」からの脱却――カリキュラム対応型ゲームの到来

ルーカス・ラーニング

ルーカスラーニングは、事業を成功させるために大変な苦労をしてきている。事業目的は「学習者にありきたりではない学習体験を提供すること」という気高いものだ。しかし、スターウォーズなどの作品で築き上げた資産を持ってしても、ゲーム会社との連携などの多くの問題を抱えていた。ゲームディベロッパーズマガジンに掲載された、「ドルイド・ウォーズ」の事後分析の記事で、店頭で学習コーナーとゲームコーナーのどちらの棚に置かれるかがはっきりしないという、かなり致命的なマーケティング上の問題を抱えていたことが言及されている。

オブジェクション！ウェブサイト

http://www.objection.com/

法学者アシュレー・リプソンの開発した四種類のゲームが提供されている。

メイキング・ヒストリーウェブサイト

http://www.muzzylane.com/games/our_games.php

アルジェボッツ

二〇〇六年にリリース予定。ゲームデモの映像を公開中。

http://www.games2train.com/games/algebots/thealgebots.html

タブラ・デジタウェブサイト

http://www.tabuladigita.com/

■第24章　教師の皆さんへ――カリキュラムや教室で使えるゲーム

マーク・グリーンバーグ

“When Gadgets Get in the Way” by Lisa Guernsey, The New York Times, August19,2004.

http://tech2.nytimes.com/mem/technology/techreview.html?res=9B0DE5D7113FF93AA2575BC0A9629C8B63

ティム・タイランズ

ミストを使った授業のビデオが掲載されている。

http://www.timrylands.com

ビル・マッケンティ

http://www.mackenty.org

ウィスコンシンの教師

この教師のプレゼンテーションはウィスコンシン州マジソンで二〇〇五年六月に開催されたGames, Leaning and Society カンファレンスで行われた。

http://www.glsconference.org/default.htm

カート・スクワイア

シビライゼーションⅢを使った学習に関する研究論文は下記を参照。

http://website.education.wisc.edu/kdsquire/dissertation.html

サイモン・エジェンフェルトーニールソン

教育とゲームに関する論文

Beyond Edutainment—Exploring the Educational Potential of Computer Games.

http://www.it-c.dk/people/sen

ジョン・キリミュア

英国の研究者でコンサルタント。ブリストル大学のアンジェラ・マクファーレイン教授らとともにゲームと学習に関する数々の研究を行っている。

http://www.silversprite.com

■第25章　子どもたちが自ら学んでいること

ゲーム開発ツール

次のウェブサイトに追加情報を掲載。

http://www.marcprensky.com/writing/TOOLS_FOR_GAMES.html

■第26章　あなたには子どもたち並みに勇気がある？——自分で試してみよう！

ゲームサイト

http://www.gamerdad.com

http://gamasutra.com

http://gamespot.com

http://happypuppy.com　他多数。グーグルで検索すればいくらでも見つかる。

■第27章　今すぐやるべきこと

The Visible Human

The National Institutes of Health(NIH)'s National Library of Medicine “Visible Human Project.”

http://www.nlm.nih.gov/research/visible/visible_human.html

http://www.nlm.nih.gov/research/visible/visible_gallery.html

http://www.nlm.nih.gov/research/visible/vhp_conf/le/haole.htm

分子解析

下記の文献の第六章を参照。

http://e-science.ox.ac.uk/public/eprojects/cancer/index.xml?style=printable

http://www.avault.com/developer/getarticle.asp?name=drejeski1

Rogers, Michael "Girls Just Want to Have Games" in Newsweek, September 2002. http://www.findarticles.com/p/articles/mi_kmnew/is_200209/ai_kepm313098

Salzman, Marc. "It's a Mod, Mod World—Popular PC Game Mods." Online on Gamespot.com. http://gamespot.com/gamespot/features/pc/modmod/

Sawyer, Ben. "Serious Games: Improving Public Policy Through Game-Based Learning And Simulation," Woodrow Wilson International Center for Scholars : 31. (2002). http://wwics.si.edu/subsites/game/index.htm

Squire, Kurt. "Changing the Game : What Happens When Video Games Enter the Classroom." Innovate 1(6). http://www.innovateonline.info/index/php?view=article&id=82

Steinkuehler, Constance A. "Learning in Massively Multiplayer Online Games" In Y. B. Kafai, W. A. Sandoval, N. Enyedy, A. S. Nixon, & F. Herrera(Eds.), Proceedings of the Sixth International Conference of the Learning Sciences (pp.521-528) Mahwah, NJ : Erlbaum.
https://mywebspace.wisc.edu/steinkuehler/web/papers/SteinkuehlerICLS2004.pdf

Terdiman, Daniel. "Playing games With A Conscience," Wired News, April 22, 2004. http://www.wired.com/news/games/0,2101,63165,00.html

Tran, Khanh T. L. "More Christians Are Finding Fun Fighting Satan on a PC" The Wall Street Journal, December 16, 2002. Access can be purchased at : http://online.wsj.com

Vargas, Jose Antonio. "A New Player at The Video Screen : Gaming Industry Discovers Girls" in The Washington Post, July 25, 2004.
http://www.washingtonpost.com/ac2/wp-dyn/A12115-2004Jul24?language=printer

Zimmerman, Eric. "Learning to Play to Learn - Lessons in Educational Game Design" Gamasutra April5, 2005.
http://www.gamasutra.com/features/20050405/zimmerman_01.shtml

http://www.thestandard.com/article/0,1902,22848,00.html

Herz, JC, and Michael Macedonia "Computer Games and the Military : Two Views". http://www.ndu.edu/inss/DefHor/DH11/DH11.htm

Jenkins, Henry. "Game Theory" In Technology Review, March 29, 2002. http://www.technologyreview.com/articles/02/03/wo_jenkins032902.asp?p=1

Jenkins Henry. "Ambushed on Donahue!" Salon.com August 20, 2002. http://www.salon.com/tech/feature/2002/08/20/jenkins_on_donahue/

Jenkins, Henry. "Videogame Virtue" In MIT Technology Review, August 1, 2003. http://www.technologyreview.com/articles/wo_jenkins080103.asp?p=0

Jenkins, Henry and Kurt Squire. "Harnessing the Power of Games in Education," In Insight, No.20, 2003. http://website.education.wisc.edu/kdsquire/manuscripts/insight.pdf

Kirriemuir, John. The relevance of video games and gaming consoles to the Higher and Further Education learning experience, Joint Information Systems Committee : 15. (2002) .
http://www.jisc.ac.uk/ techwatch/reports/tsw_02-01.rtf

Kingsky, Danny. "Action Video Games Can Boost Cognitive Skills" ABC Health News 29/05/2003. http://www.abc.net.au/science/news/health/HealthRepublish_866502.htm

Lagace, Martha. "John Seely Brown on 'Screen Language': The New Currency For Learning," in Harvard Business School Working Knowledge, May13, 2002. http://hbswk.hbs.edu/pubitem.jhtml?id=2930&t=knowledge

Larke, Anna. "Why Girls and Games Are A Good Mix" BBC News, November 11, 2003.
http://news.bbc.co.uk/go/pr/fr/-/2/hi/technology/3248461.stm

Larson, Chris. "To Study History, Pupils Can Rewrite It." The New York Times, Circuits, May 27, 2004.
http://query.nytimes.com/search/restricted/article?res=F50911FB395A0C748EDDAC0894DC404482

Prensky, Marc. My own articles are collected at :
http://www.marcprensly.com/writing/default.asp

Rejeski, David "Gaming Our Way To A Better Future" September 23, 2002.

Carlson, Scott. "Can Grand Theft Auto Inspire Professors? Educators say the virtual worlds of video games help students think more broadly" The Chronicle of Higher Education. From the issue dated August15, 2003. http://chronicle.com/free/v49/i49/49a03101.htm

CNN. "Study : Women over 40 biggest online gamers" February11, 2004. http://www.cnn.com/2004/TECH/fun.games/02/11/video.games.women.reut/

Dobnick, Verena. "Surgeons May Err Less by Playing Video Games," Associated Press, May17, 2004. http://msnbc.msn.com/id/4685909/

Garris, Rosemary and Robert Ahlers. "A Game-Based Training Model : Development, Application, And Evaluation," Paper delivered at I/ITSEC Conference, 2003.Available on
http://www.gamesparentsteachers.com

Gee, James Paul. "High Score Education : Games, Not School, Are Teaching Kids To hink" in Wired, 11.05, May, 2003.
http://www.wired.com/wired/archive/11.05/view.html?pg=1

Gee, James Paul. "Learning by Design : Games As Learning Machines" in Interactive Educational Multimedia, number 8 (April 2004), pp.15-23.
http://www.ub.es/multimedia/iem/

Gee, James Paul. "Learning About Learning From A Video Game : Rise Of Nations"
http://web.reed.edu/cis/tac/meetings/Rise%20of%20Nations.pdf

Gee, James Paul. "Video Games : Embodied Empathy For Complex Systems"
http://labweb.education.wisc.edu/room130/PDFs/E3Paper.doc

Goodale, Gloria. "In Case of Emergency, Play Video Game." In The Christian Science Monitor, June 6, 2005. http://www.csmonitor.com/2005/0606/p11s01-legn.html

Hall, Macer and Peter Warren "Computer games 'help pupils learn'" in The Telegraph, 9/6/2002. http://www.opinion.telegraph.co.uk/news/main.jhtml ; sessionid=K0K4L2ZUNJJZTQFIQMFCM54AVCBQYJVC?xml=/news/2002/06/09/ngames09.xml

Herold, Charles. "Fighting on the Screen, Out of Harm's Way" The New York Times, Circuits, Game Theory March 24, 2005.
http://www.nytimes.com/2005/03/24/technology/circuits/24game.html?adxnnl=1&adxnnlx=1111760665-sY1bDImqhgZBFJq3rVJNHg

Herz, JC. "Learning from The Sims." In The Standard, March 26, 2001.

さらに理解を深めたい方のための文献ガイド

◇書籍（注：学習とゲームに関連した本は次々と新しいものが出ている）

Beck, John C, and Mitchell Wade. Got Game: How the Gamer Generation is Reshaping Business Forever, Harvard Business School Press, 2004.

Casell, Justine and Henry Jenkins, Eds. From Barbie to Mortal Combat: Gender and Computer Games, MIT Press 1998.

Gee, James Paul. What Video Games Have To Teach Us About Learning And Literacy, Palgrave Macmillan, 2003.

Herz, J. C. Joystick Nation: How Video Games Ate Our Quarters and Rewired Our Minds, Little Brown, 1997.

Johnson, Steven. Everything Bad Is Good For You: How Today's Popular Culture Is Actually Making Us Smarter, Riverhead Books, 2005.

Jones, Gerard. Killing Monsters Why Children Need Fantasy, Super Heroes, and Make-Believe Violence, Basic Books, 2002.

Koster, Rafe. A Theory of Fun for Video Games, Paraglyph Press, 2004.

Poole, Steven. Trigger Happy, Videogames and the Entertainment Revolution. Arcade, 2000.

Prensky, Marc. Digital Game-Based Learning, McGraw-Hill, 2001.

Salen, Katie, and Eric Zimmerman. Rules of Play: Game Design Fundamentals. MIT Press, 2004.

◇論文・記事類

本書でも取り上げた多くのゲームと学習に関する論文や記事へのリンクは，本書のウェブサイトに掲載されている。そのほかにも多くの興味深いサイトがある。

Anderson, Craig A. "Violent Video Games: Myths, Facts, and Unanswered Questions". http://www.apa.org/science/psa/sb-andersonprt.html
（注：この論文は第3章で紹介した一方の主張だけ言及している）

Balkin, Adam Newest Trend In Gaming Are Video Games With A Social Message. NY1TV, April 26, 2004. http://www.ny1.com/Living/technology.html#

BBC News－"Video Games Stimulate Learning" [Discusses the work of Angela McFarland and TEEM in the UK]. http://news.bbc.co.uk/1/hi/education/1879019.stm

や

ら

わ

か

さ

た

索引

英字

あ

著者紹介

マーク・プレンスキー（Marc Prensky）

マーク・プレンスキーは，国際的に認められた講演者，作家，コンサルタント，未来的でビジョンに満ちた新しい教育・学習方法のパイオニアとして知られている。マークはIBM，マイクロソフト，バンクオブアメリカ，ファイザー，米国防総省，ロサンゼルスとフロリダのバーチャルスクールをはじめとする多くの顧客を持つeラーニング開発会社Games 2 trainの創業者である。

専門家としての彼の関心は，テレビゲームが引き出すやる気と興味をひきつける学習活動を組み合わせることで，教育の場においてまったく新しい学習プロセスを創り出すことにある。彼は世界的なゲームと学習の専門家として知られている。世界でもいち早くデジタルゲーム学習を企業の人材育成教育に取り入れ，教育とゲーム技術を融合させた彼の革新的なアプローチは，米国内の学校や政府，企業に広く取り入れられるようになった。

ストラテジー＋ビジネスマガジンは，マークを「語ったビジョンを実践できる数少ないビジョナリーな人物」と称している。インターネットからモバイル端末まで，さまざまなプラットフォームに対応した50以上のゲームソフトウェアのデザインと開発を手がけ，学習者をひきつける技術を取り入れた教育コンテンツやeラーニングコースを生み出した。

世界中で精力的に講演やワークショップを行っており，学習とテクノロジーに関する新しいアイデアやアプローチで多くの聴衆に影響を与えてきた。彼のデザインは先進的，挑戦的であり，未来像を示すものである。ニューヨークタイムズ，ウォールストリートジャーナル，ニューズウィーク，タイム，フォーチュン，MSNBC，CNN，BBCなどの各種メディアでマークの取り組みが紹介された。

イェール大，ミドルベリー大，ハーバードビジネススクールの修士号を取得し，ミュージシャン，ブロードウェイ俳優，小学校から大学の教師などの多様な経歴を持つ。また，ボストンコンサルティンググループのストラテジストや製品開発ディレクターとして6年間勤務，バンカーズトラストではヒューマンリソース部門とテクノロジー部門に勤務した。ニューヨーク生まれで，現在はニューヨーク市の自宅で，日本人の妻と息子とともに暮らしている。マーク・プレンスキーについての情報はwww.marcprensky.comを参照。

訳者紹介

藤本　徹（ふじもと　とおる）

1973 年生まれ。大分県出身。慶應義塾大学環境情報学部卒。教育関連企業などでの勤務を経て，2002 年よりペンシルバニア州立大学大学院の教授システム学（インストラクショナル・システムズ）プログラム博士課程に在籍。教授システム学の観点から，デジタルゲームを利用した教育方法・学習環境のデザインや，オンラインゲーム世界の学習コミュニティの研究に取り組んでいる。2004 年よりシリアスゲームジャパンのコーディネーターとして，日本にシリアスゲームを紹介し，日本における普及活動を推進している。著書は『シリアスゲーム』（東京電機大学出版局，2007）。

E-mail　tfuji@anotherway.jp

シリアスゲームジャパン　http://anotherway.jp/seriousgamesjapan/

テレビゲーム教育論　ママ！ ジャマしないでよ 勉強してるんだから

2007年7月10日　第1版1刷発行

著　者　マーク・プレンスキー
訳　者　藤本　徹

学校法人　東京電機大学
発行所　東京電機大学出版局
代表者　加藤康太郎

〒101-8457
東京都千代田区神田錦町2-2
振替口座　00160-5-71715
電話 (03)5280-3433（営業）
(03)5280-3422（編集）

印刷　新日本印刷㈱
製本　渡辺製本㈱
装丁　福田和雄（FUKUDA DESIGN）

ISBN 978-4-501-54230-6 C3037